Für Herrn Brunner
mit herzlichen Grüßen

H. Monath

Für eine ganze Generation von Deutschen sind Helmut Kohl und die CDU praktisch Synonyme. 25 Jahre lang hat er der Union seinen Stempel aufgedrückt wie zuvor allenfalls Konrad Adenauer. Aber mit der Bundestagswahl 1998 hat für die CDU die Phase nach Kohl begonnen. Was wird nun aus der in der Vergangenheit stets erfolgreicheren der beiden Volksparteien? Wird die Union den Führungswechsel bewältigen, ohne aus dem Tritt zu geraten? Oder hat der breite Schatten des Kanzlers Konflikte verdeckt, die jetzt mit aller Wucht ausbrechen werden?

Entscheidend für die Zukunft und Mehrheitsfähigkeit der CDU/CSU wird sein, ob sie sich weiterhin im Einklang befindet mit der gemäßigt konservativen Stimmungslage der Mehrheit in Deutschland. Betrachtet man die sogenannten jungen Wilden, die häufig als modern und fortschrittlich angesehen werden, bietet sich allerdings eher die Aussicht auf einen rücksichtsloseren, hemdsärmeligen Kurs insbesondere in der Wirtschafts- und Sozialpolitik. Auch in der außenpolitischen Orientierung kann es Veränderungen geben: Kaum einer der jüngeren Christdemokraten teilt Helmut Kohls Europa-Begeisterung. Und schließlich stellt sich die Frage, ob die Union beispielsweise in der Ausländer-, Frauen und Umweltpolitik zu einem echten Modernisierungsschub in der Lage ist, der ihr auch zukünftig neue Wähler garantiert und sie auf die Höhe der Probleme befördert.

Die Autorinnen und Autoren des Bandes untersuchen die Chancen der Union in der Zukunft. Nicht einfach eine weitere Bilanz der Ära Kohl, sondern ein vorwärtsgewandtes Buch für politisch Interessierte.

Tobias Dürr, Jahrgang 1965, ist Politikwissenschaftler an der Universität Göttingen, *Rüdiger Soldt*, Jahrgang 1966, ist Journalist beim DeutschlandRadio Berlin.

Die CDU nach Kohl

Herausgegeben von
Tobias Dürr und Rüdiger Soldt

Fischer Taschenbuch Verlag

Lektorat: Oliver Thomas Domzalski

Originalausgabe
Veröffentlicht im Fischer Taschenbuch Verlag GmbH,
Frankfurt am Main, Oktober 1998

© Fischer Taschenbuch Verlag GmbH, Frankfurt am Main 1998
Gesamtherstellung: Clausen & Bosse, Leck
Printed in Germany
ISBN 3-596-13947-3

Inhalt

Vorwort

Von den Perspektiven der CDU nach ihrer schwersten Niederlage handelt dieses Buch. Seit dem 27. September 1998 ist die Ära jenes Kanzlers vorüber, der die Bundesrepublik länger regiert hat als jeder andere vor ihm. Für die meisten Deutschen, die jüngeren zumal, waren die Wörter »Kohl« und »Kanzler« längst zu Synonymen geworden. Die Herausgeber dieses Buches durften noch gar nicht wählen, als Helmut Kohl am 1. Oktober 1982 Bundeskanzler wurde. Die Bürger der neuen Bundesländer kennen keinen anderen Kanzler, seit sie überhaupt an freien Wahlen teilnehmen dürfen. Sechzehn Jahre sind keine ganz kurze Zeit im Leben eines Menschen. Erst recht war die Ära Kohl ein beträchtlicher Abschnitt in der Geschichte der kaum fünfzigjährigen Bundesrepublik. Soviel Kontinuität schafft Gewöhnung, läßt die politische Neugier und Vorstellungskraft auf die Dauer erlahmen. Eine Ära ist zu Ende gegangen, doch einstweilen fällt es noch schwer, eine auch nur einigermaßen deutliche Vorstellung von der (nicht zufällig oft etwas unbeholfen »Nach-Kohl-Ära« genannten) Zeit nach Kohl zu gewinnen. Wieviel schwerer muß das erst seiner Partei fallen: Vorsitzender der CDU ist Helmut Kohl ein Vierteljahrhundert gewesen. Darüber mag die Partei zwar nicht zum reinen »Kanzlerwahlverein« degeneriert sein. Sehr wohl aber ist sie im Laufe der langen Jahre in der Außen- wie in der Selbstwahrnehmung fast rückhaltlos zur Partei ihres Vorsitzenden und Kanzlers geworden – zur »Kohl-Partei«. Und Helmut Kohl bildete tatsächlich die Mitte der CDU wie vor ihm nicht einmal Konrad Adenauer, er war die unbestrittene Zentralinstanz und Richtgröße seiner Partei. Viel hängt für die Union davon ab, ob es ihr gelingen wird, den überlebensgroßen Helmut Kohl durch eine zeitgemäße Führungsstruktur zu ersetzen. Die Epoche des »Weiter so« jedenfalls ist auch für die CDU endgültig vorüber.

Man könnte es zum Problem allein der CDU, ihrer Mitglieder, Anhänger und Wähler erklären, ob und wie es der Partei gelingt, die Abnabelung von Helmut Kohl zu bewältigen. Nur hängt gerade vom zukünftigen Profil und Erfolg der deutschen Christdemokratie eben auch ab, in welchem Maße der Übergang von der Bonner zur Berliner

Republik eine politische, kulturelle und mentale Zäsur bedeuten wird. Die Rede von der Berliner Republik löst ja gerade deshalb so heftige Debatten aus, weil der Begriff nicht selten als Programm einer bewußten Abkehr von der Erfolgsgeschichte der alten Bundesrepublik verstanden wird. Doch ob sich die Berliner von der Bonner Republik wesentlich unterscheiden wird, darüber entscheiden nicht die Absichtserklärungen einiger Intellektueller. Weitaus wichtiger wird dafür sein, in welchem Maße die prägenden Institutionen und Kräfte der alten Bundesrepublik die Fähigkeit der Selbsterneuerung und Anpassung an die unbestreitbar gewandelten Rahmenbedingungen aufbringen können.

Kaum etwas wird dabei so entscheidend sein wie die Entwicklung der CDU nach Kohl. Die Union war die Gründungspartei der alten Bundesrepublik. Mit der Option für den Westen und dem Aufbau der sozialen Marktwirtschaft schuf sie unter Konrad Adenauer zunächst die Voraussetzungen für den Erfolg des neuen Staatswesens. Legitimiert durch den gelungenen Anfang und im Einklang mit den bürgerlichen und kleinbürgerlichen Lebenswelten der Republik blieb die Union, unterbrochen nur durch ein einziges sozial-liberales Intermezzo, auch in den folgenden Jahrzehnten so selbstverständlich wie selbstbewußt die geborene Staats- und Regierungspartei des Landes. Damit ist es nun vorbei.

Christdemokraten haben in der Vergangenheit nur selten über die Grundlagen ihres Erfolgs nachgedacht. Sie hatten ihn ja, das genügte ihnen. Sie haben die Menschen genommen, wie sie waren und kaum je hybride Reformprojekte verfolgt. Es mag sein, daß nicht zuletzt in dieser Selbstbescheidung der CDU viele Jahre lang ihr Erfolgsrezept gelegen hat. Tatsächlich hat die Abwesenheit von grüblerischer Selbstreflexion der Union in der Vergangenheit nie geschadet, im Gegenteil. Aus der Selbstgewißheit wuchs der Erfolg – und der Erfolg wiederum machte quälerische Identitätsdebatten überflüssig.

Doch mit Helmut Kohl ist nun der letzte authentische Exponent der alten christdemokratischen Selbstverständlichkeit von Bord gegangen. Auch in den traditionell unionsnahen bürgerlichen Milieus der Republik versteht sich mittlerweile nur noch wenig von selbst. Dafür sind auch sie durch die gesellschaftlichen Veränderungen schon viel zu sehr unter Druck geraten. Gerade deshalb wohl schien Helmut Kohl seiner Partei lange Zeit so unersetzlich. Nur durch ihn glaubte die Union ihren im Grunde bereits überständigen Charakter als »große Volkspartei der Mitte« zuletzt noch konservieren zu können. Nur Kohl schien kraft seiner Präsenz und Biographie noch imstande, der Besorgnis über beschleunigten gesellschaftlichen Wandel gleichsam kompensatorisch das Versprechen lebensweltlicher Kontinuität und Bewahrung entgegenzusetzen. Am Ende aber führte die Zementierung des historischen Erfolgsmodells CDU weit über sein gesellschaftliches Verfallsdatum hinaus fast zwangsläufig in die Niederlage. Gerade in ihren Hochburgen und in der früher stets verläßlich unionslastigen Altersgruppe der 44-59jährigen mußte die Union bei der Bundestagswahl im September die höchsten Einbußen hinnehmen – den Anschluß an den Wandel der gesellschaftlichen Mitte hat sie einstweilen verpaßt.

Kohls Nachfolgern an der Spitze der CDU jedenfalls werden die gewohnten Ressourcen der symbolischen Integration intakter bürgerlicher Lebenswelten nicht mehr zu Gebote stehen. Ohne die sensible Wahrnehmung der Vielfalt des Wandels im Land und darauf abgestimmte Politikangebote werden sie ihre Partei nicht erneuern und zu neuen Erfolgen führen können. Es könnte ein weiter und beschwerlicher Weg werden, an dessen Ende nicht unbedingt die Rückkehr zu vormaliger Größe stehen muß. Nicht zuletzt am Niedergang traditionsreicher christdemokratischer Parteien im europäischen Ausland läßt sich das Ausmaß der Herausforderung ablesen, vor der die CDU nun steht.

Dieses Buch ist der Versuch einer thematisch und methodisch gleichsam kreisenden Annäherung an die noch weithin unbekannte CDU nach Kohl. Von der üblicherweise naserümpfend gewahrten Distanz zwischen Politikwissenschaft und politischer Publizistik, zwischen Akademie und Journalismus halten wir nicht viel. Wir haben sie hier ganz bewußt durchbrochen. In diesem Band stehen Analyse und Anschauung, Kommentar und Reportage gleichrangig nebeneinander.

Nur so, meinen wir, läßt sich die innere Vielfalt und Widersprüchlichkeit der deutschen Christdemokratie abbilden, nur so läßt sich der Frage adäquat nachgehen, welche Rolle die Union in der Berliner Republik spielen wird. Gemeinsam ist allen Autorinnen und Autoren allerdings ihre intellektuelle Neugier auf das spezifische Zusammenspiel von Altem und Neuem in der Republik nach Kohl. Diese geteilte Neugier hat die gemeinsame Arbeit an diesem Buch so anregend gemacht – wir hoffen, man merkt es ihm an.

Tobias Dürr und Rüdiger Soldt, Göttingen und Berlin, 28. September 1998

Tanja Busse

Sechzehn Jahre sind kein Leben
Die Kinder der Ära Kohl

Dies ist der erste Kanzlerwechsel, seit Marko denken kann. Aber das
interessiert ihn nicht weiter. Marko ist unpolitisch bis in die blondge-
lockten Haarspitzen. Er ist zwanzig, nett und materialistisch. Ein Kind
der Freiheit, das diese Freiheit zum hemmungslosen Spaßhaben
nutzt. Seine Freundin ist schön, und er fährt Mamas Cabrio. Letztes
Jahr hat er Abi gemacht, bis zum Sommer Zivildienst bei der Caritas,
weil er da Bulli fahren kann. Bullifahren macht ihm Spaß. Sein Leben
ist die bruchlose Fortsetzung der Achtziger. Er ist hübsch, achtet auf
seine Kleidung und stylt seine Muskeln im Fitneß-Studio. Wenn er an
der Tankstelle jobbt, ist er freundlich zu den Kunden, und mit seinen
Eltern hat er keinen großen Ärger. Marko will Betriebswirtschaft studie-
ren, »weil, ich denke mal, daß man mit 'ner Lehre hinterher nicht so
viel Geld verdienen kann«. Und Geld ist wichtig. Denn: »Ohne Geld
kein Spaß. Ja, ist so.«

Das ist so: die Bedeutung des Geldes ist eines der Axiome der Partykinder – nicht als Fetisch, sondern als notwendige Bedingung, um das
tun zu können, was sie tun wollen. Sie sind jung und denken nicht nach
und wollen keine Verantwortung für andere, damit wollen sie später anfangen. Frühestens mit dreißig.

Die einen hören deutsche Schlager, die anderen HipHop. Marko hört
House. »Aber das ist nicht so, daß das irgendwie mein Weltbild prägt,
das hört man sich an – und gut.« Kultfilme hat er keine, und Bücher liest
er nicht. Wirklich wichtig – neben seiner Freundin – ist ihm sein Fitneß-
training. Für ihn bedeutet das zuerst Disziplin und dann Spaß und
»man fühlt sich gut, wenn man trainiert hat und ja, allgemein, Sommer
und so«. Soll wohl heißen: Muskelbauch und Mädchenblicke.

Davon bekommt er genug, und überhaupt kann er sich nicht beklagen. Er ist sorglos aufgewachsen in materieller und familiärer Sicherheit
in der krisenfreien ländlichen Idylle eines lippischen Dorfes. Sein Horizont endet an seiner persönlichen Freiheit (die ziemlich groß ist). Trotzdem äußert er das dumpfe Gefühl von Machtlosigkeit und einer allgemeinen gesellschaftlichen Abwärtsbewegung: »Es wird ja alles immer

schlimmer, Politik und so. Guck dir die Arbeitslosen an. Da müßte sich viel ändern, aber es geht irgendwie auch gar nicht.« Und deshalb hat er auch noch nie gewählt: »Die meisten, die ich kenne, die haben auch diese Einstellung zum Wählen: Ändern können wir eh nichts, darum gehen wir erst gar nicht hin. Ich meine, was hat sich geändert: Andauernd neue Wahlprogramme, und umgesetzt werden sie eh nicht.« Wenn er wählen würde, dann wohl »CDU oder so in die Richtung«, aber er will ja nicht. Zu Kohl fällt ihm nichts ein »außer, daß er Bundeskanzler war und ein bißchen lange an der Macht«.

Marko kennt niemanden, der sich für irgend etwas engagiert. Aber daß es Leute gibt, die was tun »bei Greenpeace und so«, das findet er gut. »Wenn jemand persönlich von etwas überzeugt ist, daß das so richtig ist, dann soll er das vertreten und auch versuchen, andere zu überzeugen«, findet Marko. Nur er selbst, er ist von nichts so überzeugt, daß er es vertreten könnte.

Die Achtundsechziger sind für ihn kein Thema, denn er weiß gar nicht, wer das ist. Auch von einem, der Che Guevara heißt, hat er noch nie etwas gehört – eine Parfümmarke? Ein argentinischer Fußballspieler? In seiner Welt gibt es keine Friedensbewegten, keine Demonstrationen und keine Stadtteilfeste. Das ostwestfälische Land ist gewissermaßen präachtundsechzig, manche gesellschaftlichen Veränderungen sind nur langsam dorthin durchgesickert.

Als Marko elf war, ist eine Mauer zerfallen und eine Welt zusammengebrochen. Marko hat das bemerkt, weil in den James-Bond-Filmen die Russen seitdem nicht mehr als Kommunisten, sondern als Russenmafia auftreten. Ein paar Jahre später hatte er eine Freundin, »die kam von da, aber das war egal, das hat man nicht weiter gemerkt, höchstens am Dialekt«. Sonst hat sich seit '89 für Marko nichts weiter verändert, »außer ein paar Arbeitslosen mehr«.

Eigentlich hätte dieses '89 – die Erfahrung des weltpolitischen Wandels als durchschlagendes identitätsstiftendes Ereignis – aus Marko und seinen Altersgenossen eine Generation machen sollen. So hatte es sich zumindest Claus Leggewie gedacht und in seinem 1995 erschienenen Buch »Die 89er« formuliert. Aber die weltbewegenden Ereignisse haben die Jugendlichen im Westen nicht bewegt. Irgendwie haben sie sich der Erwartung verweigert, die Jahre '89 ff. und den »Umbruch von der Risiko- zur Reparaturgesellschaft« (Leggewie) als prägende generationsstiftende und das weitere Handeln motivierende Erfahrung zu verstehen. Überhaupt hat sich diese Alterskohorte bislang jeder Etikettierung verweigert. Die Vorschläge aus der journalistischen Labelfabrik reichen von Techno-Generation zu Net-Generation, von Generation X und Nevermind-Generation zu Generation Golf. Das Greenpeace-Magazin nennt sie »die Sorgenkinder«, die *Woche* schreibt über eine »verratene Jugend«.[1]

Die Techno-Generation, das sind die Partykinder, die vor der gesellschaftlichen Krise und Kälte in die *party families* und in den Ecstasy-Rausch fliehen. Die Net-Generation – das sind die, die sechzehnjährig die Codes von Online-Anbietern knacken. Die Nevermind-Generation ist ein Import aus Amerika: Es sind die Kids, die Grunge hören und denen nichts mehr etwas ausmacht.[2] Die Generation Golf schließlich ist eine Erfindung der Automobilindustrie, die suggerieren möchte, daß aus einem Fahrgefühl ein Lebensgefühl geworden ist.

Alle diese Labels beschreiben Phänomene, nicht aber eine Generation. Das ist auch nicht weiter verwunderlich, denn in einer fragmentierten und individualisierten Gesellschaft mit pluralen Lebensstilen bietet auch die Jugend kein einheitliches Bild. Eher ist sie die Generation der Vielseitigkeit und der »Kinder der Freiheit« (Beck): Jeder macht seins.

Einzig die Generation X, beschrieben im gleichnamigen Buch von Douglas Coupland und ähnlich in »Die Tugend der Orientierungslosigkeit« der Trendforscher Johannes Goebel und Christoph Clermont, könnte richtungweisend und generationsprägend sein.[3] Ihr postideologischer, postkarrieristischer und postmaterieller Lebensentwurf ist eine vorweggenommene Antwort auf die Frage, wie die bevorstehende Wende zu weniger Wohlstand gemeistert werden könnte. Die Aussteiger der Generation X und die »Lebensästheten« nach Goebel und Clermont werden damit umgehen können, weil sie schon jetzt freiwillig mit weniger Geld, Karriere und Luxus auskommen, während die Reste der Yuppiegesellschaft noch prassen, wo noch Restwohlstand zu verteilen ist.

Aber auch die Generation X oder das Konzept der tugendreichen Orientierungslosigkeit taugen nicht als Label für eine Generation. Eher kennzeichnet gerade das Fehlen großer gemeinsamer Ideen die Jugendlichen der neunziger Jahre, ihre Indifferenz. Was sie eint, ist ihre postideologische und pragmatische Haltung. Sie kennen weder gesamtgesellschaftliche Utopien noch den No-future-Nihilismus, sie liegen irgendwo dazwischen. Doch Demokratie und Staat befürworten sie trotz aller Verdrossenheit gegenüber den politischen Institutionen.[4] Sie sind gleichzeitig indifferent und staatskonform.

So antwortet die 21jährige Katja, die im fünften Semester Jura studiert und mit ein bißchen schlechtem Gewissen das politische Geschehen »fast gar nicht« verfolgt, auf die Frage, was sie für den Staat tun würde: »Ich beteilige mich an den Wahlen, und ich würde ihn durch meine Konformität erhalten.«

Die Erwartung der Elterngeneration, daß Jugend rebellisch sein müsse, nehmen diese Jugendlichen achselzuckend zur Kenntnis. Spätestens seit die Achtundsechzigereltern ihren Kindern das Hasch in den Urlaub nachschicken und sich Minister mit streikenden Studenten solidarisieren, macht Rebellion keinen Sinn mehr. Ebensowenig Utopie: Die Eltern haben schon alles weggehofft. Drei Jahrzehnte Betroffenheit haben abgeklärte Coolness hervorgebracht. Sie leben, seit sie leben, im Zustand latenter Bedrohung und überleben eine Krise nach der anderen: Vom Kalten Krieg haben sie vor allem das Ende mitbekommen, sie haben Tschernobyl überstanden, und sie haben den Wald und die Robben sterben und wieder auferstehen sehen. Sie sind die erste Generation, der das Umweltbewußtsein mit in die Wiege gelegt wurde und die erlebt hat, daß manches sogar besser wird. Die Kinder der Ära Kohl sind die ersten, die durch privat-kommerzielles Fernsehen sozialisiert wurden und einen Computer im Kinderzimmer hatten.

Sie haben große Geschichte zur Kenntnis genommen, sie leben im Wandel und sind dabei vor allem mit sich selbst beschäftigt. Pubertät in individualisierter Gesellschaft mit pluralen Lebensstilen und zerbröselnden Verbindlichkeiten in Zeiten globalen Wandels ist nicht leicht.

Und keiner außer ihnen selbst kann sagen, wo es langgeht. Die Eltern wissen nicht, wie man Websites einrichtet, die Lehrerin hat keine Ahnung von Ecstasy, der Prof an der Uni kennt sein Fach, aber nicht die Berufsaussichten seiner Studenten, und der Ausbildungsleiter in der Firma weiß nicht, was mal aus der Rente wird. Damit müssen die Jugendlichen klarkommen, und das tun sie – jeder für sich. Sie haben den Respekt vor den Älteren verloren, ahnen, daß die Zeiten härter werden, und haben sich mit der Leistungsgesellschaft arrangiert.

Vor allem im Osten ist viel davon die Rede: »Wir haben jetzt Konkurrenzgesellschaft.« Nils, der im letzten Jahr in Magdeburg Abitur gemacht hat und jetzt ungeduldig auf das Ende seines Wehrdienstes wartet, sagt, er sei froh, die DDR noch erlebt zu haben: »Da war es wärmer. Jetzt, nach der Übernahme, herrscht ein kaltes Konkurrenzklima. Aber ich finde das auch gut: das Leistungsprinizip. Da hat jeder seine Chance.« Bis zur Landtagswahl in Sachsen-Anhalt hat er sich nur wenig Gedanken über Politik gemacht, doch nach dem Erfolg der DVU ist für

ihn nun »Schluß mit Zugucken«, er will in die FDP eintreten. SPD und
CDU vertraut er nicht, wohl aber den Kräften des Marktes.

Die Alten haben dieser Generation entgegengeschleudert, sie sei ego-
zentrisch, apathisch, desorientiert und politikverdrossen, und haben sie
sogleich wieder verteidigt: Sie sei nicht apolitisch, sondern nur anders
politisch, sie mißtraue nur den Parteien und engagiere sich lieber anderswo, kurzfristig und projektbezogen. Letztlich sei auch die Love
Parade in Berlin eine Art politischer Ausdrucksform. (Bloß welche?
Vielleicht »Tanzen statt denken«?)[5]

Ulrich Beck hat diese Politikverlegung selbst hochpolitisch genannt: »Jugendliche bewegt, was Politik weitgehend ausklammert: Wie
stoppt man die globale Umweltzerstörung? Wie kann der Hoffnungstod
der Arbeitslosigkeit – der gerade den Kindern des Wohlstandes droht! –
abgewendet, überwunden werden? Wie mit der Aids-Gefahr leben und
lieben?«[6]

Ob die Kondomfrage nun hochpolitisch ist oder nicht, unbestreitbar
ist eine gewachsene Distanz der Jugendlichen zu dem, was üblicherweise als Politik gilt, zur Politiker-Politik, die, so uninteressant sie auch
sein mag, über die Zukunft der Jugendlichen entscheidet. Nach den Ergebnissen der Shell-Jugendstudie 1997 nehmen die 13- bis 29jährigen
Politik und Politiker wenig differenziert wahr und halten sie generell für
langweilig, unglaubwürdig und weit von den Problemen der Jugendlichen entfernt.[7] Diese Distanz zeigt sich auch in der Überalterung der
Parteien. Unbestreitbar ist auch, daß die Ära Kohl diese Entpolitisierung
gefördert hat. Wer in den siebziger Jahren geboren wurde, ist mit der
Gleichung Kanzler = Kohl aufgewachsen und mit der Botschaft: Lehnt
euch zurück, wir machen das schon. Und mit der Erfahrung: Sie machen es eben doch nicht, zumindest nicht alles, vor allem nicht das, was
uns in Zukunft betreffen wird. Aber ohne die Einsicht: Dann machen
wir es eben selbst.[8]

Wer sind nun die Leute aus dieser Generation, die Politik machen
wollen? Und wer von ihnen findet in die Junge Union?

Zunächst einmal: Es gibt sie. Knapp 100 000 Jugendliche unter 30 Jahren sind Mitglied in der JU, gut 50 000 bei den Jusos, rund 7 000 bei den
Jungen Liberalen, 5100 (unter 28 Jahren) im Grün-Alternativen Jugend-
bündnis[9]. Zum Vergleich: Greenpeace hat rund 50 000 Fördermitglieder
unter 30, die Jugend im Bund für Umwelt und Naturschutz 25 000 unter
25.[10] Die Junge Union ist also bei weitem die mitgliederstärkste Jugend-
organisation. Aber sie leidet an Mitgliederschwund: Vor elf Jahren, 1987,

hatte sie noch 240 000 Mitglieder (bis 35 Jahre), zehn Jahre später, 1997, waren es 145 500.

Parteimitgliedschaften gehen offensichtlich gegen den Zeitgeist. Wer als Jugendlicher der Generation der Gleichgültigen trotzdem Politik machen will, braucht dazu Mut und Zivilcourage. Das scheint auch die Erfahrung der JU Stormarn in Schleswig-Holstein zu sein, die auf ihrer Internetseite vorsorglich mit Zugeständnissen an die Partykinder lockt: »Das Leben wäre traurig, wenn es in der Jungen Union nur um Politik gehen würde. Und um nicht zu lange zu trauern, pflegen wir häufig und gern den sogenannten vorpolitischen Raum. Dies sind Feiern, Feten und Fahrten.« Das Motto: »Parties and politics«. Als Schlußzeile: »Wir beißen nicht.« Und unter P.S. 4.: »Wer meint, er wird von seinen Freunden verstoßen, weil er sich politisch betätigt, der soll sich lieber intelligentere Freunde suchen.«[11] Die intelligenteren Freunde sagen nämlich: »Ich find das gut, weil, wenn man sich mit denen über Politik unterhält, kommt ein bißchen mehr als Blubb.«[12] Und das wissen auch die Partykinder zu schätzen. Politische Arbeit von Jugendlichen findet irgendwo zwischen allgemeiner Politikerverdrossenheit und lobender Anerkennung für Engagement statt.

In überschaubaren Milieus mit konservativer Struktur überwiegt die Anerkennung: Malte Pollmann ist der gute Junge im Dorf Dalhausen. Er ist 22, JU-Mitglied und Konrad-Adenauer-Stipendiat. Die Woche über studiert er Physik in Paderborn, und am Wochenende kommt er zurück in sein 2 300-Einwohner-Dorf (mit 200 CDU- und 100 JU-Mitgliedern), zum Ersatzdienst bei der Feuerwehr, zum Nachhilfegeben, zum Bosnien-Hilfstransporte-Organisieren, zum Diskutieren mit den Leuten und zur Parteiarbeit.

Auf dem Land fühlt er sich wohl, er schätzt die Wertbeständigkeit der katholisch-konservativen Ostwestfalen, er mag es, wie sie mit ganzem Ernst bei der Sache sind. Wie neulich, als sie mit dem Weihbischof über die soziale Marktwirtschaft diskutiert haben. Wertbeständig und nicht beliebig wie im studentischen Milieu, ernst und verantwortungvoll, so sieht er die Leute auf dem Land, und so gefallen sie ihm.

Malte will Politik machen, weil er gerne für andere spricht, weil er gerne Verantwortung übernimmt und weil er »Ergebnisse sehen will«. Auf dem Land sind seine Bedingungen erfüllt. Hier wohnen Leute, die gerne Verantwortung übernehmen (»Ein Handwerksbetrieb kann in einem Dorf nicht bestehen, wenn er nicht ausbildet.«) und die Ergebnisse produzieren (»Der Kreis Höxter war der erste Kreis in Deutschland, der mit allen Städten im Internet vertreten war – das zur Rückständigkeit, die man unterstellt.«). Und hier haben ihn die alten Männer aus der CDU (die seit dem Krieg mit absoluter Mehrheit regiert) mit 22 zum stellvertretenden CDU-Kreisvorsitzenden gewählt, obwohl (nicht weil) er so jung ist, vor allem aber, weil er tüchtig ist und weil er ihnen das Internet erklärt.

Malte Pollmann ist nett und freundlich, nicht aufgesetzt, sondern natürlich nett, wie nur jemand sein kann, der eine nette Mama hat, die nachmittags die Freunde zum Kuchenessen einlädt, und einen Papa, der mit zum Fußballspielen kommt. In seiner Biographie gibt es keine Brüche, er ist unerschütterlich optimistisch im Glauben an das Gute in dieser Welt, er ist pragmatisch, und was er anpackt, gelingt ihm.

Wenn einer wie er »Freiheitgerechtigkeitsolidarität« sagt, dann glaubt man ihm, daß er es glaubt. Mit Freiheit meint er die Abschaffung der Reglementierung des Kleiderhakenabstands in Kindergärten, sein Programm ist Eigenverantwortung statt Gängelung. »Im eigenen Bereich verhalten sich die Leute am besten eigenverantwortlich, da muß man sie auch so weit wie möglich lassen. Die Regierung muß mehr Freiraum geben, dann gibt es auch wieder verantwortliches Engagement.« Und solche Sätze hat er nicht aus einem Parteiprogramm, solche Sätze sagt er, weil er die Jugendfeuerwehr in seinem Dorf geleitet hat. Aber verkaufen kann er sie: Er beherrscht den Ton, und was er ausspricht, sind Gewißheiten, die er mit kleinen Anekdoten aus seinem Politikerleben belegt, ab und zu ergänzt durch parteipolitische Schlagworte.

Wer so unerschütterlich optimistisch ist wie er, der hält Probleme für lösbar, der teilt die positive Sicht der CDU auf den Zustand der Bundesrepublik und der sieht eher Chancen als Gefahren: »Unsere Generation wird die Globalisierung maßgeblich vorantreiben, sie wird viel mit anderen Ländern kommunizieren. Sie lebt zum ersten Mal in einer freien Welt, nicht mehr bedroht durch einen Kalten Krieg. Das ist schon ein gutes Gefühl, dafür bin ich erst mal dankbar und will das auch durch genügenden Optimismus ausdrücken. Wer heute unternehmerisch tätig werden will, der hat wahnsinnig viele Chancen, das Studium ist eine hervorragende Zeit dazu.«

Natürlich ist Malte selbst auch unternehmerisch tätig, als Homepageprogrammierer. Zwar lehnt er das Bild vom JU-Mann als Karrierist mit Aktenkoffer und Handy ab, doch ist er – bei allem Idealismus – besorgt um seinen Lebenslauf: »Ich mache Ersatzdienst beim Katastrophenschutz, so verliere ich kein Jahr bei der Bundeswehr. Ich hab in der

Schule ein Jahr übersprungen, den Vorsprung will ich mir bewahren.« Jetzt, mit 22, beginnt er mit der Physik-Diplomarbeit. Vielleicht will er einmal hauptberuflich Politiker werden, aber vorher will er Erfahrung in seinem Fach sammeln. Das ist ihm wichtig: Sachkompetenz, auch für die Politik. Mit der Jungen Union Ostwestfalen-Lippe hat er sich gegen den umstrittenen Braunkohleabbau von Garzweiler II ausgesprochen und sich damit auf die Seite der Grünen und gegen die CDU gestellt. Solche Entschlüsse sind durchaus typisch für die Junge Union im schwarzen Ostwestfalen. Denn alle Jugendlichen, die hier Politik machen wollen, landen zwangsläufig bei der Jungen Union: Jede Gemeinde im Kreis Höxter hat einen JU-Ortsverband, Ortsverbände anderer Jugendorganisationen gibt es nicht. So ist hier die Junge Union Sammelbecken auch für politisch Interessierte, die anderswo vielleicht bei den Grünen oder den Jungen Liberalen gelandet wären.

In diesem Sammelbecken findet Jan-Gernot Wichert, Kreisvorsitzender der JU Höxter und Mitglied der Deutsch-Türkischen Union, Gehör für Themen wie Einbürgerung und Integration von EU-Ausländern und Türken. Doch vom Parteienklüngel innerhalb der alleinherrschenden CDU ist er enttäuscht.»Ich bin da mit Wunschvorstellungen hineingegangen, das ist vorbei, weil ich gesehen habe, wie Personalpolitik läuft. Ab bestimmten Ebenen trifft man fast nur noch Leute, die sehr gerne Karriere machen wollen.« Und Karriere machen, das heißt auch Preisgabe von inhaltlichen Vorstellungen, wie man es bei Klaus Escher sehen könne:»Er hat sich da kleinmachen lassen müssen, um weiter voranschreiten zu können. Die JU ist da um so bunter, wo Leute sind, die keine großen Ambitionen haben.« Die Befürworter eines starken Sozialstaates innerhalb der JU sieht er auf dem Rückzug, das Konzept der Volkspartei mit Hunderttausenden von Mitgliedern könnte damit in Frage gestellt werden, doch eine neoliberale Wirtschaftspartei werde die CDU nicht. Die christlichen Werte seien in jedem Fall mehr als eine Fassade. Christliche Werte?»Ich lebe zwar zur Zeit in wilder Ehe, aber das soll kein Dauerzustand sein.« Er glaubt an die Konsensdemokratie, und eine große Koalition bereitet ihm keine Bauchschmerzen. Im Gegenteil, die Steuerreform oder die Zukunft der EU, ob erweiterte Freihandelszone oder politische Union, solche Dinge könnten nur in einer großen Koalition entschieden werden.

Er wünscht sich Entscheidungen: Sachentscheidungen, nicht Machtentscheidungen, und er denkt pragmatisch und nicht ideologisch. Diese Einstellung teilt auch die 22jährige Berliner Studentin Kinga Bloch, die – ganz anders als die Jugendlichen vom konservativen Land – aus einem linken Umfeld zur JU und zum Ring Christlich-Demokratischer Studenten gekommen ist.

An ihrem Mainzer Gymnasium hat sie gelernt: »Wenn einem was nicht gefällt, soll man nicht meckern, sondern machen.« Ihre politische Arbeit – erst in der Landesschülerkonferenz, dann bei den Grünen, jetzt in der Jungen Union und an der Uni – versteht sie als logische Folge dieser Einstellung, nicht als Instrument zur Karriereförderung. Bei den Linken hat sie die Unsachlichkeit gestört (»Im Studentenparlament gelten die Leute vom RCDS als Faschisten.«), in der JU und der CDU ist sie längst nicht mit allem einverstanden (»Kanther? Da wird mir schlecht.«), aber sie schätzt die vernünftigen Diskussionen. Ihr Schlüsselerlebnis waren lange Gespräche mit alten Leuten in der CDU, urchristliche Werte hat sie dort wiedergefunden, die sie in der katholischen Kirche vermißt. Bei den Herren vom rechten Rand der CDU vertritt sie ihr Anliegen: Mit freundlichem Lächeln hört sie sich deren kritische oder abfällige Bemerkungen über Ausländer in Deutschland an und erzählt erst dann, daß sie Polin ist. Sie kennt das Schicksal der Vertriebenen aus ihrer eigenen Familie und die Erfahrung, zwei Heimatländer und zwei Muttersprachen zu haben. Da will sie vermitteln. Wenn jemand die Oder-Neiße-Grenze in Frage stellt, wird sie nicht böse, sondern kann »den Schmerz und die Komplexität verstehen«. Für die Zukunft wünscht sie sich eine schwarzgrüne Koalition, aber sie zweifelt, ob die Ressentiments auf beiden Seiten zu überwinden wären. Beim RCDS an der Freien Universität von Berlin fühlt sie sich wohl: »Ich bin dort nicht die einzige Altlinke, es gibt auf jeder Veranstaltung Exoten, die nicht in das Klischeebild vom Karrieremacher passen, der mit Tüchlein und im Sakko angeschwebt kommt. Denen fehlt machmal die Bescheidenheit.«

Sie selbst argumentiert vorsichtig, ihr Denken besteht nicht aus Gewißheiten, sondern aus der Einsicht in die Begrenzheit der Erkenntnis und die Komplexität der Dinge. Das ist kein typischer Ton für die Junge Union oder für den RCDS, und damit macht man keine Politik.

In den JU-Programmen oder in der Bonner Zentrale hört man andere Töne: eher Selbstgewißheit als Zweifel. Ralf Brauksiepe beispielsweise, der Vorsitzende der JU Nordrhein-Westfalen, hält Politikverdrossenheit für ein Medienphänomen und meint es durchaus ernst, wenn er sagt: »Es gibt eine stärker konsumorientierte Haltung unter jungen Menschen, was zum Teil auch ein wirtschaftlicher Erfolg der Bundesregierung ist. Es gibt solche Möglichkeiten der materiellen Lebensentfaltung, ja, die Diskotheken, die es gibt, die muß ja jemand bauen und mit Erfolg betreiben, die ganzen Klamotten, die es gibt, die sind ja alle nicht billig.«

Brauksiepe ist 31 und jung auf eine Art, wie Claudia Nolte jung ist. Er hat die typische CDU-Argumentation verinnerlicht, Luxuskonsum als Zeichen für Wohlstand zu sehen, ohne zu fragen, wer konsumiert und wer nicht.

Wenn man ihn nach der Arbeitslosigkeit fragt, antwortet er: »Wir haben – das wird gerne übersehen – in den alten Bundesländern heute eineinhalb Millionen Arbeitsplätze mehr als 1982, als Helmut Kohl Kanzler geworden ist.« Ralf Brauksiepe ist promovierter Ökonom und arbeitet als Assistent an der Ruhr-Universität Bochum. Sicherlich ist er ein guter Mann, der sein neoliberales Konzept durchdacht hat. Seine Zauberformeln lauten »Wettbewerbswirtschaft nur durch ordnungspolitische Rahmenbedingungen flankiert, ohne aktiven politischen Interventionismus« und Flexibilisierung auf dem Arbeitsmarkt. Dafür hat ihn seine Partei mit einem sicheren Listenplatz für den Bundestag ausgestattet.

Der Machtaufstiegsapparat in der JU funktioniert, und die richtige Mischung aus medienwirksamer Auflehnung gegen die Parteiführung (junge Wilde) und aufstiegsförderlichem Parteigehorsam (zahme Wilde) garantiert den guten Leuten den Aufstieg. Und doch ist es bezeichnend, daß einer wie Brauksiepe beim Interview eine Woche vor der Landtagswahl in Sachsen-Anhalt rechts denkende Jugendliche nicht als Problem gesehen hat, während in Magdeburg selbst politisch kaum interessierte junge Leute schon Monate vor dem DVU-Wahlerfolg prügelnde Skins mit gefährdeter Demokratie in Verbindung gebracht haben.

In der JU werden sogenannte Querdenker zwar nicht vertrieben, aber auch nicht gerade ermutigt und verlieren oft nach Mißerfolgen die Lust, während vor allem die Angepaßten und Braven aufsteigen: Das ist in der Logik einer Partei durchaus sinnvoll. Im Vergleich zur CDU versteht sich die JU ökologischer und neoliberaler. Sofern in den nächsten Jahren alles seinen gewohnten Gang geht und sofern die unpolitischen Jugendlichen auch als Erwachsene weiterhin staatskonform unpolitisch bleiben, wird die Machtübernahme der jetzigen JU-Leute gelingen. Dann werden sie sich ans Reformieren unter Globalisierungsdruck machen.

Doch die 30 Prozent für die DVU unter den Jugendlichen in Sachsen-

Anhalt könnten ein Zeichen sein dafür sein, daß eben nicht alles seinen gewohnten Gang gehen wird. Und es ist fraglich, ob der JU-Nachwuchs in der Idylle seines politischen Schrebergartens überhaupt ein Gespür hat für die Dimension der gesellschaftlichen Krise, die sich (wohl nicht nur im Osten) anbahnt. Vielleicht sehen diese jungen Politiker keine existentiellen Probleme, weil sie selbst keine erlebt haben, weil sie Kinder einer Welt des »Gut so« und des »Weiter so« sind.

Die Aufbrüche derer, die grundsätzlich etwas geändert wissen wollen, haben in der letzten Zeit woanders stattgefunden: zum Beispiel in Schlingensiefs Wahlkampfzirkus, bei den FDP-Parteipiraten und in der »Stiftung für die Rechte zukünftiger Generationen«. Christoph Schlingensief, der Film- und Theaterregisseur, hat in seinem Wahlkampfzirkus mit viel Tamtam und Verve darauf aufmerksam gemacht, daß ein System, das fünf Millionen Arbeitslose produziert und ausgrenzt, insgesamt in Frage gestellt werden kann. Jede seiner Zirkusvorstellungen war ein Gründungstag der Partei »Chance 2000«, jedes Mitglied sollte direkt für den Bundestag kandidieren, und jeder sollte sich selber wählen, so sieht es die Schlingensief-Politik vor.[13]

Etwa zur gleichen Zeit haben streikende Studenten die Parteipiraterie erfunden. In der links-alternativen Berliner *tageszeitung* hatten sie den Kommentar eines Politikwissenschaftlers gelesen, der ihnen Naivität bescheinigte und vorschlug, »mit Unerbitterlichkeit für ihr Anliegen einzutreten, gezielt und hartnäckig zuzuschlagen, wo sie tatsächlich mediale und politische Wirkung erzielen«.[14] Die Studenten folgen seiner Anleitung und kapern zu Tausenden die FDP, nicht aus Liebe zu Westerwelle, sondern im Gegenteil, weil die mitgliederschwächste der etablierten Parteien am leichtesten zu überlaufen ist. Quer zu allen politischen Parteien und jenseits von rechts und links hat der Politologie- und BWL-Student Jörg Tremmel die »Stiftung für die Rechte zukünftiger Generationen« gegründet und organisiert Jugendkongresse, die sich mit Generationengerechtigkeit beschäftigen.

Das Narkotikum der Kohl-Ära, die Entpolitisierung, scheint an Wirkung zu verlieren. Doch die neuen politischen Aufbrüche der Jugendlichen finden jenseits der Parteien statt, und damit können die wenigsten in der JU etwas anfangen.

Hans Monath

Zeitgeistsurfing als Karrierestrategie
*Wie CDU-Nachwuchspolitiker im Bundestag und in den
Landtagen ihren Aufstieg betreiben*

I

Im Sommer 1991, wenige Monate nach dem Vollzug der deutschen Einheit, entdeckte der CDU-Bundestagsabgeordnete Friedbert Pflüger die preußische Gefahr und schlug sogleich Alarm. Am 8. August dieses Jahres geschah, was der Parlamentarier aus Hannover als Beleg für eine Rückkehr zu den unheilvollen nationalen Mythen der Deutschen empfand: In Berlin wurde die restaurierte Quadriga wieder auf das Brandenburger Tor gehoben; die Restaurateure hatten der Skulptur Schadows auch den Preußenadler und das Eiserne Kreuz wieder aufgelötet.

Der Warnruf des nervösen Verteidigers der Bonner Republik kam zwar viel zu spät und änderte auch nichts mehr am Aufbau des Brandenburger Tores. Aber mitten im politischen Sommerloch brach eine heftige Debatte los, die den Namen des erst wenige Monate zuvor ins Parlament gewählten Politikers in alle Zeitungen der Republik brachte.

Lange hat die CDU ein Problem mit der Presse gehabt, und manche ihrer Nachwuchskräfte haben aus diesem Problem mit einigem Geschick politisches Kapital geschlagen. Eine disziplinierte Fraktion und reibungslose Parteitage mögen dem politischen Strategen Freude machen – dem Journalisten sind sie ein Greuel. Das gilt um so mehr für eine Partei, die ein Vierteljahrhundert lang von nur einem Vorsitzenden dominiert worden ist und 16 Jahre lang die Regierung gestellt hat. Und nicht nur die Marktgesetze der Publizistik verlangen nach Widerspruch und Dramatik. Da wirkt auch die Erwartung einer Generation politischer Journalisten, für die radikales Rebellentum der Jugend den ersten Ausweis von Politikfähigkeit darstellt.

Keine Frage: Wer sich innerhalb und außerhalb der CDU/CSU-Fraktion gegen den Parteivorsitzenden stellte, der machte sich das Leben im Kreis der Seinen sehr schwer. Edeldissident Friedbert Pflüger, der lange Richard von Weizsäcker als Pressesprecher gedient hatte und so über ausgezeichnete Medienkontakte verfügte, erfuhr das, als er sich im

Herbst 1993 öffentlich gegen die Nominierung von Helmut Kohls Entdeckung Steffen Heitmann zum Kandidaten für das Amt des Bundespräsidenten stellte. Aber auch Pflüger, der einen ertragreichen Bund
mit jenen Publizisten geschlossen hatte, die als »politisch korrekt« gelten dürfen, auch der angebliche Nestbeschmutzer Pflüger verhielt sich
bei seiner Kritik sehr taktisch. Aber das bemerkte kaum einer seiner
Förderer in der Presse.

Wenige Monate nach dem Streit um Heitmann, im Frühjahr 1994,
veröffentlichte Pflüger das Buch »Deutschland driftet. Die Konservative
Revolution entdeckt ihre Kinder«. Darin zitierte er nicht nur die eigene
Ehefrau Margarita Mathiopoulos, sondern beschrieb einen drohenden
Rechtsruck seiner eigenen Partei sowie der Gesellschaft und warnte vor
den Wiederholungen der Fehler, die 1933 zur Auflösung der Weimarer
Republik führten.[1]

Auffallend war, daß Pflüger in seiner peniblen Kollektion abwegiger
und weniger abwegiger Verdachtsmomente die Reden und Anstöße des
CDU-Fraktionschefs Wolfgang Schäuble nicht einmal erwähnte. So ver-
zeichnete der Autor zwar die Anwesenheit Kohls bei der Überführung
Friedrichs des Großen nach Potsdam und die damals für einige Monate
aufgestellte Fassadenattrappe des Berliner Stadtschlosses als Vorboten
chauvinistischen Unheils, schwieg sich aber über die pathetischen nationalen Beschwörungsformeln aus, mit denen Schäuble nur wenige
Monate zuvor, im September 1993 auf dem Berliner CDU-Parteitag, die
liberalen Kräfte innerhalb der eigenen Partei und die liberalen Medien
aufgeschreckt hatte. Die Karriereplanung des schreibenden Politikers
zielte offensichtlich auf die Zeit nach dem Ende der Ära Kohl.

Längst hat eine neue Befürchtung die alte abgelöst. Die CDU, so lautet sie, ist dabei, sich aller sozialen Bindungen zu entledigen und dem
berüchtigten Neoliberalismus anheimzufallen. Daß die neue Befürchtung zur alten diametral im Widerspruch steht, stört manche Kritiker
von heute wenig, die vor kurzem noch das Abdriften der Partei nach
rechts beschworen haben. Dabei kann schlecht als Nationalist gebrand-
markt werden, wer sich angeblich willfährig den Gesetzen jenes gren-
zenlosen Kapitalismus unterwirft, der auf nationale Besonderheiten
nun schon gar keine Rücksicht nimmt.

Die Gesetze, nach denen junge, aufstrebende CDU-Politiker in der
Öffentlichkeit wahrgenommen werden, wiederholen sich, ob es wie vor
Jahren um einen drohenden Nationalismus geht oder wie heute um die
Folgen der Globalisierung und die Finanzierung des sozialen Siche-

rungssystems. In den vergangenen beiden Wahlperioden des Bundestages fanden Parteirebellen, denen die Presse das Etikett »junge Wilde« angehängt hatte, viel Aufmerksamkeit und ein überaus freundliches Medienecho. Auch sie hielten sich bei ihren Angriffen auf die Unbeweglichkeit der eigenen Partei und deren programmatische Ausdünnung stets an ungeschriebene Regeln. Schließlich sind sie gewarnt.

Zwei Fälle gelten als Beweis der These, daß Nichtanpassung und öffentlicher Widerspruch gegen die Politik der eigenen Parteiführung in der CDU von Delegierten schnell abgestraft werden: die Beispiele Stefan Schwarz und Michel Friedman. Der junge Abgeordnete Stefan Schwarz aus Rheinland-Pfalz, der von 1990 bis 1994 im Bundestag saß, ging damals die Regierung Kohl beständig hart an, weil sie in seinen Augen den Völkermord an den moslemischen Bosniern duldete. Schwarz hetzte zwar bald von Talkshow zu Talkshow, erhielt aber nach vier Jahren keinen sicheren Wahlkreis und keinen aussichtsreichen Listenplatz mehr – allerdings wohl mehr wegen seiner geringen Kooperationsbereitschaft und seines chaotischen Arbeitsstils als wegen der Inhalte seiner Kritik.

Einen ähnlich jähen Sturz erlebte der stellvertretende Vorsitzende des Zentralrats der Juden in Deutschland, Michel Friedman. Auf dem Parteitag von Hannover im Herbst 1996 flog er nach einem sehr kurzen Gastspiel von zwei Jahren aus dem Bundesvorstand der Partei. Der Anwalt hatte öffentlich über Helmut Kohl gelästert, und die Junge Union, die 1994 für Friedmans Wahl getrommelt hatte, zeigte sich 1996 lustlos, als es galt, erneute Unterstützung zu organisieren.

II

Die CDU dürfe keine »von Corega Tabs gesponserte Partei« werden, hat Klaus Escher 1994 gewarnt. Den Vorsitzenden der Jungen Union trieb die Sorge um, die Partei vergreise bald, wenn das Durchschnittsalter ihrer Mitglieder weiter so steige. Diese Entwicklung beschreiben auch CDU-Spitzenpolitiker wie Wolfgang Schäuble, Jürgen Rüttgers und Heiner Geißler als sehr bedrohlich.[2] Gleichwohl haben die Christdemokraten in den Ländern mehr profilierte Nachwuchspolitiker um die Vierzig hervorgebracht als die Sozialdemokraten. Und auch im Bundestag stellte zumindest noch in der Legislaturperiode 1994–98 die Union absolut und relativ weit mehr Abgeordnete unter Vierzig als die sozialdemokratische Konkurrenz.[3] Die aufstrebenden jüngeren Politiker dürfen in Bonn oder Berlin, anders als die etwa 50jährigen Funktionsträger oder Minister wie Volker Rühe, Jürgen Rüttgers, Matthias Wissmann und Peter Hintze, auch auf eine politische Zukunft nach einer Abwahl der Unionsregierung und nach dem Ende einer sozialdemokratisch geführten Regierung hoffen.

In vielen Landesparlamenten in den alten Ländern hat diese Generation die Erneuerungspause genutzt, die die Abstinenz von der Macht dort der Oppositionspartei CDU bescherte: Es sind Ole von Beust (Jahrgang 1955) in Hamburg, Christian Wulff (1959) in Niedersachsen, Roland Koch (1958) in Hessen, Christoph Böhr (1954) in Rheinland-Pfalz und Günther Oettinger (1953) in Baden-Württemberg. Mit Ausnahme von Oettinger, der nur die Regierungsfraktion führt, amtieren diese Politiker mittlerweile alle sowohl als Fraktionschefs wie auch als Landesvorsitzende ihrer Partei. Und alle haben es mit bundespolitischen Interventionen fertiggebracht, ihre Namen weit über ihr Land hinaus bekannt zu machen. Sie attackierten – in wechselnden Konstellationen – die Politik der Bundesregierung, setzten gemeinsam mit jungen CDU-Bundestagsabgeordneten oder dem JU-Bundesvorsitzenden Klaus Escher neue Vorschläge zur Sanierung der sozialen Sicherungssysteme in die Welt oder beklagten sich über ausgebliebene Reformen – etwa des Steuer- und Rentensystems.

Die Streiter aus den Ländern, die etwa in der Innenpolitik durchaus unterschiedliche Positionen vertraten, einte »ein sehr ins Detail gehendes gemeinsames Verständnis in den Fragen der Wirtschafts-, Arbeitsmarkt-, Sozial- und Steuerpolitik«, wie Roland Koch in einem Interview urteilte. Gemeinsam war ihnen und vielen Abgeordneten der »Jungen Gruppe« der CDU/CSU-Fraktion im Bundestag (sie umfaßt alle Parlamentarier der Fraktion, die beim Eintritt in das Parlament maximal 35 Jahre alt sind) auch, daß sie öffentlich mit der Idee grün-schwarzer Koalitionen auf Länderebene jonglierten.[4] Der Tabubruch erregte vor allem in der eigenen Partei Aufsehen, die Anfang der neunziger Jahre in ihrer Mehrheit noch auf eine radikale Abgrenzung von den Erben der Protestbewegung setzte. Aber die Jüngeren waren aufgewachsen mit den Ideen der Grünen und reklamierten auch als JU-Mitglieder Umweltbewußtsein als einen Grundwert für sich.

Die Freiheit der Gedanken hat freilich in einer Regierungsfraktion enge Grenzen: Mitglieder der »Jungen Gruppe« mit ihrem Sprecher Hermann Gröhe (Geburtsjahr 1961) engagierten sich in der Legislaturperiode 1994–98 vehement und mit breiter Unterstützung meinungsbildender Zeitungen für die Übernahme ökologischer Komponenten ins Steuersystem und vor allem für eine Reform des Staatsbürgerrechts. Allein, auch jene Abgeordneten, die wie etwa Peter Altmaier (Geburtsjahr 1958), Eckart von Klaeden, Andreas Krautscheid oder Norbert Röttgen (alle drei sind 1965 geboren) öffentlich für die Reform gekämpft hatten, achteten die Regeln, als es zum Schwur kam: Die Stabilität der eigenen Regierung durfte unter dem sachpolitischen Anliegen und dem Streit darum nicht leiden. Obwohl im Bundestag damals eine frakionsübergreifende Mehrheit für eine Hinnahme der doppelten Staatsbürgerschaft bei in Deutschland geborenen Kindern von Immigranten möglich war, stimmten die Jungen mit der CDU/CSU-Fraktion gegen ihre eigenen Wünsche. Der Spott ließ nicht auf sich warten.

III

Streit macht bekannt. Weniger bekannt macht stille und kontinuierliche Arbeit in Parteigremien. Die typische Parteikarriere findet nicht das Interesse einer breiten Öffentlichkeit, ist aber für den politischen Aufstieg auch der um die 40jährigen in der CDU unabdingbar. Schaut man sich etwa den politischen Lebenslauf des Bundestagsabgeordneten Peter Altmaier (Geburtsjahr 1958) an, der 1994 ins Parlament gewählt wurde, so ist erstaunlich, welche Stationen der Partei der noch nicht 40jährige schon durchlaufen hatte. Altmaier gab im Bundestagshandbuch an: »Mitglied der Jungen Union seit 1974, Mitglied der CDU seit 1976, bis 1990 unter anderem Orts-, Gemeinde-, Kreis- und Landesvorsitzender der Jungen Union Saar, Mitglied im CDU-Kreisvorstand 1987 bis 1991, seit 1991 Mitglied des Landesvorstands und Vorsitzender des Landesfachausschusses ›Europa‹ der CDU Saar«. Allerdings dürfte Altmaier insofern ein untypisches Beispiel eines politischen Aufsteigers innerhalb der Union sein, als seine Widerspruchslust unter der lange Jahre dauernden Parteisozialisation offensichtlich nicht gelitten hat.

Kaum ein politischer Aufsteiger in der CDU macht seinen Weg, der nicht zuvor über Jahre hinweg in der Jungen Union herausragende Funktionen bekleidet hat: Fast alle haben jahrelang Erfahrung sammeln können als JU-Bundesvorsitzende (Wissmann, Böhr, Gröhe), Mitglied im Bundesvorstand (Koch, Müller, Pflüger, Wulff) oder Landesvorsitzender (etwa Altmaier im Saarland und Röttgen in Nordrhein-Westfalen, von Beust in Hamburg, Oettinger im Südwesten). Eine Ausnahme machen nur die Politiker aus den neuen Ländern, die es wie Angela Merkel, Paul Krüger oder Claudia Nolte aus dem Beruf zunächst in den Bundestag und dann innerhalb nur weniger Jahre in herausragende Posten schafften. Aber für den Osten mit seinen gebrochenen Parteitraditionen gelten die üblichen Regeln des Aufstiegs nicht.[5]

Die Insider-Rekrutierung schafft ein Problem, wie Soziologen wissen: Sie macht auf Dauer unflexibel und unempfindlich für Anstöße von außen und für neue Entwicklungen.[6] Dazu kommt: Den Arbeitsalltag eines abhängig Beschäftigten, die berühmte Werkbank, gar das Fließband oder das Großraumbüro, kennt fast keine dieser Nachwuchskräfte mehr aus eigener Erfahrung.

Vom Studium oder von der Assistententätigkeit an der Uni, die zur JU-Karriere parallel laufen, geht es meist direkt in die Politik, in Pressesprecherfunktionen (Pflüger, Krautscheid) oder in eine Position als wissenschaftlicher Mitarbeiter des Bundestages (Böhr). Akademiker sind alle der Genannten, viele haben auch im Ausland Erfahrung gesammelt. Wenn es um das Studienfach geht, wird es wieder langweilig: Das juristische Staatsexamen ist der Abschluß der ersten Wahl für den künftigen Berufspolitiker. Die Juristen im öffentlichen Dienst (Müller, Altmaier) lassen sich freistellen, sobald sie wichtige Mandate ausfüllen. Allein die in einer Kanzlei tätigen Rechtsanwälte (Koch, von Beust, Gröhe, Oettinger) können es sich leisten, neben ihrer politischen Beanspruchung noch Geld zu verdienen.

Fast jeder, der als junger CDU-Politiker Verantwortung anstrebt, hat zuvor in der Jungen Union Verantwortung getragen. Aber nicht jeder, der in der Jungen Union Verantwortung getragen hat, will auch in die Politik. So sieht zum Beispiel der ehemalige JU-Vorsitzende Hermann Gröhe (1989–94) ein Problem darin, daß immer mehr JU-Aktive aus Führungsämtern (Landesvorsitzende, Mitglieder im Bundesvorstand) schließlich ihre ganze Energie in Beruf oder Wirtschaft stecken und für anhaltendes politisches Engagement dann keine Zeit mehr finden.

Der 1994 erstmals zum Chef des Parteinachwuchses gewählte Jurist Klaus Escher ist der erste JU-Vorsitzende seit Jahrzehnten, der nach Abschluß seines Studiums nicht sofort die Chance ergriff und ein politisches Mandat, etwa einen Sitz im Bundestag, anstrebte. Escher wählte statt dessen zunächst die Tätigkeit eines Trainees in einer deutschen Großbank. Manche in der JU meinen, er schade damit seinem Verband. Die Entscheidung des JU-Vorsitzenden darf auch als ein Zeichen dafür gelesen werden, daß die Attraktivität des Berufspolitikers starke Dämpfer erlitten hat.

An Klaus Eschers Umgang mit seiner Partei und dem Nachwuchsverband zeigt sich freilich auch, daß die Unbeweglichkeit einer Großorganisation wie der JU nicht nur der Disziplinierung durch die Granden der Mutterpartei geschuldet ist. Es mag für Anhänger eines Rebellentums der Jugend nur schwer verständlich sein: Der Druck zur Anpassung kommt von oben und von unten. Aber der Druck von unten, von der Basis, ist stärker, wie auch der ehemalige JU-Chef Hermann Gröhe bestätigt: »Ich habe während meiner Amtszeit nie gedacht, du hältst nun aus Angst vor der Reaktion der Parteispitze besser die Klappe«, erinnert sich Gröhe. »Eher habe ich gefragt: Trägt mein eigener Verein das mit?« So machte Klaus Escher auf dem JU-Deutschlandtag 1997 die Erfahrung, daß seine eigenen Delegierten ihm seine Kritik am übermächtigen Parteivorsitzenden Kohl übelnahmen. Escher hatte von Kohl zuvor verlangt, er solle das Amt des Parteivorsitzenden aufgeben, um die programmatische Weiterentwickung der Partei zu erleichtern.

Aber wahrscheinlich ist es auch eine Fehlwahrnehmung journalistischer Beobachter, die Jugend einer Partei qua ihrer Jugend schon für fortschrittlicher zu halten als die Mutterpartei. In manchen Fragen, so hatte Klaus Escher in einem *Spiegel*-Gespräch Ende 1994 bekannt, sei Kohl »weit progressiver« als seine Partei und deren Nachwuchs: »Für Teile seines Kurses der europäischen Integration etwa wäre es in Kreisversammlungen der Jungen Union schwer, eine Mehrheit zu finden.«

IV

Schaut man sich die politischen Initiativen an, mit denen die Nachwuchspolitiker bisher hervorgetreten sind, so erweisen sich manche Voraussagen über die Zukunft der CDU als fragil: Stehen sie bereit für einen Rechtsruck, wie ihn Warnfried Dettling in seinem Buch »Das Erbe Kohls« (1994) für die Ära nach dem Abtreten des Rekordkanzlers drohend an die Wand malte? Der Hesse Roland Koch mag in innenpolitischen Fragen nicht weit entfernt sein von seinem Landsmann Manfred Kanther. Aber die Haltung des Wehrdienstverweigerers Peter Müller aus dem Saarland zur Ausländerpolitik und die der Mehrzahl der Abgeordneten der »Jungen Gruppe« bietet keinen Beleg für eine solche These.

Erleichtert eine Abkoppelung der Partei von vorpolitischen, kirchlichen Großorganisationen eine Tendenz zur neoliberalen Politik, wie viele Journalisten fürchten? Es gibt die Tendenz zum weltfernen Spezialisten der eigenen Karriere und des politischen Geschäfts. Aber diese Tendenz gibt es auch in anderen Parteien. Zumal: Wenn auch die vorpolitischen und kirchennahen Großorganisationen in der Gesellschaft an Bindungskraft verlieren, kann und soll man dann verlangen, daß Parteipolitiker weiter von ihnen geprägt werden?[7]

Bleibt der Vorwurf der Neoliberalisierung. JU-Chef Klaus Escher bezeichnet das deutsche Modell als starr und unflexibel, er will die sozialen Sicherungssysteme umbauen. Seine Vorstellungen scheinen jenen der FDP näher als denen eines Norbert Blüm. Aber zum einen findet Escher schon in der Generation der »jungen Wilden« nur wenig Unterstützung: Peter Müller etwa kritisierte die Junge Union dafür, daß sie »zu sehr in Richtung eines übertriebenen Individualismus« denke und das Gemeinwohl vernachlässige.[8] Zum anderen überzeugte Eschers Kurs, der im Rahmen einer Argumentation der Generationengerechtigkeit weit über die Junge Union hinaus Anklang finden könnte, in wichtigen Fragen auch nicht den eigenen Verband. Im Herbst 1996 gab die JU auf dem Deutschlandtag in Görlitz die Idee auf, das Rentensystem auf eine steuerfinanzierte Grundsicherung umzustellen, und schwenkte auf die CDU-Linie ein, wonach eine Rentenreform innerhalb des bestehenden Systems versucht werden sollte.

Der Nachwuchs der CDU präsentiert sich sozial weit homogener, als das für eine Volkspartei gut sein kann. Politisch sind seine Vertreter so heterogen wie eine Volkspartei sein muß.[9] Der Versuch, einem um Machterhalt kämpfenden übermächtigen Parteivorsitzenden programmatische Zugeständnisse und Neuerungen abzuringen, einte manche, die nicht viel mehr als ihr Alter und das Parteibuch gemein hatten. Nach Kohls Abgang werden die »jungen Wilden« nicht mehr lange an einem Strang ziehen. Für jeden, der Kohl als Parteivorsitzendem nachfolgt, wird es eine übergroße Aufgabe sein, zwischen den unterschiedlichen Überzeugungen und Interessen auszugleichen und eine Linie zu finden, mit der die Partei sich unterscheidbar macht von anderen politischen Angeboten. Es muß eine Linie sein, mit der sich die Mitglieder identifizieren. Der Antikommunismus wird als Bindekraft nicht ausreichen.

Ein gewisses Maß an Selbständigkeit und Renitenz, soweit sie sich an Konventionen hält, schadet dem politischen Weiterkommen in der Partei nicht. Die Renitenz braucht, soll sie öffentlichkeitswirksam werden, einen Resonanzboden außerhalb der Partei: Ansichten, Strömungen,

Gefühle, die bei einem Großteil der politisch Interessierten virulent sind und sich ansprechen lassen. Der ironisch-herablassende Titel »junge Wilde« paßt auch deshalb gut, weil er das Ridiküle im Aufstand gegen die Parteilinie enthält: Es ist kein einsamer Aufstand, sondern ein Rebellentum der Mehrheit des intelligenten Bürgertums gegen die eigene Partei.

Aber keine Welle ist so hoch, keine Brandung so dauerhaft, daß sich nur mit Zeitgeistsurfing eine politische Karriere in der CDU erreichen ließe. Die Kommunikation der Jungpolitiker mit der Öffentlichkeit der Medien beseitigt nicht nur Tabus, sie verändert auch die Partei und trägt neue Ideen in sie heinein: Wenn nicht viele junge CDU-Politiker in Interviews mit den parteifernen Zeitungen wie *Spiegel*, *taz*, *Woche* oder *Zeit* immer wieder Sympathien mit den Grünen bekundet hätten, wäre es Wolfgang Schäuble 1994 kaum möglich gewesen, seine Fraktion zur Wahl der grünen Bundestagsvizepräsidentin Antje Vollmer zu bewegen. Und ebensowenig hätten es die Delegierten des Parteitags von Hamburg 1994 ohne diese Anstöße fertiggebracht, das Leitbild der sozialen Marktwirtschaft zu einem der sozialen und ökologischen Marktwirtschaft aufzuwerten.

Der Trend zum Berufspolitiker, der die CDU wohl noch mehr erfaßt hat als andere Parteien im Bundestag, macht die Aufsteiger erfahren in Techniken der Macht. Die Kunst der Kommunikation nach außen, die Vorteile von Absprachen, die Mechanismen der Konfliktinszenierung und -klärung muß diesen jungen Politikern keiner mehr erklären.[10] Die entscheidende Frage wird sein: Funktioniert die Kommunikation von draußen nach drinnen nur als Mittel zur Beschleunigung eines persönlichen Aufstiegs in geordneten Bahnen? Hält die Empfänglichkeit der Nachwuchspolitiker für Stimmungen und Entwicklungen der Gesellschaft an, wenn sie gefangen sind von der Notwendigkeit, ihre Aufmerksamkeit mehr Techniken der Machtsicherung zu widmen als der Kommunikation mit dem Neuen? Von der Beantwortung dieser Frage hängt viel ab. Denn die Zukunft der CDU ist so offen wie das Brandenburger Tor.

Christoph Wagner

Pizza-Connection
Die Geschichte einer verlorenen Zukunft der CDU

Im November 1994 haben die Meinungsforscher der Bundesrepublik nichts Dringenderes zu tun, als die Bürger zu einer neuen politischen Farbenlehre zu befragen. Schließlich ist die Bundestagswahl einen Monat zuvor äußerst knapp ausgegangen. In seinem Buch »Gefährlicher Sieg« präsentiert Heiner Geißler die Erkenntnis, daß es für die schwarz-gelbe Kombination in Bonn nicht noch einmal reicht und die Union daher auf die Grünen zugehen muß. Auf anderer Ebene ist das bereits geschehen: Am Tag der Bundestagswahl haben in Nordrhein-Westfalen auch Kommunalwahlen stattgefunden. In etlichen Städten und Kreisen beendeten schwarzgrüne Bündnisse das Zeitalter des revierspezifisch sozialdemokratischen Absolutismus. Zehn Jahre zuvor war der damalige westfälische CDU-Vorsitzende Kurt Biedenkopf mit einem Plädoyer für (lokal begrenzte) schwarzgrüne Bündnisse bei führenden Unionsfreunden in Ungnade gefallen. Umgekehrt hatte der Grüne Rezzo Schlauch seine Bundespartei mit der Behauptung geschockt, prinzipiell sei eine Zusammenarbeit mit der CDU (im baden-wüttembergischen Landtag) möglich.

Heute gehört die Realität den »Realos«. Und die Demoskopen halten Schritt. Ihre Methode schafft neue Mehrheiten: 70 Prozent der Befragten unterstützen im Spätherbst 1994 »eine gelegentliche oder häufigere Zusammenarbeit von CDU und Bündnisgrünen im Bundestag«. Zunächst bringt Wolfgang Schäuble seine Fraktion dazu, Antje Vollmer – die ihre Grünen einmal als Anti-Parteien-Partei bezeichnet hat – zur Vizepräsidentin des Deutschen Bundestages zu wählen. Der große Tabubruch ist vollzogen. Doch »gelegentliche oder häufigere Zusammenarbeit«? Dazu bedarf es anderer Akteure als jener, die sich aus Tradition spinnefeind sind.

Frisches Blut in alten Adern?

In den neuen Bundestag ziehen 15 Abgeordnete der CDU und CSU unter 35 Jahren ein. Der Informationsdienst der Union vermeldet »einen großen Erfolg«. Dies sei »der Beweis für die Fähigkeit der CDU/CSU, sich in der Regierung fortwährend zu erneuern«. 15 von 294 – ein großer Erfolg? In der vorhergegangenen Legislaturperiode waren es noch 26 Vertreter der Parteijugend. Immerhin, die SPD bringt es bei weitem nicht auf solch einen Schnitt. Und als Erfolg darf dieses Ergebnis auch vor dem Hintergrund der CDU-Altersstruktur bewertet werden: Die Jungen sterben aus. Im Vergleich mit der Bevölkerung besteht in der Partei ein Überhang bei den 40-60jährigen sowie bei den über 60jährigen – und die Anhängerschaft der CDU ist noch älter.

Anders als in der SPD, wo die Führung lange Zeit alles getan hätte, um Juso-Vorsitzende aus der Verantwortung für die Partei herauszuhalten und sie durch die Ochsentour über Kommunal- und Landespolitik zu zähmen, ist es in der Union selbstverständlich, daß das Engagement im Jugendverband auf kurzem Wege in den Bundestag führen kann. Auch wenn die Aufstellung eines Jugendfunktionärs zum Kandidaten nicht unbedingt ein Selbstläufer ist – der JU-Bundesvorsitzende Herrmann Gröhe fiel 1990 bei der Nominierung durch und zog erst 1994 ins Parlament ein –, das Ergebnis insgesamt zeigt eindeutig eine relativ starke Repräsentation der Parteijugend in der Bundestagsfraktion. So wird diese an ein Netzwerk angeschlossen, das einerseits wichtige sensorische Funktionen erfüllt – die jungen Abgeordneten bilden den Fühler der Partei in ihre Jugend hinein –, andererseits selbst eine Macht im Ringen um Positionen auf verschiedenen Ebenen darstellen könnte. Gröhe, Röttgen, Klaeden, Pofalla, Altmaier waren allesamt JU-Landesvorsitzende. Mit den »jungen Wilden« in den Bundesländern wie Christian Wulff, Peter Müller oder Christoph Böhr stehen sie seit ihrer Schülerunion-Zeit in Kontakt. Ende der siebziger Jahre begann dort ihre politische Sozialisation, damals als Kohl und die Union modern waren – und die Grünen immer moderner wurden. Der Eintritt in die Partei schließlich liegt bei einigen in zeitlicher Nähe zur »geistig-moralischen Wende« von 1982/83.

Doch in der geradlinigen Karriere zum CDU-Bundespolitiker ist immer schon der Sog der Anpassung angelegt, zumal in der Ära Kohl. So werden aus JU-Vorsitzenden, die der große Parteivorsitzende – wo nötig – mit Geschick vereinnahmt, angepaßte, blasse Funktionsträger, bei de-

nen sich der Chef die Anstrengung sparen kann. Die jungen Abgeordneten des 94er Jahrgangs erkennen diese Tendenz bei der Generation
über ihnen, den Wissmanns und Rüttgers. »Die scheinen sich nicht
mehr für die Entwicklung der Partei zu interessieren«, kritisiert einer
aus der Jungen Gruppe. »Eine äußerst geringe Bekenntnisfreude«,
bemängelt ein anderer. Der nächste meint abgeklärt: »So ist es wohl,
wenn man etwas werden will …« Aber das wollen sie doch auch. Es fehlen ihnen noch ein paar Jahre, und sie müssen noch ein paar Stufen
höher steigen: Möglicherweise geben sie dann genau das Bild eines etablierten Berufspolitikers ab, der außer Politik wenig vom »Leben da
draußen« kennt – und von seiner Partei und ihren Herrschaftstrukturen
gnadenlos abhängig ist.

Das Problem der Union besteht also nicht in mangelndem Nachwuchs, sondern darin, wie er seine Erneuerungsfunktion erfüllt. Eine
Junge Gruppe hatte es auch 1990–94 gegeben, ohne nennenswerte Wirkung, lediglich Friedbert Pflüger und Stefan Schwarz waren als Einzelgänger aufgefallen. Die Nachfolger wollen es anders machen: wollen
auffallen, aber durch geschlossenes Auftreten.

Die neue Junge Gruppe ist nicht homogen, ihr tonangebender Kern
ist es durchaus: typischerweise Juristen, Männer, Wessis, zum Großteil
aus dem CDU-Landesverband NRW, liberal in gesellschaftspolitischen
und tendenziell neoliberal in sozialen und ökonomischen Fragen. Zwar
gilt ihnen Geißler seiner Courage wegen als Vorbild, aber auch als »zu
sozial im alten Stil«, von Blüm ganz zu schweigen. Sie sind stolz darauf,
»pragmatisch« statt »ideologisch« Politik zu machen, offen für die neue
Zeit.

Schwarzgrün – ein Gespenst erhält Konturen

Als das neue Parlament zusammentritt und die Medien sich auf die Neu-
linge stürzen, da lernen sich Grüne und Schwarze kennen. Andere be-
gegnen sich das erste Mal auf einer Kasernentour, die die Bundeswehr
für den Nachwuchs organisiert hat. Und schließlich trifft man sich in
den Ausschüssen und stellt fest, wie viele Nette es beim ehemaligen Erz-
feind gibt: Von den zehn jungen Grünen werden acht sogleich als »Realos« ausgemacht, und diese entdecken die jungen Pragmatiker von der
CDU. Die Sympathie folgt der Chemie: »Wir hören ja die gleiche Musik,
lesen die gleichen Bücher, gehen in die gleichen Filme…« – und finden

gemeinsam den tradierten Politikstil zum Lachen. Und daher wird kräftig gelacht, auf Kosten von CSU und SPD. Man fühlt sich pudelwohl in der Neuen Mitte, die erst später so getauft wird (und nicht von ihnen, womit aber, soviel vorweg, ihr Scheitern durchaus zu tun haben wird).

Bis es zur Institutionalisierung dieses Lebensgefühls in einem Restaurant kommt, vergehen noch ein paar Monate. Zuvor scheitern Annäherungen zu jungen SPD-Abgeordneten sowohl seitens der schwarzen wie der grünen Parlamentskollegen, zum einen weil es der Genossen zu wenige gibt, zum anderen weil diese Handvoll nicht zum Lebensgefühl der jungen schwarzen Hinterbänkler paßt. Sie kommen aus dem Osten wie Christoph Matschie oder sind entschieden zu traditionssozialdemokratisch wie Ute Vogt und Uwe Hiksch – oder schon »zu etabliert« wie Hans-Martin Bury, der postpolitische Sprecher der SPD. Die jungen Grünen versuchen es dennoch, man trifft sich, aber es funktioniert nicht, »weil die Sozis einfach nicht in der Lage sind, das Politische mal beiseite zu schieben, um einen schönen Abend zu verbringen«. Das Rendezvous gerät zur Katastrophe, man hat sich in mehr oder weniger frostiger Atmosphäre schon bald nichts mehr zu sagen.

Noch-nicht-etabliert-Sein gehört für die Abgeordneten der Jungen Gruppe wie für die Mehrheit ihrer grünen Partner zum Flair der Connection. Das Selbstverständnis lebt auf beiden Seiten stark davon, vom Mainstream der jeweiligen Partei abzuweichen, aber vielleicht morgen schon der neue Mainstream zu sein.

Was sind das für Grüne? Jedenfalls »keine Alt-68er«, erklärt ein junger CDU-Abgeordneter, »nicht die, die sich bewußt antibürgerlich definieren«. Bürgerliche also, die »von den Wurzeln her doch zu uns gehören«. Realos, überwiegend mit wirtschaftsliberaler Attitüde. »Wenn man mit denen über soziale Reformen spricht, dann kommen die nicht gleich damit, daß die Reichen keine Steuern zahlen«, lobt ein Kollege aus der Union. Bei den Pizza-Treffen, die dann ab Juni 1995 rund alle zwei, drei Monate stattfinden, verdrängt das Realo- bald das Alterskriterium. Sitzt beim ersten Mal noch die linke Fraktionssprecherin Kerstin Müller, weil auch noch unter 35, mit am Tisch, so lassen sich später eher einschlägig bekannte Grüne wie Rezzo Schlauch oder Oswald Metzger im Restaurantkeller blicken.

Dennoch blieben die Sympathien möglicherweise ohne »nachhaltige« Wirkung, wenn nicht die Umstände eine schwarzgrüne Liaison geradezu verlangten. Denn ohne den Faktor Zufall und die chemische Reaktionsfähigkeit der Kombination schwarzgrünjung abzuwerten: Die

Akteure handeln nicht wider die Interessen ihrer Parteien. Angesichts des Dahinsiechens der FDP und der Aussicht, daß die strategische Schlüsselrolle den Grünen zuwächst, erkennen die Schwarzen die Notwendigkeit einer »Erweiterung der Optionen für die Union über die Liberalen hinaus«, so Norbert Röttgen.

Schäuble und Kohl haben nichts gegen das Aufsehen, das die Jungen erregen. Die Stimmungslage wird getestet, die Union zeigt Flexibilität. Ein Hauch von »Grün« kann auch nicht schaden. Hat doch der Kanzler und Parteichef selbst das große »Ö« für »ökologische Marktwirtschaft« ins Parteiprogramm geschrieben. Ob Schäuble über die geplanten gemeinsamen Gesprächkreise und Restauranttreffen informiert ist? Jedenfalls läßt er die Jungen gewähren. »Ganz zufällig« stößt sein Parlamentarischer Geschäftsführer Andreas Schmidt eines Abends zur Pizza-Runde im »Sassella«. Schmidt ist Parteivorsitzender in Mülheim an der Ruhr, der ersten Großstadt, in der im Oktober 1995 ein schwarzgrünes Bündnis die Sozialdemokraten aus dem Rathaus vertrieb. Anders als im Bonner Restaurantkeller steht bei den lokalen Bündnissen oft die Ideologie zwischen den Bündnispartnern: Differenzen, die dem fortbestehenden Abgrenzungsbedürfnis der jeweiligen Stammwählerschaften entsprechen. In der praktischen Zusammenarbeit wiederum zählt die Ausländerpolitik zu den Konfliktpunkten. Die Pizza-Connection hat andere Probleme, wenn überhaupt.

Zur Erregung öffentlicher Aufmerksamkeit gehören die Dementis aus dem Adenauerhaus, wenn die Gerüchte allzusehr ins Kraut schießen. Alles in Maßen, lautet die Devise. Der CSU ist bereits das zuviel. Landesgruppenchef Michael Glos spricht von einer Gefährdung des Zusammenhalts der Union durch die »profilierungssüchtigen Jungstars«. Dem Kollegen Bernd Protzner verdankt der schwarz-grüne Zirkel den Titel »Pizza-Connection« – eine erfolgreiche Begriffsprägung, wie sie dem glücklosen Protzner später in mehreren Jahren harter Arbeit als CSU-Generalsekretär nicht mehr gelingt: Das vermeintliche Schimpfwort entwickelt sich innerhalb von Tagen zum Ehrentitel.

Die Ökosteuer oder: Patzer bei der Bewährungsprobe

Wenige Wochen nach dem ersten tatsächlichen gemeinsamen Pizza-Essen drängt die CSU erfolgreich darauf, daß die Spitzen der Union auf ihrem Parteigipfel am 18. Juli 1995 den Spekulationen um Schwarz-

Grün per Beschluß ein Ende bereiten. »Wer Schwarz-Grün das Wort redet, redet die Grünen hoch, die FDP runter und schadet der Union«, lautet die gemeinsame Sprachregelung, die CDU-Generalsekretär Peter Hintze anschließend der Presse mitteilt.

Nicht nur in CSU und FDP ist man nervös geworden. Auch in der konservativen Publizistik verfolgt man die Entwicklung mit Argwohn. Am Tag nach dem Parteigipfel erklärt Georg Paul Hefty in der *Frankfurter Allgemeinen* unter der Überschrift »Ökologisch statt mit den Grünen«, wie der Umgang mit dem Thema Schwarz-Grün nur gemeint sein dürfe: Nicht jene Schwarzen, die im Grunde ganz schön grün sind, sondern die Konservativen unter den Grün-Wählern sollen gefügig gemacht werden. Noch bleibe Zeit, »bei der Wählerschaft der Grünen, die von links-alternativ bis naturbezogen-konservativ zusammengewürfelt ist, das Brecheisen anzusetzen«.

Einen Tag später erscheint dagegen in der *Wochenpost* ein Plädoyer des ehemaligen *FAZ*-Mitherausgebers Alexander Gauland für einen »Wandel durch Annäherung«: Man könne »die bürgerlich gewordenen Grünen nicht mehr links liegenlassen«. Es sei Aufgabe der CDU, die wertkonservativen Wurzeln der Grünen zu testen. Die *Wochenpost*-Redaktion unter der Leitung von Matthias Döpfner verschreibt sich mit Leib und Seele diesem Projekt. Woche für Woche vermögen es die Redakteure und Korrespondenten, der Erörterung der jeweils aktuellen politischen Themen zumindest ein schwarzgrünes Schwänzchen anzuhängen. Nicht von ungefähr wählt die Wochenzeitung aus den diversen Umfrage-Ergebnissen das von Emnid: Immerhin 24 Prozent der CDU-Wähler haben demnach nichts gegen eine schwarzgrüne Verbindung auf Bundesebene – und gar 30 Prozent der Grünen-Wähler wünschen dies. Die Forschungsgruppe Wahlen findet zur gleichen Zeit nur 14 und 6 Prozent heraus.

Schwarzgrün ist nicht durch Erlaß aus der CDU-Zentrale totzukriegen. Liegt es daran, daß die Regierung die Macht genießt und auf keinem politischen Feld Aufgaben in Angriff nimmt? Oder an dem Öko-Jahr 1995? Da war zuerst der Weltklimagipfel in Berlin, später die Aufregung um die Ölplattform Brent Spar, und jetzt spricht alle Welt von dem quasi-natürlichen schwarzgrünen Projekt: der ökologischen Steuerreform. Die jungen Unionsabgeordneten haben bereits zu Beginn der Legislaturperiode für sie plädiert, als es um einen möglichen Ersatz für den wegfallenden Kohlepfennig ging. Zum Klimagipfel in Berlin verabschiedeten sie gemeinsam mit jungen Kollegen anderer Fraktionen ein Memorandum. Die Fraktionsführung ließ sie gewähren. Aus den Reihen der Grünen hört man derweil, daß die Ökosteuer eher mit der CDU als mit der »wirtschaftsfeindlichen« SPD, von der zu diesem Zeitpunkt sowieso fast niemand mehr etwas erwartet, durchgesetzt werden könnte.

Ökosteuer-Befürworter in der Union müssen vorsichtig agieren, zumal wenn sie in der Nähe der Machtzentrale angesiedelt sind. Auf Anfrage, was es Neues in Sachen Ökosteuer gebe, faxt das Büro von Fraktionsvize Hans-Peter Repnik Passagen aus dem 1994 verabschiedeten Grundsatzprogramm der CDU – mit der handschriftlichen Notiz: »Bitte beachten Sie insbesondere die Punkte 70 (Ökologische Ordnung) und 76 (Finanz- und Steuerpolitik).« Die Botschaft: Hier geschieht alles, und wenn es noch so sehr nach Fortschritt aussieht, hundertprozentig auf Basis der Parteilinie. Die »Konkretisierung«, von der jetzt geredet werde, sei lediglich »juristischer und technischer Art«. Wieviel freier können da die Abgeordneten der Jungen Gruppe auftreten, die mal hier und mal da der Presse in den Notizblock diktieren, daß man diese Reform nicht länger verschieben dürfe.

Als Ende Oktober das Wuppertal-Institut die Studie »Zukunftsfähiges Deutschland« präsentiert, bekommt die Diskussion noch mal Schwung und setzt sich, allerdings abgeschwächt, fort ins nächste Jahr. Mittlerweile hat der Kanzler jedoch ein Einsehen gehabt, die Warnungen »der Wirtschaft« ernst genommen und einigen ihrer Vertreter versprochen, daß er die Reformbemühungen seiner Fraktion beenden werde. Gesagt, getan. Die Ökosteuer-Befürworter in der Union knirschen mit den Zähnen – und tun erst mal, als ob sie es nicht glauben. Im Dezember 1995 gehen 17 junge Abgeordnete von CDU, SPD, Grünen und FDP abermals mit einer gemeinsamen Ökosteuer-Initiative an die Presse. Für die sieben unterzeichnenden Unionsabgeordneten bedeutet das zu diesem Zeitpunkt einen öffentlichen Bruch mit der offiziellen Linie von Fraktion und Regierung. Allerdings ist die Initiative mit Hans-Peter Repnik abgestimmt, der offenbar noch nicht bereit ist aufzugeben.

Doch der Kanzler will nun mit einem anderen Projekt Punkte sammeln. Bis zu den drei Landtagswahlen im Frühjahr betreibt er das »Bündnis für Arbeit«. Der Ausgang dieser »kleinen Bundestagswahl« im März 1996 entzieht ganz nebenbei der ersten schwarzgrünen Annäherung auf Bundesebene die Grundlage: Die FDP ist wieder da. Zum Thema Schwarzgrün äußert Pizza-Mann Gröhe wenige Tage später:

»Ich rate, niemals nie zu sagen. Ich rate aber genauso, nun nicht um die Grünen zu buhlen. Das haben wir nach diesem Wahlergebnis nicht nötig.« Nicht mehr.

»Sag niemals nie«: Das vorläufige Ende von Schwarzgrün

Eine Zeitlang schien es, als gerate, fünf Jahre nach dem Epochenbruch von 1989, das Parteiensystem gründlich durcheinander: Polarisierung, Lagerdenken, das entsprach der neuen Zeit nicht mehr. Konfliktlinien innerhalb der Parteien traten in den Vordergrund. Anlaß für den Perspektivenwechsel: Bis ins Frühjahr 1996 drohte sowohl CDU als auch Grünen der jeweils »natürliche« Koalitionspartner abhanden zu kommen. Die FDP verlor weiter Rückhalt in den Länderparlamenten, und die Sozialdemokraten übten Selbstzerfleischung. Journalisten und Wissenschaftler lieferten die passende Theorie dazu. Die These vom »Ende des sozialdemokratischen Zeitalters« machte wieder mal die Runde. Und jeder, der ein bißchen von Politik verstand, wußte inzwischen, die SPD könne den »Spagat« zwischen sozial Benachteiligten und neuen Mittelschichten unmöglich schaffen. Nicht minder plausibel und jedenfalls opportun klang damals, daß die tendenziell postmaterialistische, mittelstands- und akademisch geprägte Anhängerschaft der Grünen »eigentlich« ganz gut zu jener der CDU passen würde. Zwar bahnte sich bereits 1995/96 die Neuformierung sowohl der SPD als auch der FDP an. Doch dauerte es, bis dies Wirkung zeigte. Und so verlieh die Presse jeden Tag neue Preise für Entideologisierung und Enttabuisierung. Hauptsache, es blieb noch Aussicht auf irgendeinen Ausweg aus der Ära Kohl.

Aber 1996 werden im Regierungslager wie in der Opposition die Rollen getauscht. Hier geben nicht mehr die Grünen, sondern die Sozialdemokraten den Ton an, dort die Liberalen zumindest zeitweilig die Richtung vor. Und nicht zufällig führt dies zu einer Polarisierung: Neosozial gegen Neoliberal. Die Lager bilden sich neu. Schwarzgrün wirkt nun wie eine schöne Spekulation, mit der man sich die Zeit vertrieben hat.

Schwarzgrün ist auch eine Geschichte von Zufällen, die vielleicht keine sind. Ende 1996 geht die *Wochenpost* ein – das Sprachrohr und der journalistische Impulsgeber einer schwarzgrünen Modernisierung. Das Berliner Blatt wird von der Hamburger *Woche* geschluckt. Hier verschreibt man sich unter Führung von Manfred Bissinger dem viel näherliegenden Projekt einer Bundesregierung unter Gerhard Schröder.

Die Berichterstattung der Medien über die Pizza-Connection ändert sich. Die einen sehen in den Rendezvous überhaupt keine »Geschichte« mehr, das Tabu sei ja längst gebrochen. Andere interpretieren die Connection ganz neu: als parteienübergreifendes junges Zusammenfinden. Vom zukunftsweisenden Parteien- zum parteipolitisch unspezifischen Generationsbündnis. Aus der neuen politischen Farbenlehre wird der Kampf der Jungen gegen die Alten, der Neuen gegen die Etablierten. Nicht zu Unrecht: Die inhaltliche Schnittmenge der schwarzgrünen Connection ist nicht größer als die Schnittmenge der Youngsters insgesamt. Auch die jungen SPD-Abgeordneten haben ein Manifest präsentiert, in dem sie einen neuen Generationenvertrag, einen anderen Umgang mit der Umwelt und Investitionen in die Bildung fordern. Und sie sind ebenfalls der Meinung, daß das Staatsbürgerschaftsrecht reformiert werden muß. Die langfristig wichtigen Themen beschäftigen die Jungen in allen Fraktionen – auch Birgit Homburger von der FDP kämpft für die Zukunftsagenda –, allerdings scheitert die Zusammenarbeit meist, wenn es konkret wird: Dann reicht es bestenfalls noch für ein laues Kompromißpapier. Auch Realos sind von ihren Parteien und Fraktionen geprägt. Lagerübergreifend haben die Jungen etwa das Rententhema bearbeitet. Schließlich kam es dann aber doch zu einem exklusiv rotgrünen Papier. »Das hat die Pizza-Connection ein bißchen entzaubert«, meint Hans-Martin Bury, der ähnliche Erfahrungen schon in der vorhergehenden Legislaturperiode gemacht hatte: »Wenn's ernst wird, müssen die jungen Wilden kneifen.« Will heißen, eine leistungsfähige schwarzgrüne Verbindung wäre immer noch eine Schlagzeile wert. Aber diese Verbindung gibt es eben nicht. Oder doch?

Der Streit um die Staatsangehörigkeit

Kaum ist die Ökosteuer beerdigt, bringen sich junge Abgeordnete der Union mit einem anderem Thema in die Schlagzeilen. Ihre Bemühungen um die Reform des Staatsangehörigkeitsrechts sind es, die ihnen vorübergehend sogar den Ruf einbringen, »junge Wilde« zu sein. Nachdem sie längere Zeit versucht hatten, hinter verschlossenen Türen die Partei in dieser Frage in Bewegung zu bringen, gehen sie im April 1996 erstmals an die Öffentlichkeit – gegen den Wunsch von Partei- und Fraktionsführung, die zu dieser Zeit mit dem »Sparpaket« der Wirtschaft Wünsche erfüllen und sich reformfähig zeigen wollen. Die Abgeordneten Altmaier, Klaeden und Röttgen legen auf einer Pressekonferenz in Berlin einen »Fahrplan zur Reform des Staatsangehörigkeitsrechts« vor.

Die Initiativen auf diesem Feld sind eng mit Peter Altmaier verbunden. Er ist zwar ebenfalls Parlamentsneuling, aber 1994 schon 36 und gehört daher nicht zur offiziellen Jungen Gruppe. Irgendwann ist er es leid, daß die oft nur ein oder zwei Jahre jüngeren Kollegen viel öfter ein Mikrofon unter die Nase gehalten bekommen – »Ohne Öffentlichkeit kann man keine Politik machen…« – und gründet im Rechtsausschuß mit Norbert Röttgen, der ihn in die Pizza-Connection gelotst hat, seine eigene Junge Gruppe. Diese stimmt mit SPD und Grünen unter anderem für die Rehabilitierung von Wehrmachtsdeserteuren, und in der Arbeitsgruppe Recht der Unionsfraktion gegen das »Ehrenschutzgesetz« für Bundeswehrsoldaten.

Nach der Bundestagswahl 1994 hat die Regierungskoalition zum zweiten Mal eine gründliche Reform des seit 1913 gültigen Staatsbürgerschaftsrechts versprochen. Dafür gibt es eine Mehrheit im Parlament, nicht aber in der Union. Also wird das Thema immer wieder verschoben – bis Altmaier und Verbündete am 18. Juni 1996 mit einem Aufruf zur Reform in die Offensive gehen. Darunter stehen die Namen von 150 mehr oder weniger prominenten Funktions- und Mandatsträgern aller Ebenen aus den Reihen der Union. Es ist der Geburtstag von Peter Altmaier, und manch ein Fraktionskollege, der schon Tage vorher das Glückwunschkärtchen losgeschickt hat, streicht heute den Saarländer aus seinem Verteiler. Aber das CDU-Präsidium beschließt wenige Tage später auf Vorschlag von Helmut Kohl die Einsetzung einer Arbeitsgruppe des Präsidiums unter Leitung von Peter Hintze.

Zur Motivation der Reformer erklärt Norbert Röttgen: »Die Linksparteien können keine Ausländerintegration realisieren, weil ihnen die Bindung zur konservativen Mehrheit, zu denen, die Angst davor haben, fehlt. Deshalb muß es die CDU anpacken.« Und dafür bleibt ihr nicht mehr viel Zeit, denn in Vorwahlzeiten, das wissen die Jungen, läßt sich solch eine kontroverse Geschichte nicht durchziehen. Die »Nur mit uns«-Annahme, die als argumentative Allzweckwaffe zur Rechtfertigung dient, keinem Antrag der anderen Seite zuzustimmen, liefert die wohl plausibelste Begründung für eine schwarzgrüne Verbindung. Mehrfach jedenfalls haben grüne Realos wie Haushaltsexperte Oswald Metzger genau mit dieser Begründung für die Zusammenarbeit geworben: Wenn die Provokation der einstigen grünen Protestpartei in staatstragendes Verantwortungsbewußtsein der Union eingepackt würde, ließe sich Reformpolitik betreiben, ohne Angst und hysterische Gegenreaktionen auszulösen.

Vielleicht spielen grüne Teilnehmer der Pizza-Connection darauf an, wenn sie einräumen:»Natürlich haben uns die Kollegen von der CDU für manche Probleme die Augen geöffnet…« Jedenfalls sind sie sich einig darin, daß man auf die komplizierten Prozesse in der Union Rücksicht zu nehmen habe. Nur für einen Moment erwägen sie, den Aufruf der 150 als Antrag in den Bundestag einzubringen. Die CDU-Parlamentarier müßten dann Farbe bekennen. Nein, das könnte damit enden, daß die Verbündeten vorgeführt würden. Also läßt man es.

Die CDU-Kollegen haben es ohnehin schwer genug. Dabei ist es nicht einmal die von Hardlinern in der Union gerne ins Feld geführte Parteibasis, die den Jungen Schwierigkeiten macht. Sicher, in ihren Kreisverbänden werden sie gelegentlich zur Rede gestellt:»Du, ich hab' da was gehört. Stimmt das mit den Ausländern, was über dich in der Zeitung steht?« Es wäre auch ein seltsamer Zufall, weiß Eckart von Klaeden, wenn sich ausgerechnet in seinem Hildesheimer Wahlkreis eine CDU-Mehrheit für die doppelte Staatsangehörigkeit fände. Das dauert noch. Und solange muß er es eben erklären. Die meisten Zuhörer bleiben natürlich ablehnend – aber sie wählen ihn mit über 80 Prozent zum Kreisvorsitzenden und zum Direktkandidaten. Nicht anders bei Norbert Röttgen im Wahlkreis Rhein-Sieg.»Auch wenn viele meine Position nicht teilen, schätzen sie es, wenn ihr Abgeordneter den Mund aufmacht.« Die Jungen sind – das wissen selbst jene Älteren, für die Ausländer noch immer als »Gastarbeiter« gelten – die Zukunft der Partei. Auch wenn der ein oder andere von Herzen froh ist, daß er diese Zukunft nicht mehr erleben muß.

Es sind Partei- und Fraktionsführung, die die Reformer mächtig unter Druck setzen. Einerseits verspricht man ihnen, die Reform endlich auf den Weg zu bringen, mal wird eine Arbeitsgruppe, mal eine Kommission eingesetzt, die mal tagt und mal wieder länger nicht, andererseits droht man ihnen, sie würden mit ihrer Offensive alles kaputtmachen. Eigentlich haben Altmaier, Röttgen & Co geplant, auf dem Hannoveraner Parteitag im Herbst 1996 die Reform der Staatsangehörigkeit mit Reden und Foren, mit Gastrednern und Resolutionen voranzubringen. Altmaier sitzt sogar selbst in der Antragskommission, was er Peter Müller zu verdanken hat – ab und zu funktioniert das Netzwerk der Jungen sogar, in diesem Fall über die Saarlandschiene. Doch am Ende geben die Jungen nach und folgen denen, die ihnen raten, »good will« zu zeigen, bevor sie sich vollends zu Außenseitern abstempeln würden – und bevor sie das Verständnis von Wolfgang Schäuble verlieren, der sie nicht selten vor Angriffen in Schutz genommen hat.

Der Parteitag beschließt, den Antrag des Saarlands an den Bundesvorstand zu überweisen. Innerhalb eines halben Jahres hat der Vorstand eine Entscheidung zu treffen. Doch auch nach Ablauf der Frist ist noch nichts geschehen – außer daß Innenminister Kanther im Januar eine Visumspflicht für ausländische Jugendliche einführt. Altmaier, Gröhe, von Klaeden und Röttgen schreiben im April an Helmut Kohl, sie müßten nun »darauf bestehen«, daß Ernst gemacht werde. Aber was heißt das, »darauf bestehen«? Sollten die jungen Unionsabgeordneten ihren CSU-Kollegen Zeitlmann, der sie als »die jungen Schlappis« bezeichnet, widerlegen, indem sie mit SPD und Grünen stimmen? Würde die FDP mitziehen oder müßten die fünf, vier, drei, zwei Christdemokraten die Verantwortung für eine Abstimmungsniederlage der Koalition allein auf ihre Kappe nehmen?

Im April 1997 stehen die Zeichen günstig. Kohl weist Hintze an, die Arbeitsgruppe des Präsidiums, die erst einmal getagt hatte, wieder einzuberufen. Vor der Fraktion erklärt der Parteivorsitzende, es müsse »etwas für die Kinder« getan werden. Die Reformer schöpfen neue Hoffnung. Besser irgendein Einstieg, etwa über die Kinderstaatsbürgerschaft, als keiner.

Als Finanzminister Theo Waigel von Haushaltsloch zu Haushaltsloch stolpert und ihm die Debatte über die Maastricht-Kriterien fast sein Amt, jedenfalls aber die Freude daran raubt, gehen viele in der CDU davon aus, daß es nicht mehr lange dauert, bis die Regierung sich gezwungen sieht, die Mineralölsteuer anzuheben. Für die »jungen Wilden« ist das doppelter Anlaß zur Freude: Zum einen wird die Union, um aus der Not eine Tugend zu machen, die Sache als ökologisch sinnvolle Reform verkaufen – der unverhoffte Einstieg in die ökologische Steuerreform. Zum andern kommt die FDP in Schwierigkeiten, sie muß, wenn Steuern erhöht werden, um den Verlust ihres Profils in der Regierung fürchten. Vielleicht könnte man das kompensieren, indem die Reform der Staatsangehörigkeit als Sache der FDP durchgezogen wird.

Es kommt anders: Die Liberalen beschließen auf ihrem Parteitag, daß es mit ihnen auf gar keinen Fall eine Steuererhöhung geben wird. Im Gegenteil, die FDP setzt sogar die Senkung des Solidaritätszuschlags durch. Wenn nun überhaupt irgendwer öffentlich entschädigt werden muß, dann die Union. In Geheimverhandlungen suchen die Koalitionspartner einen Weg, um sich möglichst schadlos vom Thema Staatsbürgerschaft zu verabschieden. Unionsintern setzt sich die CSU in dieser Frage durch. Von Widerstand seitens der Führung der Schwesterpartei ist nichts bekannt.

Altmaier und Röttgen erkennen in diesem Sommer, daß die Reform mit der Union als gestaltender Kraft immer unwahrscheinlicher wird. In der *Zeit* beklagen sie, inzwischen würden auch reformwillige Unionsfreunde »wieder in Deckung gehen« und zur Vertagung raten. Dabei ist das Verhalten ihrer Kollegen nachvollziehbar, denn die Unterstützer aus den eigenen Reihen haben bisher nur Ärger bekommen, während der Erfolg regelmäßig nur den beiden »jungen Wilden« zugute kam.

Ein paar Wochen später schreiben sie gemeinsam mit Heiner Geißler und Horst Eylmann an die Fraktion, warnen vor einer abermaligen Verschiebung und fordern die Freigabe der Abstimmung. Bei einer Diskussion lehnen etwa drei Viertel der CDU/CSU-Abgeordneten die Vorschläge der Reformer ab.

Nun besteht immer noch die Möglichkeit, einen Gruppenantrag einzubringen. Das Risiko wollen CDU-Befürworter einer Reform aber nicht auf sich nehmen, denn der Antrag käme erst im Juni 1998, also schon im Wahlkampf, zur Abstimmung. Groß wäre die Gefahr, die eigene Partei als zerrissen vorzuführen. Die FDP wiederum, die sich auf klare Parteibeschlüsse für die Reform und auf den Koalitionsvertrag berufen könnte, will ohne CDU-Leute keinen Gruppenantrag einbringen. Wer hat den Schwarzen Peter?

Ende März 1998 kommt ein rotgrünes Reformmodell, das schon länger von Hessen aus über den Bundesrat eingebracht wurde, zur Abstimmung in den Bundestag. Die CDU befindet sich zu diesem Zeitpunkt, wenige Wochen nach dem grandiosen Erfolg von Gerhard Schröder bei der Niedersachsenwahl, im absoluten Tief. Anfang des Monats hat die Regierungskoalition die zweite Niederlage in dieser Legislaturperiode erlitten, als eine Anzahl von FDP-Abgeordneten mit der Opposition für mehr Schutz beim Großen Lauschangriff stimmte. Auf die Liberalen können die Reformwilligen in der Union daher nicht mehr rechnen. Von Freigabe der Abstimmung ist keine Rede mehr, auch nicht bei den Jungen. Norbert Röttgen selbst tritt ans Rednerpult, um die Geschlossenheit der Fraktion zu demonstrieren. Die Opposition habe das Thema instrumentalisiert. Aber hat nicht gerade der CDU/CSU-Fraktionschef instrumentalisiert, als er die Abstimmung über diese wichtige Frage zur

Machtdemonstration umfunktionierte – und welche Rolle hat Röttgen dabei übernommen?

Wieder einmal stimmen er und seine Kollegen gegen die eigenen Überzeugungen. Aber das, sagt Röttgen, stimme ja so nicht. Denn echte Reformen, die die Menschen mitnehmen, könne nur die Union … Nur ist mittlerweile das Verständnis für diese Argumentation auch bei den Grünen der Pizza-Connection, die sich ein paar Tage darauf wieder trifft, reduziert. Die Union habe die »jungen Wilden« mal an der langen, mal an der kurzen Leine laufenlassen, bilanziert Cem Özdemir, nicht ohne sich einen Seitenhieb zu verkneifen: »Selbst der Mut zu einem Gruppenantrag hat die Beteiligten der Koalition verlassen.« Beteiligte der Koalition? Daß die FDP mitverantwortlich für das gesellschaftspolitische Desaster ist, kann den Grünen nur recht sein.

Ausblick: Vergangenheitsfähige Union

Am Ende sind es gerade die beiden Themen, für die sich die jungen Unionsabgeordneten in der Pizza-Connection besonders engagiert haben, mit denen im Wahlkampf besonders Schindluder getrieben wird. Zunächst läutet Peter Hintze das große Ökosteuer-Bashing gegen die Grünen ein und tut alles, um notwendige Bewußtseinsprozesse zu blockieren. Mit dem Parteitag in Bremen wird dann auch das Thema Ausländerintegration zu Wahlkampfzwecken freigegeben. Kein Buhruf, keine Pfiffe, als Kanther und Waigel den großen Rückfall betreiben. Alle klatschen mit. Alles andere wäre politischer Selbstmord. Hätten die »jungen Wilden« dieser Regression einen Riegel vorschieben können?

Wieviel besser stünde es heute um ihre Partei, durchaus auch um das Land und ganz sicher um sie persönlich, wenn sie sich durchgesetzt hätten? Mehr als mit allen Zukunftsmanifesten, die die marktstimulierenden Folgen des technischen Fortschritts bejubeln, hätte die Union auf diesen Feldern Zukunftsfähigkeit vorführen und möglicherweise auch erlangen können. Daß CDU/CSU im Wahlkampf, anders als versprochen, darauf verzichtet haben, »Reformfähigkeit« zum zentralen Thema zu machen, hat viele Gründe, nicht zuletzt den, daß sie in der Legislaturperiode 1994–98 bis auf die äußerst zweifelhafte »Gesundheitsreform« zu Lasten der Kranken keine Reformen durchgesetzt haben. Es ist durchaus vorstellbar, wie man der SPD das Scheitern der Steuerreform öffentlichkeitswirksam hätte anlasten können: »Wir haben den Einstieg in die ökologische Steuerreform geschafft, wir haben die Integration der Ausländer, die in Wahrheit Inländer sind, vorangebracht – und wir hatten auch das beste Konzept für eine große Steuerreform. Und«, das trauten sich zumindest ein paar Junge auch laut zur Komplettierung dieser Strategie hinzuzufügen, »wir haben einen Reformer zum Kanzlerkandidaten gemacht.« Der Kampf um die »neue Mitte«, das hätte eigentlich etwas für jene Partei werden können, die lange Zeit die Mitte erfolgreich repräsentierte. Es kam anders.

Die »jungen Wilden« haben gegen die Trägheit des Systems Kohl nur so lange entschieden rebelliert, wie es das System Schäuble zuließ. Dem Taktiker an der Fraktionsspitze, von dem sie mal schwärmen, mal enttäuscht sind, der alles, was Reform heißt, aufgreifen und wieder fallenlassen kann, dem anscheinend nichts wirklich am Herzen liegt, ihm haben sie sich letztlich ausgeliefert.

Sie sind von Partei und Fraktion abhängiger, als sie es wahrhaben wollen, abhängiger auch als manche ihre Vorgänger. »Draußen im Leben« haben sie weder eine soziale Bewegung noch ein Traditionsmilieu, die ihnen, vielleicht über ein Amt, eine Funktion Ansehen in der Partei, jedenfalls Kraft und Selbstbewußtsein spenden könnten. Oft haben sie nicht einmal ausgeprägte Erfahrungen im Berufsleben – Eckart von Klaeden zum Beispiel schloß erst Mitte der Legislaturperiode sein Studium ab. Aber selbst im Parlamentsalltag finden sie, das ist nun mal die Regel in einer großen Fraktion, selten die Bestätigung und Anerkennung, die ihnen überdurchschnittliche Souveränität vermitteln könnte: Zum Selbstbewußtsein jedes Abgeordneten gehört, welche Sprecherfunktion er hat. Bei kleinen Fraktionen wird vielen ein mehr oder weniger wichtiger Posten zuteil. Matthias Berninger, Cem Özdemir oder Andrea Fischer, Pizza-Freunde von den Grünen, hatten allein durch ihre Funktionen viel günstigere Möglichkeiten, Arbeit und Profil von Fraktion und Partei mitzugestalten. Den jungen Abgeordneten der Union half keine noch so große Fleißarbeit in ihren Mini-Sachgebieten.

Aber gemeinsam hätten sie etwas erreichen können. Die offizielle Junge Gruppe hat kaum versucht, die Grenzen ihres Spielraums kennenzulernen, auch, aber nicht nur, weil die Vorbehalte des harmoniebedürftigen Gruppenführers Hermann Gröhe dem im Wege standen. Vielleicht wäre sonst bei der Ökosteuer mehr drin gewesen.

Die »jungen Wilden«, die gerne solche waren, haben die Auseinandersetzung immerhin versucht. Mancher Traditionalist auf einflußreichem Posten verstand es, den Verein zu schwächen, indem er den Ehrgeiz einzelner Mitglieder mit interessanten Projekten beschäftigte. Wer darf am wichtigsten Gesetz mitschreiben? Wer hält die Rede im Plenum? Die alten Hasen wußten ja aus eigener Anschauung, wie wichtig diese Fragen für die Neuen sind. Und der ein oder andere Junge hat den Wink mit dem Zaunpfahl verstanden: Man solle sich nicht »selbst im Wege stehen«.

Die Perspektiven sind ernüchternd: Wenn die Union Macht abgeben muß, drängen jene, die bisher Regierungsämter innehatten, auf Sprecherposten in der Fraktion, und jene, die Sprecherposten hatten, müssen auch versorgt werden. Was bleibt für die Jungen, zumal die in Ungnade gefallenen? Überwintern – bis irgendwann das alte Establishment abtritt? Werden sie zur »betrogenen« Generation der CDU? Diese Horrorvorstellung vorwegnehmend, den Gang in die Opposition auch aus ganz individuellen Gründen fürchtend, haben sie sich vielleicht noch mehr, als sie es waren, von den Wahlkampfkalkülen der Partei- und Fraktionsführung abhängig gemacht.

In ihrer Perspektive ist es völlig klar, daß sich die CDU viel besser an der Macht als in der Opposition erneuert hätte, nämlich mit ihnen und mit ihren Themen, die nun Rotgrün, mit deutlich anderen Nuancen allerdings, in tatsächliche Reformen umsetzen wird – was wiederum zu entsprechenden Gegenreaktionen in der Union führen dürfte. Und ebenso logisch erscheint es, daß umgekehrt die Grünen sich dann am ehesten weiter »modernisiert«, d.h. auf die CDU zubewegt hätten, wenn die alte Regierung auch die neue und der Traum von Rotgrün endgültig Geschichte geworden wäre. Vielleicht hätte sich so eines nicht so fernen Tages auch noch mehr aus dem schwarzgrünen Stammtisch entwickelt, wäre aus »just for fun« ein bißchen Ernst geworden. Aber »hätte«, »wäre«, »hätte können« – das ist schon ziemlich viel Irrealis für Realos.

Franz Walter / Frank Bösch

Das Ende des christdemokratischen Zeitalters?
Zur Zukunft eines Erfolgsmodells

Zu früh abschreiben sollte man die deutschen Christdemokraten nicht. Man kann da schnell falsch liegen. Schon in den frühen siebziger Jahren verfaßten forsche Kommentatoren, aber auch seriöse Wahlforscher Nekrologe auf die CDU. Damals schien gesellschaftlich alles gegen die Union zu laufen. Die traditionelle Klientel wurde von den Modernisierungswellen der sechziger Jahre weggespült. Der agrarische Sektor schrumpfte. Der alte Mittelstand dünnte aus. Und den katholischen Hirten liefen ihre Schafe plötzlich in Scharen davon. Die alte christdemokratische Substruktur zerfiel, die säkularisierte Arbeitnehmergesellschaft brach sich Bahn. Das war der Treibstoff für die damalige Wählerexpansion der SPD. Ein Jahrzehnt später verbreitete sich in den neuen Mittelschichten postmaterialistische Gesinnung. Das beförderte die Grünen auf die politische Bühne. Ein weiteres Jahrfünft danach war im gewerblichen Segment der europäischen Mittelschichten neoliberaler Individualismus en vogue. Nur für eine Christdemokratisierung, für eine lange während Ära Kohl sprach soziologisch denkbar wenig.

Auch kulturell war seit den siebziger Jahren längst die post-christdemokratische Ära angebrochen. Die Bindemittel und Sinnmuster aus der goldenen christdemokratischen Nachkriegsära – vom Kolpingverein bis zum deutschnationalen Honoratiorenstammtisch, vom Pflichtethos bis zum Ordnungssinn, von der Sparsamkeit bis zum sonntäglichen Kirchgang – waren randständig geworden.

Und doch regierte die CDU auch in diesen Jahren das Land. Die Widrigkeiten von sozialem Wandel und kulturellem Paradigmenwechsel konnten ihre Machtposition nicht substantiell erschüttern. Jedenfalls nicht bis 1998. Bis dahin standen die Kanzler der Union insgesamt 36 der knapp 50 Jahre Bundesrepublik an der Spitze der Regierung. Die Union muß also spezifische Machtressourcen besessen haben, die sie gegenüber ihrer Konkurrenz lange privilegierten. Nach diesen Machtressourcen soll im folgenden gesucht werden. Dabei interessiert vor allem die Frage, ob diese Quellen christdemokratischer Hegemonie auch in Zukunft noch sprudeln können – oder ob sie schließlich doch versiegen werden.

1. Die machtpolitischen Ressourcen der Christdemokraten

Konstitutiv für die politische Führungsrolle der Union war zunächst ihr Ansehen als *Gründungspartei* der Republik. Von diesem historischen Guthaben zehrte die CDU am längsten. In der durch die Generationen weitervermittelten Wahrnehmung hat die Union den Grundstein für eine einzigartige Wohlstandsmehrung gelegt und die Bundesrepublik in das westliche Sicherheitsbündnis gegen den östlichen Kommunismus geführt. Diese glücklichen Jahre erlebten die Westdeutschen nach Jahrzehnten verheerender Krisen und gesellschaftlicher Erschütterungen. Sie waren nach 1945 erschöpft, politisch desorientiert, hatten die Nase voll von aufpeitschender Rhetorik, Mobilisierung und utopischen Heilsversprechungen. Sie wollten Ruhe, Sicherheit, ein erträgliches Auskommen, wollten politisch entpflichtet und entlastet werden. Diesen Ton der Zeit traf die CDU unter ihrem Patriarchen Adenauer exakt.

Seither hat sich die Gleichsetzung von Sicherheit und Wohlstand mit christdemokratischer Regierungsführung tief in die deutsche Volksseele eingebrannt. Es gibt in modernen Gesellschaften wahrscheinlich nur wenige kollektive Erinnerungen und Grundeinstellungen. Die Angst vor der Inflation ist so eine, und das unerschütterliche Vertrauen in die wirtschaftspolitische Kompetenz der Union war lange eine andere.

Identitätsstiftend: Das hohe »C«

Parteibildend und identitätsstiftend war die *christliche Orientierung*. Aus dieser Ressource schöpfte die Union gleich mehrere strukturelle Vorteile. Die christlich-katholische Tradition taugte keineswegs nur für Festreden und abendländisches Programmpathos. Aus dieser Tradition wuchs auch die illusionslose, pragmatische und flexible Politik der Union, die ihren chronischen Vorsprung vor der SPD ermöglichte. Zunächst einmal gelang es der Union mit der Einigung auf das konfessionsübergreifende »C«, die Spaltung des bürgerlich-agrarischen Lagers zu überwinden. Zudem war das ein geschickter politischer Schachzug: Mit dem Kriterium der Kirchenzugehörigkeit umschloß die Union die denkbar größte Menge aller Bürger. Der große Vorteil des »C« lag zudem darin, daß es einen überzeitlich verankerten Wertekatalog anbot, der seinen Ursprung nicht im konfliktbeladenen Raum von Politik und Wirtschaft hatte. Es entzog sich damit der rationalen Kritik und sprach die Emotionen der Wähler an. Die CDU baute sich so zum Garanten der Werte auf, die im ersten Vierteljahrhundert der Bundesrepublik als erstrebens- und bewahrenswert galten. Ehe, Familie, Moral waren nur einige der kollektiven Assoziationen, die über das »C« vermittelt wurden. Hoffnungen und Ängste der Alltagswelt band die CDU so auf gleichsam unpolitische Weise in den politischen Raum.

Pragmatisch, vermittelnd und illusionslos: Katholische Anthropologie und Organisationstechnik

Lange Zeit stand keineswegs fest, ob das disparate Sammelbündnis der Union dauerhaft zusammenhalten würde. Die CDU hatte die Interessen der Industrie und des Kleingewerbes zu berücksichtigen und mußte ein offenes Ohr für die Begehrlichkeiten der katholischen Arbeiterbewegung haben. Sie hatte die Subventionswünsche der grünen Front zu bedienen und die öffentlich Bediensteten zu versorgen. Sie mußte den rechten und den linken Flügel zusammenbinden, Föderalisten und Nationalisten vereinen, zackige Deutschnationale mit milden Liberalen versöhnen. Doch die CDU fing nicht beim Nullpunkt an. Beim Management des Heterogenen halfen die *katholischen Ressourcen.* Die katholischen Parteiführer hatten schon vor 1933 in der Zentrumspartei viel Erfahrung im Ausbalancieren gegensätzlicher Interessen gesammelt. Denn das Zentrum war damals die erste und wohl einzige Volkspartei in Deutschland gewesen. Schon sie hatte westfälische Handwerker, badische Bauern, rheinische Bergarbeiter und schlesische Adlige, Republikaner und Monarchisten bei der Stange halten müssen. Das Geschäft der Zentrumsleute war mühselig, aber es war ein mustergültiges Training für adäquate Politik in modernen, sozial und normativ pluralisierten Gesellschaften. Die Zentrumspolitiker mußten pausenlos integrieren, vermitteln und austarieren, Harmonieformeln finden, die auseinanderlaufenden Fäden am Ende wieder in der Mitte bündeln. Im Grunde lernten sie so die Regierungs- und Führungskunst schlechthin in fragmentierten politischen Systemen mit vielfach aufgegliederten Entscheidungsinstitutionen.

Die »*Mitte*« okkupierte die Union von Beginn an. Auch das gehörte zu ihren Erfolgsressourcen. Während die Christdemokraten die Sozialdemokraten ins linke Lager abstellten, wiesen sie sich selbst durchaus nicht die Vertretung des rechten Lagers zu, sondern beanspruchten, die »Volkspartei der Mitte« zu sein. Schon Adenauer wehrte sich gegen innerparteiliche Versuche, die CDU als rechte Partei zu definieren. Und auch Helmut Kohl begann seine Kanzlertätigkeit mit einer Regierungserklärung, die geradezu rhythmisch betonte, daß CDU, CSU und FDP sich zu einer »Koalition der Mitte« zusammengeschlossen hätten.

Die Selbstverortung in der Mitte ermöglichte, den nach 1945 diskreditierten national-konservativen Raum weitläufig zu umschließen und zugleich eine klare begriffliche Abgrenzung nach Rechtsaußen zu schaffen. Als Partei der Mitte war es die CDU, die bestimmen konnte, wo um sie herum die linken und rechten Extreme lagen. Die CDU stand damit im Zentrum des Parteiensystems, war das zentrale Scharnier bei der Koalitions- und Regierungsbildung.

Darin ließ sich die CDU über Jahrzehnte von keiner Partei übertreffen: Sie spiegelte die Mentalität der meisten Deutschen instinktsicher wider, hinkte ihr nur selten hinterher, eilte ihr kaum einmal zu weit voraus. Die Christdemokraten nahmen das Volk mit, strengten es nicht zu sehr an, mutetem ihm nicht zuviel zu. Ihr katholisches Weltbild bewahrte die CDU vor jedem ideologischen Eifer in irdischen Fragen. Katholische Christdemokraten strebten nicht zu neuen Ufern, verlangten den Menschen kein Übermaß an ethischer Rigidität ab. Die Katholiken setzen voraus, daß die Menschen schwach sind, daß sie sündigen, vielleicht später bereuen, dann aber doch immer wieder von neuem verfehlen. Das ist den Katholiken verzeihlich und im Diesseits sowieso nicht zu ändern. Dieses ganz unidealistische Weltbild hatte sich in der CDU lange fest eingepflanzt, weshalb die CDU im Gefolge der deutschen Diktaturen auch keine Bedenken hatte, sich die kleinen und mittleren Gefolgsleute der Regime organisatorisch einzuverleiben.

Es ist diese realistische, illusionslose Anthropologie der CDU, die der Partei in der Konkurrenz mit der SPD viele Jahre den Vorteil brachte. Die Union war die Partei der jeweils gegebenen Realitäten, nicht der Ideologien, Zukunftsprojekte oder gar Visionen. Nie hätten Unionspolitiker ernsthaft geglaubt, daß die Menschen ununterbrochen Demokratie praktizieren, mitbestimmen, Kritik üben mögen. Für die Christdemokraten stand fest, daß sie nach kurzen emanzipatorischen Fieberschüben in jedem Fall längere Phasen der Erholung und Ruhe brauchen, zufriedengelassen und politisch durch professionelle Repräsentanten entlastet werden wollen.

Die Sozialdemokraten liebten über Jahrzehnte ihre programmatischen Grundsätze, und sie kämpften mit leidenschaftlichem Ernst um jeden Spiegelstrich eines Resolutionstextes. Die CDU dagegen machte sich nichts aus Visionen und Utopien; sie war konservativ. Doch man darf konservativ dabei nicht mit »starrsinnig« und »immobil« übersetzen. Der christdemokratische Konservatismus war ganz und gar empirisch. Er hielt sich an Erfahrungen und Alltagswissen, blieb pragmatisch bei den Gewohnheiten der Menschen. Insofern aber war die CDU eben oft auch flexibler und anpassungsfähiger als eine von Ideologie und Theorie durchdrungene Partei. Den Einstellungen der Wähler kam dieser pragmatische Begriff von Politik mehrheitlich entgegen: dem Topos etwa, daß Politiker viel reden und nicht handeln, der Aversion gegen akademische Haarspalterei oder der Abneigung gegen komplexe Zukunftsentwürfe. Es waren die katholischen Parteiführer, die ihrer Partei einbleuten, von diesem pessimistischen, aber durchaus realistischen Weltbild auszugehen. Sie wußten, daß für Parteien nicht subtile Programmsentenzen entscheidend sind, sondern der Wahlerfolg.

Schließlich brachte der politische Katholizismus neben seinem anthropologischen Realismus noch eine hocheffiziente und äußerst flexible Organisationsstruktur in die CDU ein. Die katholische Zentrumspartei war bis 1933 eine Honoratioren- und Milieupartei gewesen. Sie hatte sich auf die Institutionen des katholischen Verbandswesens gestützt, selbst aber keine stabilen und ausdifferenzierten Parteistrukturen ausgebildet. Exakt so funktionierte die CDU in ihren ersten 25 Jahren. Für eine starke Führungspersönlichkeit war das die ideale Konstellation: Im Wahlkampf ließ sich das Milieu aus dem Stand aktivieren. Parteiorganisatorisch war die CDU der SPD zwar hoffnungslos unterlegen, aber in den Kampagnen spannten sich die Kommunikationsnetze der bürgerlich-christlichen Lebenswelt dicht und weit über das Land. Nach den Wahlen zog sich das Fußvolk des Milieus sofort wieder aus der Politik zurück, und Adenauer konnte souverän regieren, ohne daß ihm Funktionäre oder Parteitage dazwischenfunkten. Ihn engten keine Programmkommissionen ein, er brauchte sich auch nicht mit Delegierten herumzuschlagen. Es war völlig anders als bei der SPD – unter demokratietheoretischen Gesichtspunkten vielleicht keine schöne Sache, aber höchst wirkungsvoll: Diese Struktur erlaubte starke Führung, bot Raum für taktische Beweglichkeit und politische Flexibilität.

Integrierend und mobilisierend: Der Antisozialismus

Für die Sammlung des Bürgertums gerade bei Wahlen aber war für die CDU die *antisozialistische Ressource* unverzichtbar. Alle katholischen Integrationstechniken hätten nicht ausgereicht, das Bürgertum christdemokratisch zu sammeln. Allein die Furcht vor den Roten und Linken band die verschiedenen Milieus auch des protestantischen Bürgertums zusammen und verklammerte sie mit dem politischen Katholizismus. Der Antisozialismus war das Fundament der christdemokratischen Einheit, Ausgangspunkt jeder erfolgreichen Mobilisierung. Fast ein halbes Jahrhundert lang spielte die CDU erfolgreich auf dieser Klaviatur. Seit ihrer Gründung vermittelte sie den Wählern, daß die politische Landschaft scharf in zwei Lager getrennt sei: in das freiheitlich-antisozialistische, das für Sicherheit und Fortschritt stehe, und das linke Spektrum, das mit Verfall und Untergang konnotiert wurde. Jede Wahl wurde auf diese Weise zur Schicksalswahl.

Der Antisozialismus hatte eine lange und feste Tradition im deutschen Bürgertum, schon seit dem Kaiserreich. Doch ohne die antibürgerlichen Exzesse in der SBZ und späteren DDR hätte die Union ihn längst nicht so erfolgreich nutzen können. Die SBZ/DDR war gewissermaßen Geburtshelferin und Garantin der bürgerlichen Einheitspartei in Westdeutschland. Im übrigen erleichterte auch die SPD der CDU das Spiel, indem sie trotz anhaltender Resonanzlosigkeit bis in die späten fünfziger Jahre an den alten klassenkämpferischen Parolen und Symbolen festhielt. Erst das bot den antisozialistischen Attacken die nötige Zielscheibe. Bezeichnenderweise verlor die CDU an Mobilisierungskraft und Kohäsion, als sich die Sozialdemokraten in den sechziger Jahren von den sozialistischen Traditionsbeständen trennten und gezielt in die politische Mitte steuerten. Der Union gingen Feindbild und Regierungsmacht verloren. Doch ebenso bezeichnenderweise erlebte die CDU eine einzigartige Mobilisierungs- und Organisationsdynamik im protestantischen Bürgertum, als durch den linken Protest von 1968 und die nachfolgende Reideologisierung der SPD die antisozialistischen Ängste erneut aktiviert wurden. In den siebziger Jahren saugte die CDU die bürgerlichen Milieus restlos auf und erzielte mit der harten Kontrastlosung »Freiheit oder Sozialismus« in den Ländern und im Bund Spitzenergebnisse wie nie zuvor oder danach. Nicht zuletzt 1968 und die Folgen päppelten das Erfolgs- und Integrationsmodell noch einmal auf und brachten die Union zurück an die Macht.

Lange verläßlich: Die Rentner

Dabei half schließlich auch die *demographische Ressource*, über die die christliche Demokratie bis Mitte der neunziger Jahre verfügte. Bis dahin konnte es der Union egal sein, daß sich seit den späten sechziger Jahren die Jugend mehrheitlich von der CDU abkoppelte. Machtpolitisch konnte es der Union sogar noch gleichgültig sein, daß sie deshalb seit

1968 auch kulturell immer mehr Felder räumen und Themen abgeben mußte. Denn auf all das kam es bei Wahlen vorerst nicht an. In einer rapide alternden Gesellschaft geben vielmehr die Stimmen der über 60jährigen den Ausschlag, die in der Ära Kohl rund ein Viertel der Bevölkerung und ein Drittel der Wählerschaft stellten. Diese Altersgruppe war politisch in den goldenen Jahren der Ära Adenauer sozialisiert worden, in ihr hatte die Union absolute Mehrheiten, sie sicherte die bundespolitische Macht der Union – bis 1998.

2. Die Endlichkeit christdemokratischer Ressourcen

Wie die meisten Ressourcen dieser Welt sind auch diejenigen der Christdemokraten begrenzt. Bei keiner einzigen ihrer traditionellen Machtressourcen können sie noch aus dem Vollen schöpfen. Die Gründungsressource etwa war schon im Laufe der achtziger Jahre weitgehend versiegt. Allein die deutsche Einheit revitalisierte den christdemokratischen Gründermythos noch einmal eine Zeitlang. Doch auch das ist nun passé. Das Kapital ist ziemlich aufgebraucht, die Mythen verfliegen. Die Christdemokraten sind mit ihrem historischen Guthaben als Partei von Wohlstand und ökonomischer Kompetenz verschwenderisch umgegangen. Zu lange begnügten sie sich damit, das Erbe Ludwig Erhards zu beschwören, waren aber über drei Jahrzehnte nicht fähig, einen neuen Erhard hervorzubringen. Legenden ohne neue Leistungen reichen in Zeiten rationalen Wählerverhaltens auf die Dauer nicht aus.

Die Erosion des Katholischen

Vor allem aber trocknete die christlich-katholische Quelle aus. Das »C« mobilisiert und bindet nicht mehr ausreichend. Die Säkularisierung ist in den letzten drei Jahrzehnten mächtig vorangeschritten. Vor allem unter den Katholiken ist die Frömmigkeit drastisch zusammengeschmolzen. Zu Adenauers Zeiten besuchte noch gut die Hälfte der deutschen Katholiken Sonntag für Sonntag die heilige Messe; am Ende der Ära Kohl war es noch ein bloßes Fünftel. Mit der Eingliederung der Ex-DDR ist Deutschland noch mehr zum Diasporaland geworden. In den neuen Bundesländern definieren sich nur sechs Prozent der Bürger als kirchenverbundene Christen.

Der christliche Vorhof der Union entvölkert sich. Doch geht das schon seit den späten sechziger Jahren so, ohne daß die CDU deshalb bei Bundestagswahlen abgestürzt wäre. Die Werte der CDU auch bei mittlerweile säkularisierten Katholiken sind über die Jahre erstaunlich stabil geblieben. Jahrhundertealte Traditionen sind eben zäh und überdauern oft noch eine Weile das Verschwinden ihrer Voraussetzungen. Aber im Laufe der Generationen lösen sich die traditionellen Bezüge dann doch. Die Erosion der katholischen Wählerbindungen, sie sich in den Bundesländern seit den späten siebziger Jahren vollzieht, ist gewiß kein spektakulärer Prozeß, dafür aber ein kontinuierlicher. Die katholische Säule in der deutschen Gesellschaft wird kleiner; und innerhalb dieser Säule nimmt die früher vorbehaltlos loyale Orientierung an der Union ab. Aus einer gottgegebenen Wahlressource wird die CDU künftig nicht mehr schöpfen können.

Die Entkoppelung von katholischem Milieu und Union wird den Christdemokraten auf dem Wählermarkt noch erhebliche Probleme bereiten. Auf der Nachwuchs- und Elitenebene reichen diese Probleme schon ein Vierteljahrhundert zurück. In den fünfziger und sechziger Jahren wuchsen große Teile der CDU-Führungsschicht noch in den katholischen Laienorganisationen heran. Über die katholischen Organisationen horchte die CDU in die Gesellschaft, blieb dadurch trotz aller Honoratiorenstrukturen hinreichend sozial und volkstümlich. In den siebziger und achtziger Jahren aber entfernten sich das katholische Milieu und die christdemokratische Organisation voneinander. Ein großer Teil der Aktivisten der Katholischen Jugend engagierte sich nun in »Dritte-Welt-Initiativen«, nahm an Friedenskundgebungen teil, demonstrierte vor Atomkraftwerken. Zu den Ortsgruppensitzungen der Jungen Union zog es sie nicht mehr.

So landeten große Teile der Nachwuchseliten des katholischen Milieus in den achtziger Jahren bei den Grünen. Die sozialkatholischen Wurzeln der CDU verdorrten. Deshalb brach die CDU während der achtziger und neunziger Jahre gerade in den Traditionsrevieren des Sozialkatholizismus ein: erst in Nordrhein-Westfalen, dann im Saarland, schließlich in Rheinland-Pfalz. Vor allem aber rekrutierte sich dadurch der Führungsnachwuchs der CDU extrem einseitig. Die »jungen Wilden« sind gar nicht erst durch die Vorschule des Milieus gegangen, niemand von ihnen kommt aus der sozialkatholischen Tradition. Ein zeitgemäßer Norbert Blüm ist der Union nicht nachgewachsen. Das hat die Partei in eine Schieflage gebracht, hat ihr die sozialkatholische Volksnähe genommen. Und auch deshalb ist sie in der letzten Legisla-

turperiode mit ihrem Programm der Wirtschafts- und Gesellschafts-
reform gescheitert.

Die Entbürgerlichung der Partei und die Entstrukturierung des Bürgertums

Andererseits aber scheiterte die Union mit ihrem Reformprogramm in
den neunziger Jahren paradoxerweise gerade auch aufgrund der eigenen sozialkatholischen Erfolge der Vergangenheit. So gut die CDU über
Jahrzehnte mit der katholischen Anthropologie gefahren war – sie un-
terhöhlte doch zugleich die Voraussetzungen bürgerlicher Eigenverantwortung, Flexibilität und Initiative. Denn gerade die Union hat den
Deutschen all diese bürgerlichen Tugenden ausgetrieben. Ihr Erfolgsrezept beruhte schließlich darauf, dem Volk nie zuviel zuzumuten, es
niemals zu sehr anzustrengen. Statt dessen *unter*forderten die Christdemokraten die Bundesbürger. Und wenn Wahlen vor der Tür standen,
spielten Unionskanzler und -minister immer großzügig den Weih-
nachtsmann und verteilten üppige Klientelgeschenke. So produzierte
die Union ein Bundesdeutsches *Juste milieu*, das saturiert, behäbig und
selbstzufrieden war.

Eine Mentalität der Veränderung, der raschen Anpassung, der Reformbereitschaft, Flexibilität und Mobilität konnte so jedenfalls nicht
entstehen. Die Sozialdemokraten haben in ihrer versorgungsstaatlichen
Partylaune zu Beginn der siebziger Jahre gewiß schlimm gesündigt.
Aber eine Geschichte der deutschen Gefälligkeitsdemokratie wird doch
immer bei Adenauer beginnen müssen. Die Warnung vor Experimenten, die Mahnung zum »Weiter so« gehörte bis in die frühen neunziger
Jahre zum rhetorischen Standardrepertoire eines jeden Spitzenpoliti-
kers der CDU. Die bundesdeutsche Bequemlichkeit, Stagnation und
feiste Besitzstandswahrung hat die Union damit selbst erzeugt. Dieser
Politik hat sie ihre lange Regierungszeit ja gerade zu verdanken. Die
CDU war die Partei der trägen Befindlichkeit, gegen die sie erst zu wet-
tern begann, als diese Behäbigkeit ihre Politik der marktwirtschaftlichen
Dynamik obstruierte. Die Union hat die Blockade selbst errichtet, über
die sie schließlich stolperte.

Tatsächlich hat die Politik der bürgerlichen Sammlung die CDU und
die deutsche Gesellschaft erheblich entbürgerlicht. Die Union verstopfte
sich damit eine Ressource, aus der sie sich ursprünglich genährt hatte.
Vor allem die hochgelobte Parteireform der Generalsekretäre Biedenkopf und Geißler trug zur Entbürgerlichung bei. Sie setzte Parteisekre-

täre und Funktionäre, oft aus dem öffentlichen Dienst stammend, an die Stelle der Honoratioren aus dem selbständigen Bürgertum. Damit glich sich die CDU der sozialdemokratischen Apparatpartei an. Aber anders als einst für aufstiegshungrige Arbeiter ist die Kärrnerarbeit in einer Partei für den Nachwuchs des bereits sozial arrivierten Bürgertums heute nicht mehr erstrebenswert. Die Karrierewege des christdemokratischen Parteiapparats sind mit den Arbeits- und Mobilitätsanforderungen der jungen Leistungsträger im deutschen Bürgertum auch kaum vereinbar. Im christdemokratischen Kreisverband wird nur derjenige etwas, der ständig am Ort anwesend ist. Sein Beruf darf ihn im Grunde nicht allzusehr beanspruchen. Denn er braucht Zeit für die telefonische Intrige, für Stadtratssitzungen, Kommissionen und Kungelrunden. Die mobilen jungen Wirtschaftsbürger aber sitzen am Notebook im ICE, wenn der Ortsverband tagt. Sie wechseln häufig den Wohnort, statt sich auf Lebenszeit in einer Stadt zu etablieren. Weil die Organisation der CDU Vereinsmeierei und lokale Verankerung prämiert, verliert die Union den Anschluß an den wirtschaftlich innovativen Teil des Bürgertums. Viele Jahrzehnte lang verschmolzen bürgerliche Lebenswelt und bürgerliche Partei. Allmählich aber tut sich eine Kluft auf.

Doch zur kompromißlosen Fürsprecherin allseitiger Flexibilisierung kann sich die Union auch nicht machen. Als große Volkspartei hätte sie dann keine Chance mehr. Die Christdemokraten brauchen auch weiterhin das seßhafte Kleinbürgertum, sie brauchen die Sozialkatholiken, sie brauchen die Rentner, die lokalen Honoratiorenstammtische, um nicht große Teile ihrer Wählerschaft zu verlieren. Anhänger einer radikalen Wirtschaftsreform findet man in diesem *Juste milieu* nicht. Selbst auf den perfekt inszenierten Bundesparteitagen der CDU ist die Entfremdung zwischen den Kulturen und Generationen mit Händen zu greifen. Während die »jungen Wilden« in ihren Reden begeistert die Globalisierung der Ökonomie, den Segen der Gentechnologie und den Imperativ allumfassender Flexibilisierung feiern, sitzen die älteren katholischen Kreisvorsitzenden verschlossen auf ihren Plätzen und sehen durch die entgrenzte Modernisierung das christliche Menschenbild, die christliche Familie und das ganze christliche Abendland in Auflösung. So zerbröseln die christdemokratischen Grundlagen. Ganze Lebenswelten im CDU-Potential fallen auseinander. Die einen sind begeisterte Vereinsmeier, regelmäßige Kirchgänger, treue Ehepartner, ängstliche Sparer und seßhafte Menschen; die anderen sind hochmobile, säkularisierte und hedonistische Single-Individualisten. Die einen zittern um die Rente, für die die anderen nicht mehr geradestehen wollen. Mit diesem Riß werden die Christdemokraten noch ihre liebe Not haben.

Das Feinbild ist perdu

Natürlich fällt den Christdemokraten die Integration des deutschen Bürgertums auch deshalb so schwer, weil inzwischen die antisozialistische Ressource nichts mehr hergibt. Der CDU ist die DDR abhandengekommen, und damit die Realgefahr des Kommunismus. Die PDS ist kein gleichwertiger Ersatz. Das deutsche Bürgertum mag diese Partei nicht, als einigende Bedrohung aber taugt sie schwerlich.

Selbst die SPD, die über Jahrzehnte zuverlässig Munition für den antisozialistischen Kampf lieferte, läßt die CDU mittlerweile im Stich. Das kann sich zu einem langfristigen Strukturproblem der Union ausweiten. Die Akteure der Protestgenerationen seit 1968 sind in der Mitte der Gesellschaft angekommen – nach Alter, Beruf, Einkommen, Familienstand und politischer Orientierung. Allein aufgrund des neuen Mangels an partizipatorischem Eifer konnten die Sozialdemokraten 1998 einen gleichsam christdemokratischen Wahlkampf führen: mit einem Spitzenkandidaten, der Distanz zur eigenen Parteiorganisation ausstrahlte und pragmatische Indifferenz gegenüber ideologischen Doktrinen vorführte, der in die Mitte der Gesellschaft steuerte und bürgerliche Honoratioren als Seiteneinsteiger in sein »Team« aufnahm. Unterdessen feilten die Christdemokraten an programmatischen Spiegelstrichen wie einst die machtfernen Sozialdemokraten und gerieten darüber in wochenlange Dispute. Kurzum, der Verlust des Antisozialismus hat die Union phasenweise in heillose Verwirrung gestürzt.

Die Rentner sind nicht mehr sicher

Ein gewaltiges Zukunftsproblem der CDU ist schließlich das Austrocknen ihrer demographischen Ressource. Erst jetzt wird deutlich, wie sehr der Union die sozialliberalen Jungwählerkohorten der sechziger und siebziger Jahre fehlen. Gegen diese sozialliberal geprägte neue Mitte der Republik war schon die christdemokratische Wirtschaftsreform der letzten Jahre nicht mehr durchzusetzen. Sie ist gleichsam die gesellschaftliche Blockademacht gegen die Politik der Union. Vor allem bei den Frauen zwischen 25 und 50 ist die CDU abgemeldet wie bei keiner anderen Gruppe. Das bedeutet ein historisches Menetekel. Seit der Einführung des Frauenwahlrechts bildete immer der weibliche Teil des

Elektorats die Hauptstütze der christlichen Parteien. Die siebziger Jahre markieren den demographisch-politischen Bruch, dessen Auswirkungen erst jetzt spürbar werden. Die neuen Alten werden nicht mehr so selbstverständlich christdemokratisch sein wie die Adenauer-Generation. Das unterhöhlt das Machtfundament der CDU.

3. Das Ende des christdemokratischen Zeitalters?

Damit schließt die CDU freilich nur einen europäischen Trend ab. Die goldenen Jahre der westeuropäischen Christdemokratie lagen in den späten vierziger und in den fünfziger Jahren. Damals erreichten sie Wahlergebnisse zwischen 40 und 50 Prozent in den Benelux-Ländern, in Österreich, Italien und eben in Deutschland. Die Christdemokraten waren die ersten demokratischen Volksparteien, sie integrierten Bürger, Arbeiter und Bauern und pazifizierten dadurch den sozialen Konflikt. Als Parteien der Mitte standen sie koalitionsbildend und stabilisierend im Zentrum ihrer parlamentarischen Systeme. Die europäischen Christdemokraten waren pragmatische Politiker, in ihren Methoden flexibel, sozial und konservativ zugleich, gemäßigt marktwirtschaftlich und moderat sozialstaatlich. In der Außenpolitik waren sie die Motoren der europäischen Integration. Kein Zweifel: Die goldenen Jahre der christlichen Demokratie waren gute Jahre für ihre Länder, gute Jahre auch für Europa.

Doch allein die deutsche CDU konnte den Modernisierungs- und Säkularisierungswellen so lange standhalten. Überall sonst in Europa sind die Stimmen und der Einfluß der Christdemokraten seit den sechziger Jahren rapide zurückgegangen. Besonders schlimm traf es die holländischen Christdemokraten, die über sieben Jahrzehnte das Land regierten und oft über 50 Prozent der Wähler hinter sich vereinten, bei den Wahlen von 1998 aber auf kümmerliche 18,4 Prozent abgerutscht sind. Und die einst ruhmreiche Democrazia Cristiana des großen Alcide de Gasperi versank ganz im Sumpf schmählicher Korruptionsskandale, hatte aber auch zuvor schon fast zwanzig Prozentpunkte verloren.

Die christdemokratischen Parteien Westeuropas konnten vor allem die Erosion des Katholizismus nicht wettmachen. Das sorgte für die ersten großen Einbrüche in den späten sechziger und frühen siebziger Jahren. Allein die CDU fiel damals aus dem Rahmen, weil sie sehr viel protestantischer war und dadurch auch viel stärker *bürgerliche* und *anti-*

sozialistische Sammelpartei. Aufgrund dieser spezifischen Ausprägung gelang es in Europa allein ihr, die säkularisierten Wählergruppen zu halten. In den achtziger und frühen neunziger Jahren traf die europäischen Christdemokraten dann eine zweite Einbruchswelle. Mit den Grünen siedelte sich ein Teil des akademisierten Bürgertums und der dienstleistenden Mittelschichten auf der linkslibertären Seite des Parteienspektrums an und schmälerte dadurch das altbürgerliche Lager. Mit dem neoliberalen Feldzug Ronald Reagans und Margaret Thatchers stiegen zugleich auch große Teile des gewerblichen Bürgertums aus dem sozialkatholisch mitbegründeten Sozialstaatskonsens ihrer Gesellschaften aus und trugen zum Aufwind marktradikaler liberaler Parteien bei. Mit den Immigrationsströmen in den europäischen Wohlstandszentren entstanden rechtspopulistisch-wohlstandschauvinistische Protestparteien, die erheblichen Zulauf aus dem christdemokratischen Kleinbürgertum verzeichneten. Und die Implosion des osteuropäischen Staatssozialismus entzog dem westeuropäischen Bürgertum schließlich auch den einheitsstiftenden Feind als letzte integrative Klammer.

Diese zweite Welle christdemokratischer Erosion schwappt nun auch über die CDU hinweg. Die Desintegration des Bürgertums macht auch ihr zu schaffen. Die Anhängerschaft der Union zerfällt in nur noch schwer kompatible Kulturen, Orientierungen und politische Einstellungen. Die europäischen Schwesterparteien können davon schon länger ein Lied singen. Sie haben in allen Tonlagen versucht, zur richtigen Melodie zurückzufinden. Die einen haben es mit sozialkatholischer Überzeugungstreue probiert, die anderen haben mit neoliberalen Rezepten experimentiert, mitunter wurden auch rüde rechtspopulistische Töne angeschlagen. Genutzt hat alles nichts. Was man auf der einen Seite stabilisieren konnte, ging auf der anderen verloren. Zugewinne gab es nirgendwo mehr. Die Integrationskraft der Christdemokraten in Europa, die ihre Stärke in den Aufbaujahren nach dem Zweiten Weltkrieg ausmachte, ist gewiß nicht ganz erloschen, aber doch erkennbar geschwunden.

Das goldene Zeitalter der christlichen Demokratie jedenfalls ist vorüber.

Bernd Ulrich

Partei ohne Grund
Ist eine CDU ohne Macht, ohne Gott und ohne
Konservatismus überhaupt möglich?

Zweimal in diesem Jahrhundert haben die Sozialdemokraten in Deutschland regiert. Beide Male nicht sehr lange und beide Male ging es vor allem um den richtigen Umgang mit Kommunisten. Zwischen 1918 und 1930 versuchte die SPD in mehreren Kabinetten – mit Erfolg – die Kommunisten aus der Regierung fernzuhalten. Und nach 1969 bemühte sich die sozialdemokratisch geführte Bundesregierung – wiederum erfolgreich – den Ostblock, vor allem aber die Nomenklatura der DDR, durch Annäherung zu wandeln. Für die SPD ist das Regieren, jedenfalls auf nationaler Ebene, also etwas Seltenes und Besonderes. Regiert hat in diesem »sozialdemokratischen Jahrhundert«, das mit Bismarcks Sozialgesetzgebung begann, nicht die SPD, regiert haben fast immer die anderen, die Konservativen, regiert hat die CDU.

Sie hat in 50 Jahren Bundesrepublik nur 13 Jahre nicht den Kanzler gestellt und war nur ein einziges Mal, nämlich bei der Bundestagswahl 1972, nicht die stärkste Partei. Mit anderen Worten: Der Union muß das Regieren als eine Art politischer Normalzustand vorkommen. Dieser Umstand zeigt aber auch, daß die Menschen noch etwas anderes erwarten, als einfach nur Umverteilen von Geld und Chancen, mehr also als bloß sozialdemokratische Politik – die natürlich auch die Union stets betrieben hat.

Die Gewohnheit der Macht

Wer über die Bedeutung von Inhalten, Haltungen und Weltanschauungen bei der Union sprechen will und über das, was sie der SPD voraus hat, muß sich diesen Grad an Machtselbstverständlichkeit vor Augen führen: CDU und CSU ist es – fast – immer gelungen, dem jeweiligen *mainstream*, der die Gesellschaft auf schwer faßliche Weise als Stimmung durchdringt, einen politisch mehrheitsfähigen Ausdruck zu verleihen, ja diesen Strom durch sich hindurchfließen zu lassen.

Das ist die erste und wichtigste Kunst dieser Partei, die ja eigentlich keine sein wollte, sondern als Zusammenschluß lose verkoppelter Interessengruppen begann und später zum Machtmedium lose verkoppelter Meinungen und Haltungen wurde. Natürlich kann eine Partei mit solch hoher Machterwerbs- und mehr noch Machterhaltungsintelligenz keine Ideologie haben, die sich allzusehr am jeweiligen Volkswillen reiben würde. Auf der anderen Seite kann sie nicht völlig halt- und gesinnungslos sein, weil die Mehrheit so was früher nicht geschätzt hat und vermutlich bis heute nicht sonderlich mag. Haltung also muß sein, Ideologie darf nicht sein – zwischen diesen beiden Extremen liegt der geistig-moralische Rahmen der Union.

Was die Union außer einem Organ zum demokratischen Erwerb von Macht noch ist, das zeigte sich besonders deutlich nach dem Machtverlust im Jahre 1969. Aus der Regierung konnte die Union deshalb gedrängt werden, weil sie sich ausnahmsweise gegenüber einem internationalen Trend, der Entspannungspolitik, blind stellte. Damals drohte in der Partei der ordentliche in einen allzu aggressiven Antikommunismus umzukippen und der durch die Westbindung gezähmte Patriotismus in einen mitunter aggressiven Nationalismus.

Gegen beide Versuchungen standen die Jüngeren in der Partei, mehr und mehr unter der Führung des jungen Helmut Kohl, unterstützt von dem Modernisierer Kurt Biedenkopf und dem eher linkskatholischen Heiner Geißler

Helmut Kohl und seine Truppe setzten den Verirrungen rückwärtsgewandter Parteifreunde eine pragmatische Haltung entgegen, die sich auf die christlichen Grundwerte der Partei und einen gemäßigten gesellschaftlichen Konservatismus stützen konnte. Aus beidem erwuchs seinerzeit jene Kampagne der Union, die den »Mut zur Erziehung« bewies oder zumindest einklagte. Dieser Impuls war immerhin so stark, daß Helmut Kohl in seiner ersten Regierungserklärung den Beginn einer geistig-moralischen Wende ankündigte – die dann nicht kam, weil der *mainstream* in eine andere Richtung lief.

Es fragt sich, auf welche Haltungen und Werte, auf welche mittelfristigen Zielsetzungen sich die Union wird stützen können, wenn sie zum zweiten Mal aus ihrem gewohnten Aggregatzustand geworfen wird, wenn sie ein paar Jahre lang Macht abgeben muß.

Die deutsche Einheit, von der viele Christdemokraten behaupten, die CDU hätte sie all die Jahre über immer angestrebt, ist mehr oder weniger Realität. Die europäische Einigung befindet sich in voller Fahrt, ist beinahe zum Selbstläufer geworden, und das Jahr 2000, das Politikern, nicht zuletzt Bundeskanzler Kohl, immer als zahlenmystische Ersatzvision diente, ist auch bald vorbei. Was bleibt? Helmut Kohl rief auf dem Bremer Parteitag 1998 den Delegierten zu, das wichtigste Ziel bestehe für Deutschland darin, im globalen Wettbewerb »oben zu bleiben«. Ob das reicht: Die Union muß oben bleiben, damit Deutschland oben bleibt? Kaum.

Die kalte Macht und der schnöde Mammon allein können eine Partei auf Dauer schwerlich zusammenhalten, selbst wenn sie sich zwischendurch zum Herzerwärmen der eigenen guten und erfolgreichen Taten – der Westbindung und den beiden Einheiten – erinnert, wie ihr Vorsitzender es gern und etwas zu oft tut. Die zentrale Frage lautete darum: Wie ist es um Christentum und Konservatismus bei der Union heute bestellt, was ist der geistige Grund christdemokratischen Tuns?

Ökumenisch? Ökonomisch!

1996, als die Bundesregierung gerade eine große, ja eine Große Steuerreform plante, fand in Bonn ein recht bemerkenswertes Gespräch zwischen einigen Journalisten und einem jungen Spitzenpolitiker der Union statt, der über den Tag und über die Macht hinaus denkt. Sein Name kann hier aufgrund der damals vereinbarten Diskretion nicht genannt werden. Das muß aber auch nicht sein, weil, so darf man vermuten, auch die meisten anderen aus der Riege junger christdemokratischer Modernisierer sich so hätten äußern können. In jenem Jahr 1996 zumindest bildeten Günther Oettinger, Fraktionschef in Baden-Württemberg, seine Amtskollegen aus dem Saarland, Peter Müller, aus Niedersachsen, Christian Wulff, aus Hessen, Roland Koch, und aus Hamburg, Ole von Beust, eine eng geschmiedete Telefonkette, deren Ziel es war, die Große Steuerreform notfalls auch gegen den großen Steuermann durchzuziehen.

Jener junge Christdemokrat jedenfalls schwärmte seinerzeit sehr vom schlanken Staat, von weniger Steuern und diesen Dingen. Als er dann gefragt wurde, ob denn die Kirchensteuer, auch so ein ordnungspolitisch höchst verdächtiges Schlupfloch, seiner Meinung nach nicht mehr als Spende abzugsfähig sein sollte, gab er eine interessante Antwort. Natürlich, so der Christdemokrat, sei es steuerlogisch nicht einzuhen, daß ein Moslem indirekt die katholische Kirche mitfinanzieren muß. Eine Bereinigung sei hier jedoch innerparteilich noch nicht durchzusetzen. »Wenn wir allerdings die Chance hätten, die Bundesrepublik neu zu gründen, dann würden wir das von vornherein anders machen.«

Zweierlei scheint an der Antwort überraschend. Zum einen verwundert es, wenn ausgerechnet ein Christdemokrat den Gedanken einer konstitutionellen Neugründung der Bundesrepublik in seinem Herzen trägt. Zumal es ja die unionsgeführte Bundesregierung war, die genau das zu verhindern wußte, als Bundesrepublik und DDR sich vereinigten. Ein Ereignis, das möglicherweise – wenn schon – eher ein Grund für eine Neugründung gewesen wäre – eher als eine neoliberal-fiskalische Revolution allemal. Zum anderen irritierte die ziemlich kühl vorgetragene Haltung zu den beiden Volkskirchen. Und auch wenn man den des Sonntags am Standort Deutschland anspricht, hört man zuweilen Erstaunliches von einigen christlichen Demokraten.

Nun kann man sicher auch als Christ und Christdemokrat der Ansicht sein, Staat und Kirchen müßten, zumal in Deutschland, entflochten werden. Die merkwürdige Konstruktion, daß der säkulare Staat religiös überparteilich sein muß, aber dennoch den christlichen Glauben und die beiden Volkskirchen fördern soll, hat hierzulande sicherlich zu bürokratischen Übertreibungen geführt. Doch konkurriert dieser Gedanke mit der Überlegung, daß der demokratische Rechtsstaat auf gesellschaftlichen Fundamenten ruht, die er nicht selbst schaffen kann und zu denen eben auch die Religion gehört, und daß er darum gut daran tut, einer Erosion dieser Fundamente entgegenzuwirken und sie nicht noch zu fördern. Zwischen diesen beiden Zielen – weltanschauliche Neutralität auch in Steuerfragen und Unterstützung der Volkskirchen – ist das Abwägen selbstverständlich nicht leicht. Jener Steuerreformer aber hatte schon fix und fertig abgewogen – und die Kirchen für zu schwer befunden.

Der christliche Glaube, so kann man annehmen, spielt in der jüngeren Generation der christdemokratischen Parteimitglieder keine sonderlich große Rolle mehr oder kaum noch eine größere als bei den entsprechenden Jahrgängen außerhalb der Union. An Gott zu glauben, in der Kirche zu sein, gar in die Kirche zu gehen – all das ist längst nicht mehr so selbstverständlich wie etwa für Helmut Kohl und Norbert Blüm. Doch ist schwankender, unroutinierter Glaube nicht unbedingt ein Zeichen für schwachen Glauben. Wenn denn um das Christsein in der Politik und das Glaubenwollen am Ende eines wirren Jahrhunderts gerungen oder wenigsten darüber gesprochen würde. Davon ist in der Union indes wenig zu spüren und zu hören.

Natürlich ist es wegen der weitgehenden weltanschaulichen Neutralität des Staates immer prekär, wenn im politischen Raum von Gott gesprochen wird, und die CDU hatte das lange Jahre auch nicht nötig, weil das Christentum eine, nach einigen Debatten in der Gründungsphase, fast selbstverständliche Wurzel der Partei war, die aber außerhalb des Politischen lebte, wuchs – oder dorrte. Nun erweist sich: So wie der demokratische Rechtsstaat auf Fundamenten ruht, die er nicht selbst schaffen kann, so ruhte auch die CDU auf einer Basis, die sie nicht selbst herstellen konnte – und brauchte. Das ist heute so eben nicht mehr. *Mainstream* zu sein und christdemokratisch zu sein, das geht nicht mehr von selbst in eins. Im Gegenteil: Angesichts sinkender Mitgliederzahlen bei den Kirchen kann es mitunter sogar konkurrieren. Kann und will aber die Union den Zeitgeist mitbestimmen oder vermag sie ihm lediglich noch zu folgen?

Mittlerweile schweigt die Union zu wesentlichen Fragen, die das Christsein berühren, allerdings nicht mehr nur aus demokratisch gebotener Zurückhaltung und nicht nur, weil ihr die Worte fehlen, auch nicht nur, weil bei vielen Jüngeren andere Missionen, wie etwa ein gewisser ökonomischer Furor, an Bedeutung gewonnen haben. Nein, die CDU schweigt zum Thema Christentum auch deshalb, weil sie angstvoll einiges zu verbergen hat: Die Asylpolitik stößt auf den Widerwillen, ja Widerstand der Kirchen; die Menschenrechtspolitik gegenüber Diktaturen wie Indonesien oder China läßt sich nur schwer mit christlichen Grundsätzen vereinen, und die Hilfe für die Dritte Welt hält sich auch sehr im Rahmen. Das am meisten beschwiegene Feld ist neuerdings aber die Gentechnologie und damit das in sich gebrochene Verhältnis der Union zur Schöpfung.

Spätestens seit die Bundesregierung zu Beginn dieses Jahrzehnts die Standortdebatte initiiert hat, forciert sie die Gentechnologie, tritt sogenannten Bedenkenträgern scharf entgegen und verspricht zur Beruhigung zwischendurch, dann und wann mal über Ethik zu diskutieren, in einer Kommission oder so. Natürlich wissen die führenden Politiker der Union, daß es schwerste Konflikte zwischen christlichem Weltbild auf der einen und bestimmten gentechnologischen Entwicklungen und Verfahren auf der anderen Seite gibt. Trotzdem geben sie sich alle Mühe, darüber nur einen Antidiskurs zu führen, veranstalten nachgerade eine Dethematisierungskampage. Polemischster und, wenn man so will, blasphemischster Ausdruck davon ist die amtierende Wahlkampfparole von Edmund Stoiber: Gentechnologie und Kruzifix – das ist die CSU.

Als Beispiele für aus christlicher Sicht äußerst problematische gentechnologische Entwicklungen seien hier nur zwei genannt. Die pränatale Diagnostik, die zu einem immer größeren Teil auf gentechnischen Verfahren beruht, führt in der gesellschaftlichen Praxis und in den Praxen zu einer Art Euthanasie von unten, wenn immer mehr vermeintliche und tatsächliche Krankheiten entdeckt werden können und in aller Regel nur eine Therapie möglich ist: töten. Was nicht zu taugen scheint, wird immer öfter abgetrieben. Damit werden die Würde und die Gleichheit eines jeden Menschen vor Gott unterwandert, und man fragt sich, wie eine Gesellschaft sich noch christlich wird nennen können, die suboptimale Embryonen zu Hunderttausenden abtreibt.

Das andere Beispiel ist die sogenannte Xenotransplantation, für die sich die Bundesregierung einsetzt. Dabei sollen Organe von Tieren, vor allem von Schweinen, kranken Menschen eingepflanzt werden. Allerdings müssen dazu die Schweine durch Hormonbehandlung und gentechnische Manipulation menschenhaft gemacht werden, damit der menschliche Organismus die tierischen Ersatzteile nicht abstößt. Das Verfahren ist einer der Wege, die auf die Schaffung von Chimären, menschlich-tierlichen Mischwesen, hinauslaufen.

Es gibt gute Argumente dafür, daß jede auf dem Christentum beruhende Ethik, also auch die, auf der unsere Verfassung zu großen Teilen fußt, mit der nun beginnenden biologischen Umschöpfung des Menschen außer Kraft gesetzt wird. Die Einmaligkeit des Individuums, die Unteilbarkeit seiner selbst und seiner Rechte – all das wird so nicht theoretisch, sondern biologisch entwertet. Jeder Christ ist hier infolgedessen ein tiefbesorgter Bedenkenträger. Darum schweigt die CDU so laut. Die christliche Partei fürchtet sich davor, daß ihr das Christentum als Grundlage verlorengeht, während sich die Wirtschaftspartei CDU davor fürchtet, daß ihr christliches Gewissen wieder erwacht. Das lähmt.

In der Nachkriegszeit ist es der Union gelungen, Katholiken und Protestanten in sich zu vereinen, sie war eine ökumenische Partei. Heute vermag sie die christlichen Werte und die ökonomischen Zwänge – oder was sie als solche empfindet – nicht mehr in eine auch nur leidliche Übereinstimmung zu bringen. Sie wird eine ökonomische Partei.

Konservativ? Progressiv!

»Konservativ zu sein, das heißt an der Spitze des wissenschaftlich-technischen Fortschritts zu marschieren.« Franz Josef Strauß wußte sich seine konservative Welt noch aus Wille und Virilität zu erschaffen. Das ist heute natürlich schwieriger, und das nicht nur, weil es modernen Christdemokraten an der Virilität des Bayern mangelt. Nein, der Schmerz rührt anderswoher: Die beiden Pole einer konservativen Wirtschaftspartei – Erhalt gesellschaftlicher Bindung bei Entfesselung der Produktivkräfte – driften immer weiter auseinander. Auch die gängige Formel, Veränderung sei nur das Mittel, Bewahren aber das Ziel, kann kaum verbergen, wie schwer vereinbar wirtschaftlicher Progressismus und gesellschaftlicher Konservatismus mittlerweile geworden sind. Mobilität beißt sich mit Heimatverbundenheit, auch Heimatverantwortlichkeit, also Ökologie, Flexibilität mit Familiarität. Das galt selbstverständlich schon zu den Zeiten von Franz Josef Strauß, gilt aber heute, in den Zeiten der Globalisierung, gewissermaßen im Quadrat. Darum steigt die Neigung bei jüngeren Unionspolitikern, den Konservatismus ganz ins bunte Feierabendreich der Folklore abdriften zu lassen und die Veränderung zum Selbstzweck zu erheben. Und nicht nur bei Jüngeren. Auch die sogenannte Ruck-Rede von Roman Herzog war sehr aus dem Geist der Rücksichtslosigkeit, der Bedenkenlosigkeit und der Hypermobilisierung für den globalen Wirtschaftskrieg geboren. Der Imperativ ökonomischer Selbstbehauptung scheint derzeit auch unter Konservativen buchstäblich keine Verwandten mehr zu kennen.

Dabei ist offenkundig unbestreitbar, daß wir in Deutschland weniger Staat, weniger soziale Sicherung, mehr geistige Flexibilität, kurzum daß wir einen neoliberalen Schub zu weniger Staat, weniger Steuern und weniger Regulierungen brauchen. Folgerichtig hat sich die Union zusammen mit der FDP an die Spitze dieser Bewegung gesetzt. Nur gelingt es ihr dabei kaum noch, die Grenzen dieses Schubs zu bezeichnen, sich den neoliberalen Notwendigkeiten zu stellen, ohne dabei den neoliberalen Verführungen zu erliegen: Wie schlank darf der Staat denn äußerstenfalls sein? Wieviel Mobilität oder – als reale Alternative – wieviel Armut darf man Familien denn auferlegen, die sich nicht trennen mögen oder können? Wie viele neue Straßen und Autobahnen brauchen wir denn noch in Deutschland? Die einzige Antwort der Union auf diese Fragen nach den Grenzen der Entgrenzung lautet bislang: Helmut Kohl, solange der da sei, wird in Deutschland nichts wirklich Extremes unternommen oder zugelassen. Und nach ihm? Der Mann des schwierigen Übergangs, Wolfgang Schäuble, der zwar die notwendige Voraussetzung aller künftigen Politik, den Verzicht, in besonderem Maße vorausgedacht hat, aber in Sachen Konservatismus und Christentum undeutlich ist? Und nach ihm die Oettingers und Kochs, die ökonomisch-dynamischen!

In Ostdeutschland, wo der Bundeskanzler schon heute nicht mehr so wohlgelitten ist, stellt sich der Union dieses Problem bereits in aller Härte. Dort spaltet sich die Partei in jene, die den ehemaligen DDR-Bürgern fast ebensoviel parteiliche Wärme und staatliche Geborgenheit geben wollen, wie die PDS das tut und propagiert; und in jene, die ähnlich wie die oben genannten neoliberalen Christdemokraten die ökonomischen Zumutungen betonen und ehrlich sagen wollen, daß den Bürgern in Ostdeutschland nach Nationalsozialismus und SED-Diktatur nun eine weitere Revolution in Permanenz droht, die globale nämlich.

Dort, in den neuen Bundesländern, findet die CDU schon jetzt keinen Mittelweg mehr zwischen Konservatismus und Progressismus. Das ist ein tieferer Grund ihres Niedergangs in den meisten neuen Ländern. Und im Westen wird dieser Widerspruch die Partei zu zerreißen drohen, wenn Helmut Kohl weg ist, Norbert Blüm keinen, auch keinen modernisierten Nachfolger finden sollte, und die Westerwelles der Union das innerparteiliche Klima beherrschen. Und die ganz Jungen? Von denen sind bereits jetzt die meisten Volks- und Betriebswirte, allenfalls Juristen. Humane Wissenschaften trifft man heute recht selten bei Veranstaltungen der Jungen Union.

Es ist nicht ganz auszuschließen, daß die CDU nach ihrem Machtverlust zunächst einmal ausprobieren wird, wie es ist, eine Riesen-FDP zu sein, ein wenig abgeschwächt natürlich, aber nur ein wenig.

Resignation? Renaissance!

Wie gesagt, die Union kann auch ohne sonderlich viel Geistiges auskommen, solange sie an der Macht ist. Und niemand weiß, wie lange eine SPD-geführte Regierung sie davon wird abhalten können, wieder dorthin zurückzukehren. Doch wenn dieser für die CDU »unnatürliche« Zustand der Machtferne länger dauern sollte, sagen wir, mehr als zwei Legislaturperioden, dann spätestens wird sie ihre jetzt schon virulenten Probleme mit dem Christentum und dem Konservatismus überdeutlich spüren. Um die eingangs gestellte Frage klar zu beantworten:

Eine CDU ohne Macht ist möglich, eine ohne Christentum und Konservatismus auch, aber eine ohne Macht *und* ohne Christentum *und* ohne Konservatismus nicht lange.

Die Chancen der Partei, sich in der Opposition zu regenerieren, lassen sich hier nicht erschöpfend behandeln. Ob eine Rückwendung zum Christentum überhaupt Sinn hat, hängt natürlich davon ab, wohin sich Kirche und Glaube in den nächsten Jahrzehnten entwickeln. Ob Konservatismus in einer derart akzelerierten Welt überhaupt noch möglich ist, das kann man nur diskutieren, wenn man sich zuvor über den Charakter der Globalisierung verständigt hat. Derzeit gehört es zum *common sense*, daß beide, Entchristlichung und Globalisierung, unvermindert weitergehen werden. Es ließen sich jedoch gute Gründe anführen, warum die Verweltlichung und die Beschleunigung der Welt eher als Phasen zu sehen sind, ja daß der Urknall der Moderne seine Kraft allmählich einbüßt. Dann wäre eine Renaissance des Christentums, mit einem veränderten Ton und mit, sicherlich, veränderten Kirchen, durchaus möglich, und die Union täte gut daran, diesen neuen christlichen Ton zu finden. Bei manchen Christdemokraten muß man indes den Eindruck bekommen, daß sie es nicht gerade als erste merken werden, wenn der Zeitgeist schon wieder Abschied nimmt vom Abschied von der Religion. Sicher müßte sie dann auch ihr Verhältnis zur Gentechnologie klären, vielleicht auch insgesamt zu dem, was sie sonntags gern mal Schöpfung nennt.

Beschleunigung und Globalisierung, die sich derzeit zu scheinbaren Naturkräften auswachsen, werden sich möglicherweise irgendwann am menschlichen Maß brechen, an dem Bedürfnis, bleiben zu dürfen, Grenzen finden. Niemand weiß das, aber es ist noch schwerer zu sagen, worauf die CDU sonst hoffen sollte, außer auf die Macht. Aber: Wer nur die Macht will, der wird sie nicht bekommen oder schnell wieder verlieren.

Im übrigen: Es könnte sein, daß die Union, wenn sie erstmals die Rolle der Riesen-FDP ausprobiert und dann, im Gegenzug, ihre alten Werte wiederbelebt hat, fürs Regieren einen neuen Partner braucht, der ihr womöglich hilft, ihr Verhältnis zur Gentechnologie zu klären, den Gedanken des Bewahrens genauer, auch mutiger zu fassen und das Christentum mit Ungläubigen innerhalb und außerhalb der eigenen Partei neu zu diskutieren. Das könnte allerdings sein. Aber diesen Partner mag es dann ja auch geben, wenn er nicht vorzeitig an einer 5-Mark-Hürde gescheitert ist.

Peter Lösche

Kanzlerwahlverein?
Zur Organisationskultur der CDU

Natürlich, die CDU war seit jeher ein Kanzlerwahlverein. Das ist doch ganz offenkundig, plausibel, bedarf keiner weiteren Klärung – oder? Wer wollte das mit welchen Argumenten bestreiten? Man blicke nur zurück auf die Adenauer-Zeit der fünfziger Jahre und auf die Ära Kohl. Journalisten und manche Politikwissenschaftler pfiffen es von den Dächern: Der CDU-Intellektuelle Alexander Gauland, über Jahre enger Vertrauter Walter Wallmanns und Kenner der Partei von innen, bedauerte, daß sich die CDU unter Kohl zum Kanzlerwahlverein zurückentwickelt habe.[1] Warnfried Dettling, jahrelang in Leitungsgremien der CDU, sieht im Kanzlerwahlverein fast ein Ideal, ist nur beunruhigt, daß die christdemokratische Union »als Kanzlerwahlverein nicht mehr recht zu gebrauchen ist«.[2] 1990 kam Claus Leggewie zum Schluß, daß wir es bei der CDU mit einem »Kanzlerwahlverein neuen Typs« zu tun hätten, daß die »Kanzlerwahlvereinsstrukturen« restauriert worden wären.[3] Doch was eigentlich die Kriterien sind, die den Kanzlerwahlverein ausmachen, des alten (Adenauerschen) oder neueren (Kohlschen) Typs, was ihn von der CDU in den sechziger und siebziger Jahren und von anderen Parteien unterscheidet, darüber finden sich in Literatur und Publizistik nur wenige Andeutungen.

Läßt man sich von der Suggestionskraft des Wortes mitreißen und nimmt den Begriff und seine Protagonisten ernst, so wie es Karlheinz Nicklauß mit der Kategorie von der »Kanzlerdemokratie« getan hat,[4] die mit der vom »Kanzlerwahlverein« verwandt erscheint, dann könnte der »Kanzlerwahlverein« mit folgenden Indikatoren beschrieben werden:

1. Im *Kanzler*wahlverein ist der Kanzler zugleich Bundesvorsitzender seiner Partei, er ist gewissermaßen Kanzlerparteivorsitzender. Indem beide Ämter in einer Person vereinigt werden, gewinnt der Kanzler, wenn er die Partei voll und ganz hinter sich bringt, eine Machtressource, um in Kanzleramt, Kabinett und Bundestagsmehrheit seine ihm durch das Grundgesetz verfassungsrechtlich zugewiesene Richtlinienkompetenz durchzusetzen – besonders auch gegenüber dem Koalitionspart-

ner. Zugleich vermag er aufgrund von Wahl- und Regierungserfolgen die Partei zu beeinflussen, sie hinter sich zu bringen, ja sie zu beherrschen. Es ist diese Dialektik, welche sich aus beiden Ämtern ergibt, die dem Kanzlerparteivorsitzenden soviel Autorität und Macht zufließen läßt, daß er ohne allzu großen Widerstand selbst grundlegende Entscheidungen durchsetzen kann. Die Optionen Adenauers für Westintegration und soziale Marktwirtschaft werden in diesem Zusammenhang schon fast rituell erwähnt. Noch schärfer zugespitzt kann dies auch heißen: Die Parteiendemokratie wird durch das persönliche Regime des Kanzlerparteivorsitzenden aufgehoben.[5]

2. Der Kanzler*wahl*verein ist ganz auf Wahlen, Wahlkampf und Wahlerfolg abgestellt. »Die Partei« als solche hat kein Eigenleben, kein Gewicht, keine Macht – es sei denn, sie käme vom Kanzlerparteivorsitzenden. Die monistische Zielsetzung lautet: Kanzler(wieder)wahl.

3. Die Organisationsstruktur des Kanzlerwahl*vereins* ist entsprechend simpel, wenig komplex, kaum ausdifferenziert und leicht zu handhaben. Die Mitgliederzahl bleibt relativ gering. Entscheidungen werden von oben nach unten vermittelt, aus dem Kanzleramt und über den Regierungsapparat, der als Ersatz für einen Parteiapparat fungiert. So sah Adenauer die Partei angeblich als Instrument zur Propagierung der von ihm, der Bundesregierung und der CDU/CSU-Bundestagsfraktion formulierten Politik.[6] Das Ganze ähnelt eben mehr einem Verein als einer Partei.

Genau diese Kriterien treffen – jedenfalls zusammengenommen – auf die Organisationskultur der CDU *nicht* zu, nicht auf die Kohlsche Partei, ja nicht einmal auf die Adenauers. Die CDU ist kein bloßer Wahlverein – und sie war es nie in ihrer Geschichte. Dies ist die These, die im folgenden – zuweilen zugespitzt und einseitig – vertreten wird. Natürlich ist chronologisch zu differenzieren, ist die CDU-Geschichte in ihren verschiedenen Perioden zu unterscheiden. Doch wer für die fünfziger sowie die achtziger und neunziger Jahre nur mit dem Begriff »Kanzlerwahlverein« operiert, hat von der Organisationswirklichkeit der Christdemokraten wenig begriffen, er starrt nur nach Bonn auf Kanzleramt und Adenauer-Haus, seine Perspektive hat sich auf die Adenauerallee verengt. Was die Organisationskultur der CDU eigentlich ausmacht, wird im folgenden historisch-systematisch an der Partei in den vierziger und fünfziger Jahren, an der »nachgeholten Parteibildung« in den siebziger Jahren und der CDU unter Kanzler Kohl seit 1982 entwickelt und dann zusammenfassend auf den Begriff gebracht.

Adenauers CDU?

Die Formulierung klingt pfiffig, sie ist eingängig und reizt doch zugleich zum Widerspruch: »In der Parteienforschung herrscht Konsens darüber, daß es bis in unsere Tage die CDU eigentlich nicht gibt.«[7] In der Tat: Die CDU ist seit ihrer Gründung eine Union, ein Sammelbecken, eine Partei von Parteien – und zugleich eben auch eine nationale, bundesweite Partei, die gerade wegen ihrer Widersprüchlichkeiten, Farbigkeit, Vielfalt und Heterogenität bei Wahlen und beim Regieren so erfolgreich ist. Da sind in den ersten Nachkriegsjahren höchst konträre politische Traditionen zusammengekommen: politischer Katholizismus, protestantischer Liberalismus und deutschnationaler Konservatismus. Sozialstrukturell trafen sich unter dem hohen »C« Arbeiter und Bauern, Kaufleute und Kleinbürger, Beamte und Handwerker, Hausfrauen und Intellektuelle, Lehrlinge und Rentner. Von unten her, aus verschiedenen lokalen Kreisen gründete sich die CDU, aus dem Berliner, dem Frankfurter, dem Kölner Kreis. Christliche Sozialisten standen neben deutsch-national-protestantischen Konservativen. In Berlin war die CDU sozialistisch und radikal, in Köln klerikal und konservativ, in Hamburg kapitalistisch und reaktionär, in München konterrevolutionär und partikularistisch – ein bunter ideologischer Flickenteppich.[8] Was die Besonderheit dieses sich allmählich entfaltenden politischen Gebildes ausmachte, war die regionale, oft auch lokale Verankerung und Verwurzelung, war die relative Selbständigkeit und Unabhängigkeit jedes Organisationssegmentes. Genau dies entsprach, ja entsprang dem katholischen Milieu, in dem Hunderte und Aberhunderte von Laienorganisationen zu finden waren, die ein hohes Maß an Autonomie besaßen – und dennoch lose miteinander vernetzt und verbunden waren. In der Zeit des Kulturkampfes, in den Jahren staatlicher Verfolgung, Unterdrückung und Illegalisierung im vorigen Jahrhundert, hatte sich der Katholizismus organisatorisch dezentral, lokalistisch und regionalistisch vernetzt, als festes Milieu konstituiert. Die Prinzipien von Freiwilligkeit und Selbsttätigkeit, nach denen die Laienverbände sich organisierten, widersprachen jenem bis heute anzutreffenden Klischee, daß der Papst transmontan alles Katholische bestimme und seine Geistlichen vor Ort nur ausführende Organe Roms seien. Vielfalt, Unübersichtlichkeit, Selbständigkeit, Selbsttätigkeit, Unabhängigkeit, Organisationswirrwarr, Netzwerk – das sind die Attribute, die die organisatorische Wirklichkeit katholischer Laienorganisationen in der Weimarer Republik, aber auch in der Nachkriegszeit beschreiben.[9] Auch wenn die CDU in ihrer Gründungszeit keinen gemeinsamen organisatorischen Parteinenner gehabt hat, so hat doch das katholische Milieu die entstehende Partei entscheidend geprägt – und tut dies bis heute. Zum Kern katholischen Selbstverständnisses gehört das Subsidiaritätsprinzip, das sich parteiorganisatorisch in der weitgehenden Autonomie der einzelnen Gebietsverbände und der innerparteilichen Interessengruppen, der Vereinigungen, konkretisiert. Es ist dieses dem katholischen Milieu entspringende Verständnis von Organisation, das die Organisationskultur der CDU geformt hat und bis heute beeinflußt.

So war die CDU in den fünfziger Jahren ein lockerer Verbund von lokalen und regionalen Gebietsverbänden, von Honoratioren und von Parteifunktionären sowie von Interessenvertretern verschiedener Gruppierungen. Dort, wo die CDU an die Tradition des katholischen Zentrums und der christlichen Gewerkschaften anschloß, wie in den Landesverbänden Westfalen und Nordrhein, entstand eine Mitglieder- und Funktionärspartei, während sie in den Landesverbänden Schleswig-Holstein, Niedersachsen und Hessen, in denen die CDU mit Hilfe der evangelischen Kirche gegründet worden war, über eine Honoratiorenpartei nicht hinauskam. Von einer einheitlich strukturierten, durchorganisierten Partei konnte keine Rede sein.[10] So ist die Bundesorganisation auch erst verspätet und gleichsam aus Parlament und Regierung, aus Wirtschaftsrat und Bundestag sowie aus der von Adenauer geführten Bundesregierung gebildet worden – und zwar ein Jahr nach Gründung der Bundesrepublik, nämlich auf dem Goslarer Parteitag von 1950. In den fünfziger Jahren lag die Macht in der Bundespartei beim Kanzler und Parteivorsitzenden, in der Bundestagsfraktion und bei der Konferenz der Landesvorsitzenden. Die politische Rolle der Bundestagsfraktion hat der Kanzlerparteivorsitzende besonders in innenpolitischen Fragen immer respektiert, ihre Repräsentanten in Entscheidungsprozesse einbezogen.[11] Indes fand eine Rückkopplung zu den regionalen und lokalen Gebietsverbänden, selbst bei wichtigen politischen Fragen, nicht über die Parteiorganisation statt, sondern primär über die Medien. Bis 1956 wurden die Delegierten der Landesverbände zum Bundesparteitag nach den Wählerstimmen der CDU in den einzelnen Ländern berechnet und nicht nach der Zahl der Mitglieder, was die Wählerorientierung der CDU illustriert und als typisch für Honoratiorenparteien gilt.[12] Gegenüber den Landesverbänden, erst recht gegenüber den Kreisverbänden konnte der Kanzler und Parteivorsitzende sich jedoch nicht durchsetzen, er vermochte nicht auf die regionale oder lokale Ebene durchzugreifen. Wiederholt hat Adenauer die Schwäche der Bundespartei gegenüber den Landesparteien kritisiert, und er scheiterte bei seinen Versuchen, die Kompetenzen der Bundespartei zu stärken. Der Kanzler kommentierte diesen Sachverhalt entsprechend: »Tatsächlich ist die Bundespartei fast machtlos ... Das Schwergewicht der Partei beruht – soweit man von einem Schwergewicht sprechen kann – in den Landesparteien; in den Kommunen schon nicht mehr, im Bund auch nicht mehr.«[13] Auf dem Goslarer Parteitag war Adenauer damit gescheitert, Georg Kiesinger als Geschäftsführendes Vorstandsmitglied und damit als eine Art Generalsekretär zu installieren. Auch der von Adenauer unterstützte Versuch des damaligen CDU-Bundesschatzmeisters, Josef Bach, die Landesgeschäftsführer durch die Bundespartei anzustellen und damit unter deren politischen Einfluß zu bekommen, mißglückte, und ebenso die Bemühungen, eine bundeseinheitliche Beitragsstaffel einzuführen.[14] Die lokale, regionale, konfessionelle, ideologische, politische und interessenverbandliche Vielfalt der CDU spiegelte sich auch darin, daß mit jeder Statutenreform in den fünfziger Jahren die Mitgliederzahl des Bundesvorstandes und des Bundesausschusses kontinuierlich erhöht wurde. Proporz, Ausbalancieren und innerparteiliche Koalitionsbildung waren nötig, um die CDU nach innen zu integrieren und nach außen adäquat zu repräsentieren und attraktiv zu machen.

Es waren aber gerade die organisatorische Vielfalt und Flexibilität, die sozialstrukturelle Heterogenität und die programmatische Unverbindlichkeit bei gleichzeitiger politischer Festigkeit in zentralen Fragen wie den Optionen für soziale Marktwirtschaft und Westintegration, die die Voraussetzungen dafür abgaben, daß die CDU in den fünfziger Jahren eine große Sogwirkung auf kleinere bürgerliche Parteien ausübte. Bis zum Beginn der sechziger Jahre gewannen die Christdemokraten Teile des Führungspersonals und der Wähler von Zentrum, Deutscher Partei, BHE und FDP. Nur die FDP überlebte als selbständige Partei. Mit zentralistischer Organisation und prinzipienfester Programmatik hätte ein derartiger Erfolg sich nicht einstellen können. Die CDU ist aber durch die Einverleibung kleinerer Parteien am Ende der Adenauer-Ära in jeder Hinsicht noch bunter, vielfältiger, auch widersprüchlicher geworden, als sie es am Anfang der fünfziger Jahre schon war. Es überrascht daher nicht, daß mit dem Autoritätsverfall Adenauers der Ruf nach Parteireform immer lauter erscholl.

Nein, in den fünfziger Jahren war die CDU mehr als ein Kanzlerwahlverein, sie war nicht allein die Partei Adenauers. Zwar gab es die Bundespartei, die der Kanzlerparteivorsitzende beherrschte. Parteileben, Streben nach Macht, Mitwirken in Parlamenten und Regierungen fanden aber auch außerhalb Bonns statt, in den Landesverbänden, in einigen Kreisverbänden. Und selbst in der Bundespartei diktierte nicht Adenauer die Politik, er mußte auf die Bundestagsfraktion, auf die christdemokratischen Ministerpräsidenten im Bundesrat und auf die Landesvorsitzenden Rücksicht nehmen. Selbstverständlich war die CDU auf Wahlen fixiert – wie jede Partei. Aber es wäre zu einfach, sie als Ein-Ziel-Verein, als bloße Wahlkampfmaschine zu interpretieren. So fand in jenen Landes- und Kreisverbänden, in denen die Christdemokraten sich zur Mitglieder- und Funktionärspartei entwickelt hatten, aber wohl auch dort, wo sie dem Typus der Honoratiorenpartei verbunden waren, soziales Leben statt. Man traf sich zu Festen und Feiern, knüpfte private und geschäftliche Verbindungen, strickte an Netzwerken, traf sich im Gemeinderat und Kreistag. Und wahrlich bot sich die CDU nicht als simpler Verein dar, sie war eine komplexe, ausdifferenzierte Organisation, in der viele Organisationssegmente, Interessen, Konfessionen, Regionen und Lokalitäten auszutarieren waren.

Nachgeholte Parteibildung?

So paradox es klingen mag: In der Periode ihrer »nachgeholten Parteibildung« (Scheer) in den siebziger Jahren[15] hat sich organisatorisch in der CDU zwar viel verändert, aber die Grundstruktur, wie sie sich in der Gründungszeit und in den fünfziger Jahren entfaltet hatte, blieb im wesentlichen erhalten. Betrachtet man die Parteireform, die mit dem endgültigen Gang der CDU in die Opposition im Bund nach den verlorenen Wahlen von 1969 und 1972 ins Werk gesetzt wurde, so fällt zuerst die beeindruckende Zunahme der Mitglieder ins Auge. Zwischen 1971 und 1977 verdoppelte sich ihre Zahl, sie stieg von 329 000 auf 664 000 und erreichte 1983 mit 735 000 ihren Höhepunkt. Rechnet man die Mitglieder der Vereinigungen, die nicht gleichzeitig der CDU oder CSU angehören, ebenso hinzu wie die in der CSU organisierten, erreichte die christdemokratische Mitgliedschaft die der Sozialdemokratie. Auch die CDU wurde von jener Welle politischer Partizipation erfaßt, die aus der Studentenbewegung hervorging. Einige christdemokratische Studentenaktivisten entwickelten sich zu brillanten Wahlkämpfern und Organisationstechnikern sowie zu Programmautoren in der Bundespartei und in den Landesverbänden.

Seit 1969 wurde die Bundesgeschäftsstelle systematisch ausgebaut, 1971 eine neue Zentrale bezogen. Der hauptamtliche Parteiapparat in Bund, Ländern und Kreisen expandierte – bezahlt nicht zuletzt durch die in jenen Jahren immer üppiger fließende staatliche Parteifinanzierung. Die Parteiorganisation insgesamt wurde lebendiger, die Zahl der Funktionäre erhöht, die Kommunikation zwischen Bundespartei und Kreisverbänden verbessert, schließlich professionalisiert und auf den neuesten EDV-Standard gebracht. Kreisgeschäftsstellen wurden in einem Modellversuch zu Servicestationen entwickelt. Die Führungsgremien der Partei arbeiteten jetzt regelmäßiger und effektiver.[16] Wulf Schönbohm, selbst aus der Studentenbewegung zur CDU gestoßen und einer der Träger der Organisationsreform, jubelte in seiner Dissertation: Die Bundespartei sei zum entscheidenden »politischen Koordinations- und Integrationszentrum für die Politik der CDU«, die Bundesgeschäftsstelle zur »politischen Drehscheibe und Koordinationszentrale der Partei geworden«, die »tradierten konfessionellen, interessengebundenen, politischen und landsmannschaftlichen Gegensätze« seien in den siebziger Jahren abgeschliffen worden, die »Zurückdrängung der in der CDU traditionell starken föderalistisch-dezentralen Vorstellungen« habe »eine Zentralisierung der Parteiarbeit ermöglicht«.[17] Der Zentralisierungsmythos ward in die Welt gesetzt,[18] von anderen Autoren auf die Spitze getrieben, von Peter Grafe sogar zu »Schwarzen Visionen« und dem Gerücht von der Allmacht und Unbesiegbarkeit der CDU gesteigert.[19]

Genauere Interpretationen jenseits von Euphorie und Dämonie ergeben ein ganz anderes, nüchternes Bild von der CDU. Deren komplexe, vielfältige und bunte Organisationskultur ist nämlich keineswegs der Zentralisierung zum Opfer gefallen, sie hat die Parteireform überlebt. Die Bundespartei hat nicht zu Lasten der Landesverbände Macht gewonnen, vielmehr ist mit dem Ausbau der Bundesgeschäftsstelle nur ein bis dahin bestehendes organisatorisches Vakuum ausgefüllt worden. Gleichzeitig fand aber auch der Ausbau und die Modernisierung der Landesgeschäftsstellen statt, auch dort stiegen die Mitarbeiterzahlen und die Finanzmittel. Zudem ist eine Bedeutungszunahme von Bundesgremien nicht gleichzusetzen mit dem Bedeutungsverlust der Landesparteien, wie Peter Haungs zu Recht bemerkt hat. Die Parteistruktur der CDU ist aufgrund der nachgeholten Bundesparteibildung im Gegenteil vielfältiger und zugleich ausbalancierter geworden.[20] Modernisierte Bereiche der Partei sind neben traditionelle Strukturen getreten, effiziente Kreisverbände mit professionalisierten Dienstleistungszentralen neben stallmiefige Ortsverbände im katholischen Milieu. Auf Landesebene ist nicht nur der Parteiapparat erweitert worden, sondern hier und in den Kreis- und Ortsverbänden hat sich der Mitgliederzuwachs bemerkbar gemacht. Zugleich sind die Fraktionen in den Länderparlamenten personell und finanziell deutlich besser ausgestattet worden, sie haben als Akteure im politischen Prozeß an Gewicht zugelegt.[21] Regionale Muster dominierten auch in den siebziger Jahren den Willensbildungsprozeß in der Union, überlagerten Links-rechts-Fraktionierungen, so in der zentralen Diskussion über die Oppositionsstrategie und den Kanzlerkandidaten.[22] Die Parteireform ging auch nicht auf Kosten der Kreisverbände, diese gewannen eher an Bedeutung und Eigenleben, vor allem auch an organisatorischer Komplexität und Unübersichtlichkeit. So gliederte sich der Kreisverband Bochum 1973/74 in 21 Ortsverbände mit ungleicher regionaler Ausdehnung und Mitgliederzahl. Es konkurrierten dort sechs Vereinigungen um Sympathisanten. Hinzu kamen 14 Arbeitskreise in den Ortsverbänden, drei Betriebsgruppen der Sozialausschüsse, drei Arbeitskreise der Frauenausschüsse, acht Ortsverbände der Jungen Union – insgesamt 75 mehr oder minder selbständige Organisationseinheiten.[23] Insgesamt mögen die Vereinigungen durch die Modernisierung an Bedeutung verloren haben, aber das vertikale Organisationsprinzip partikularer Interessen blieb nicht nur erhalten, sondern wurde durch Gründung der Schüler- und der Seniorenunion noch breiter.[24]

Auch nach der Parteireform und nach der »nachgeholten Parteibildung« blieb die CDU, was sie schon vorher war: Ein Konglomerat verschiedener, relativ autonomer Gliederungen, ein kompliziertes Geflecht lose verbundener, sich gegenseitig beeinflussender, auch miteinander konkurrierender Organisationseinheiten, von Gebietsverbänden und Interessenorganisationen, Fraktionen und Regierungsmitgliedern, Arbeitskreisen und Expertengremien, politischen Gruppierungen und Flügeln – alles föderalistisch aufgelockert. Selbst unter Helmut Kohl mutierte die CDU nicht zum simplen Kanzlerwahlverein. Allerdings vollzog sich unter dem Kanzlerparteivorsitzenden Kohl innerparteilich durchaus eine Machtverschiebung. Die Landesverbände verloren an Bedeutung, weil die CDU in Landtagswahlen Niederlagen hinnehmen mußte und christdemokratische Ministerpräsidenten von sozialdemokratischen abgelöst wurden. Eine tendenzielle innerparteiliche Macht-verschiebung zugunsten von Kanzleramt und Parteizentrale war das Ergebnis. So war es dann auch kein Zufall, daß der Putschversuch gegen Kohl auf dem Bremer Parteitag 1989 deswegen scheiterte, weil die Lan-desverbände, die diesen mit Lothar Späth an der Spitze inszeniert hat-ten, innerparteilich zu schwach waren. Helmut Kohl ging aus dem Bre-mer Parteitag gestärkt hervor. Und die Medien taten ein übriges, ihn zum unbestrittenen Kanzlerparteivorsitzenden zu stilisieren.

Kohls CDU?

Doch auch nach 1989 ist die CDU zu keinem bloßen Kanzlerwahlverein geworden, obwohl Helmut Kohl die Partei zu beherrschen schien, ja sich 1997 sogar selbst zum Kanzlerkandidaten ausrief, seinen Nachfolger ohne Konsultation mit Parteifreunden ernannte und ihn im Vorwahl-kampf 1998 dann wieder in den Hintergrund drückte. Parteitage vor Bundestagswahlen glichen 1994 und 1998 Krönungsmessen wie eh und je, ohne Personal- oder Programmdiskussion wurde der Kanzlerpartei-vorsitzende auf den Schild gehoben. Dies alles mag den Eindruck nahe-legen, die CDU sei ein Kanzlerwahlverein gewesen. Indes: Das glatte und aufpolierte Erscheinungsbild und die gelungenen Inszenierungen täuschten darüber hinweg, daß die CDU ein Konglomerat verschie-dener, relativ autonomer Gliederungen, eine komplexe und ausdiffe-renzierte Organisation blieb. Will man interpretierend Ordnung in das vermeintliche Chaos bringen, dann kann man argumentieren, daß die Organisationswirklichkeit der CDU durch drei lose miteinander verbundene Ebenen charakterisiert gewesen ist:[25] der Führungsebene der Bundespartei, einer föderalen und einer interessenpluralistischen Ebene.

(1) Auf der Ebene »Bundespartei« geht es um Machtgewinn oder -er-halt in Bundestag und Bundesregierung. Es gilt, die Regierungsmehr-heit zu erreichen oder abzusichern. Dafür erhält der Kanzlerparteivor-sitzende im Prinzip so lange politischen Spielraum zugebilligt, wie er bei Bundestagswahlen erfolgreich ist. Stellt der Wahlsieg sich nicht ein, wird er erbarmungslos entmachtet – wie Erhard, Kiesinger und Barzel. Diese Art von Führungsstruktur befördert auch die Personalisierung von Politik, kommt den Medien entgegen und verstärkt den Eindruck, die CDU sei ein Kanzlerwahlverein.

(2) Auf der darunterliegenden föderalistischen Ebene agieren die Landesverbände, in einigen Bundesländern auch die Bezirksverbände,[26] die 371 Kreisverbände sowie die 12000 Orts-, Gemeinde- und Stadtverbände relativ autonom. Die Landesverbände haben bei allen innerparteilichen Reformen an Selbständigkeit gewonnen. Im bundesweiten Vergleich fällt ihre Organisationswirklichkeit äußerst heterogen aus. Sie reicht von innerparteilichen Diktaturen, die wie in Hamburg an die ehemaligen städtischen Partei- und Patronagemaschinen in den Vereinigten Staaten (etwa in Chicago oder New York) erinnern,[27] bis hin zu direktdemokratischen Experimenten in Nordrhein-Westfalen. Ein anderes Zeichen landesverbandlicher Autonomie ist zu erwähnen: Um bei Landtags- oder Kommunalwahlen Niederlagen zu vermeiden, führten Landesverbände in solchen Zeiten, in denen Kanzler und Bundestagsfraktion in einem Stimmungs- und Umfragetief dümpelten, offen Wahlkämpfe gegen die Bundespartei.[28] Zugleich haben die Landesverbände sich als Jungbrunnen erwiesen, aus denen politischer Nachwuchs rekrutiert wird. Politiker wie Roland Koch (Hessen), Christian Wulff (Niedersachsen), Peter Müller (Saarland), Christoph Böhr (Rheinland), Ole von Beust (Hamburg) oder Günther Oettinger (Baden-Württemberg) sind zu nennen, die in ihren Ländern in der Regel den Fraktions- und Parteivorsitz wahrnehmen und sich Hoffnungen auf das Amt des Ministerpräsidenten machen, darüber hinaus das Berliner Kanzleramt in den Blick fassen.[29] Auch wenn der Einwand treffen mag, daß diese Gruppe der »jungen Wilden« weder jung ist noch wild und nur durch gemeinsames Gewinn- und Machtstreben zusammengehalten wird, kann er doch nicht darüber hinwegtäuschen, daß in der CDU Nachfolgepotential für die Zeit nach Kohl und Schäuble bereitsteht. Allerdings könnten diese Nachwuchspolitiker bei weiteren Wahlniederlagen auch schnell zerschlissen werden, zumal ihre Prominenz nicht zuletzt ein Medienphänomen ist.

Noch stärker als für die Landesverbände gilt für die Kreisverbände, daß hier Nachwuchs rekrutiert wird – trotz aller Überalterungsprobleme, mit denen die Christdemokraten sich herumschlagen.[30] Gerade, daß die lokalen und regionalen Parteiorganisationen in den siebziger und achtziger Jahren an Entscheidungs- und Handlungsautonomie gewonnen haben, schuf für Nachwuchsleute einen Anreiz, in die Politik zu gehen. Wie eng Kommunalpolitik und politische Karrieremuster miteinander verbunden sind, illustriert die Tatsache, daß im 1994 gewählten Bundestag 90 Prozent der CDU-Bundestagsabgeordneten aus den alten Ländern Vorstandspositionen in ihrem Kreisverband wahrnehmen.[31]

(3) Die dritte Ebene ist die interessenpluralistische der Vereinigungen. Die interessenpluralistische und die föderalistische Ebene durchdringen einander: Die Vereinigungen sind föderal strukturiert, sie agieren in den Stadt-, Kreis,- Bezirks- und Landesverbänden. Lokale und regionale Interessen konkurrieren mit partikularen – oder sie vermengen sich. Dennoch ist es sinnvoll, beide Ebenen analytisch voneinander zu trennen. Insgesamt haben die Vereinigungen seit Beginn der achtziger Jahre in der CDU an Macht und Einfluß verloren. Doch ist auch hier zwischen den Interessengruppen zu unterscheiden. So hat die Frauenunion an Bedeutung gewonnen, die Seniorenunion dürfte den Frauen folgen, während die Sozialausschüsse und die Schülerunion erhebliche Terrainverluste hinnehmen mußten. Interessant in unserem Zusammenhang ist, daß die Organisationssituation in den verschiedenen Vereinigungen höchst unterschiedlich ist. Nach Statut, formalem Aufbau und tatsächlicher Willensbildung folgen sie keinen einheitlichen Kriterien, sondern bewegen sich zwischen weitgehender Autonomie (Junge Union, Sozialausschüsse) und Gängelung durch den Parteivorstand (Seniorenunion).[32]

Durch die deutsche Vereinigung, die Ausdehnung der CDU in die neuen Bundesländer und die Integration von zwei Blockparteien, die Ost-CDU und die Bauernpartei, sowie eine Bürgerrechtsgruppe, den Demokratischen Aufbruch, ist die Union insgesamt noch komplexer, bunter und widersprüchlicher geworden. So trifft generell wohl zu, daß sich in Ostdeutschland ein anderer Parteitypus als in Westdeutschland herausbildet. Dieser neue Parteitypus ist gekennzeichnet durch seine relativ geringe Mitgliederzahl, organisatorische Defizite, die Kumulation von Parteiämtern und Mandaten bei wenigen »Multifunktionären«, das Ausbauen des professionellen Parteiapparates, eine geringere Fraktionsdisziplin und ein anderes Wahlverhalten.[33] Für die CDU kommt in den neuen Bundesländern hinzu, daß Föderalisierungs- und Regionalisierungstendenzen voll durchschlagen: in Sachsen, Brandenburg oder im thüringischen Eichsfeld entstehen höchst unterschiedliche Organisations- und Parteikulturen. Zudem macht der Lokalismus sich mit ganz neuer Verve breit, denn in der Transformationsphase haben sich auf der lokalen und regionalen Ebene größere Handlungsspielräume geöffnet als normalerweise im westdeutschen Politikalltag. Die Parteimitgliedschaft ist zerklüftet in »Blockflöten« und Neumitglieder, daneben gibt es einige ehemalige Bürgerrechtler. So hatten 1992 75 Prozent der damals etwa 100000 Christdemokraten schon in der DDR der CDU angehört. Auch sozialstrukturell unterscheidet sich die Union in den neuen Bundesländern von ihrer westlichen Schwester. Selbständige spielen, da diese Schicht bislang kaum entwickelt ist, in der Mitgliedschaft eine marginale Rolle, ebenso Angehörige des öffentlichen Dienstes und mittlere Angestellte, die häufig bei der PDS zu finden sind. Hingegen ist der Anteil der Arbeiter und der kleinen Angestellten höher als im Westen.[34] Schließlich versuchen christdemokratische Politiker aus den neuen Bundesländern unter dem Druck der sich immer mehr zur Regionalpartei entwickelnden PDS in der Bundes-CDU ostdeutsche Interessen und Mentalitäten zur Geltung zu bringen. Als Vorbild wird in diesem Zusammenhang immer wieder auf die bayerische CSU hingewiesen. Solche Vorstöße gingen in den letzten Jahren vom Fraktionsvorsitzenden im Landtag Mecklenburg-Vorpommern, Eckhardt Rehberg, und vom Sprecher der ostdeutschen CDU-Bundestagsabgeordneten, Paul Krüger, aus.[35]

Wie groß die Bedeutung ist, die den Landes-, Bezirks- und Kreisverbänden der CDU in Ost wie in West zukommt, zeigen alle Versuche zu innerorganisatorischen Reformen, die nach der großen Parteireform der siebziger Jahre unternommen wurden und die bis heute aktuell geblieben sind. Dabei geht es darum, die Partei gegenüber der Gesellschaft zu öffnen, die Vermittlungs- und Integrationsfunktion der CDU zwischen Gesellschaft und politischem System zu stärken, die Mitgliederpartei zu reaktivieren, sie für die Mitglieder lebendiger und attraktiver zu gestalten, ihre Mitwirkungsrechte zu erweitern und insgesamt die Kommunikation zu verbessern. Fast alle konkreten Vorschläge kamen aus den unteren Gebietsverbänden und wurden auch dort erprobt: Gastmitgliedschaft, Abschaffung des Kreisdelegiertensystems zugunsten von Mitgliedervollversammlungen, Urwahl von Kandidaten, Mitgliederabstimmung und -befragung zu programmatischen und politikinhaltlichen Fragen, Einrichtung deutsch-türkischer Foren als Vorstufe für eine entsprechende neue innerparteiliche Vereinigung.[36] Es ist typisch für die CDU, daß gerade der zentral von der Bundespartei eingeleitete Reformversuch, ein »Frauenquorum« statutarisch festzulegen, beim ersten Versuch an den Landes- und Kreisverbänden scheiterte und schließlich nur in verwässerter Form akzeptiert worden ist.

Wegen der organisatorischen Fragmentierung und Segmentierung der CDU, wegen der politischen, kulturellen und sozialen Vielfalt der

Partei, bedarf es langer innerparteilicher Aushandlungsprozesse, bis Kompromiß und Konsens gefunden sind. Die Fähigkeit, derart komplizierte und diffuse Entscheidungsprozesse auszusitzen oder erst am Schluß einzugreifen, wurde für Kohl real zur Stärke,[37] auch wenn ungeduldige Journalisten sie ihm als Schwäche und Unfähigkeit ankreideten. Der Tanker CDU kann sich eben nur langsam bewegen. Und Helmut Kohl wirkte als Parteivorsitzender und Kanzler vor allem und zuerst als Mediator vieler Interessen, als Moderator im Stimmenwirrwarr.[38]

Sosehr die CDU ihre Grundstruktur seit den fünfziger Jahren erhalten hat, sosehr befindet sie sich doch in ständiger Veränderung. Sie hat sich allerdings auch unter Kohl nicht in Richtung eines Kanzlerwahlvereins bewegt. Dennoch dürften sich Organisationsstruktur und -kultur im nächsten Jahrzehnt fundamental verändern. Ein ganz neuer Parteitypus könnte entstehen, der sich parallel auch in der SPD entwickelt. Mit Hilfe von drei Kriterien kann er auf drei Ebenen beschrieben werden. Entsprechende Tendenzen sind in der CDU eindeutig auszumachen.

1. Dieser neue Parteitypus kann als *Medienpartei* bezeichnet werden. Die nationale Parteiführung, sei es ein einzelner Parteiführer oder ein Duo (wie Kohl und Schäuble) oder eine Troika, kommuniziert mit den Mitgliedern, aber auch mit den Sympathisanten und Wählern direkt über die Medien. Dadurch wird das Delegiertensystem als traditionelle Struktur der innerparteilichen Willensbildung umgangen. Die Parteifunktionäre, die Parteiaktivisten, die mittlere Parteielite verlieren an Einfluß und Macht.[39] Elemente plebiszitärer Demokratie, mit deren Einführung die CDU heute experimentiert, verstärken die direkte Kommunikation zwischen Führung und Basis, die Funktionäre werden entmachtet.[40] Organisatorisch findet eine weitere Abkoppelung der lose verbundenen innerparteilichen Segmente statt. Die verschiedenen Organisationseinheiten verselbständigen sich weiter. Ihre Mitglieder befassen sich in nachgerade autistischer Weise primär mit den je eigenen Angelegenheiten: In den Ortsverbänden wird Lokalpolitik, in den Kreisverbänden Regionalpolitik, in den Landesverbänden Landespolitik betrieben.[41] Die Vereinigungen befassen sich mit ihren partikularen Interessen, mit Frauenfragen, mit Problemen des Mittelstandes oder der Arbeitnehmer.

2. Die CDU entwickelt sich zu einer professionellen *Dienstleistungsorganisation*, die immer weniger auf Mitglieder und Funktionäre angewiesen ist. Zwar gibt es einen neuen Typ von potentiellen Parteimitgliedern, die politisch interessiert sind, mitmachen und sich beteiligen

wollen, von den herkömmlichen Formen der Parteiarbeit werden diese Leute aber abgestoßen.[42] Folglich sinkt die Mitgliederzahl der CDU. Sie erreichte 1997 mit 631700 einen neuen Tiefstand (Höchststand 1983: 734555). Auch der Anteil derjenigen unter den Mitgliedern fällt, die Parteiämter und Mandate übernehmen, er hat nach Schätzungen der Parteizentrale heute fünf Prozent erreicht. Die moderne, sich zunehmend professionalisierende Partei erbringt vor allem drei Dienstleistungen: Sie führt und finanziert Wahlkämpfe. Durch sie wird die politische Elite ausgewählt, werden Kandidaten für Ämter bestimmt. Und die Partei regiert, indem sie als Fraktion in den verschiedenen Parlamenten sitzt und Personal für die Exekutive, für Kommunalverwaltungen und für Kabinette auf Landes- und Bundesebene stellt.

3. Schließlich entwickelt sich die CDU zunehmend zu dem, was Peter Radunski – einer der besten Kenner der CDU von innen – als *Fraktionspartei* bezeichnet hat.[43] Das Machtzentrum der CDU, aber auch ihre organisatorischen und finanziellen Ressourcen finden sich in den Fraktionen der Parlamente (wiederum vom Gemeinderat bis zum Bundestag) und in den Kabinetten (auf Landes- und Bundesebene und auf der kommunalen Ebene in den entsprechenden Verwaltungen und Dezernaten). Die Partei regiert durch ihre Fraktionen. »Regieren« ist dabei im amerikanischen Sinn von »to govern« gemeint: als Übernahme und Ausübung von Mandaten in Parlamenten und Kabinetten durch Parteifunktionäre.

Wie immer dieser neue Parteitypus, die Kombination von Medienpartei, professioneller Partei und Fraktionspartei, sich im einzelnen für die CDU ausgestalten wird, er dürfte trotz der inhärenten Personalisierung nicht zu dem führen, was wir einleitend als Kanzlerwahlverein gekennzeichnet haben.

Konklusion und Prognose

Ziehen wir die Schlußfolgerungen und nehmen ausdrücklich die drei Kriterien auf, die wir zur Definition des »Kanzlerwahlvereins« benutzt haben. Daß wir überzeugt sind, daß die CDU kein Kanzlerwahlverein ist oder war, dürfte aus unserem Gang durch die Geschichte christdemokratischer Organisationswirklichkeit klargeworden sein. Aber noch einmal an unseren Kriterien gemessen: Warum ist die CDU weder unter Adenauer noch unter Kohl zu einem Kanzlerwahlverein geworden?

1. Adenauer und Kohl haben in ihrer Person das Amt des Kanzlers und des Parteivorsitzenden vereinigt. Sie haben aus beiden Ämtern Autorität und Macht gezogen, nicht zuletzt in einem nachgerade dialektischen Verhältnis Einfluß aus dem einen für das andere gewonnen. Aber: Kleine wie große Entscheidungen konnten Adenauer und Kohl immer nur gegen viele Widerstände auch in der eigenen Partei durchsetzen, zwischen vielen Gruppen, Interessen und Gebietsverbänden aller Stufen mußte laviert und verhandelt werden, Kompromisse waren zu schließen, Konsens wenigstens für einen kurzen Augenblick herzustellen. Kohl noch mehr als Adenauer wurde zum Mediator und Moderator der auseinanderdriftenden innerparteilichen Kräfte.

2. Die CDU ist nicht allein auf Bundestagswahlen fokussiert, sondern auf Wahlen vom Ortsrat bis zum Bundestag. Auch außerhalb von Bonn, außerhalb von Kanzleramt und Konrad-Adenauer-Haus existieren christdemokratische Machtzentren. Die verschiedenen Organisationseinheiten führen ein Eigenleben, die Landesverbände, Bezirksverbände, die Kreis- und Ortsverbände, die Vereinigungen, die Fraktionen, die Christdemokraten in Kabinetten und Verwaltungen. Das Problem besteht heute gerade darin, daß sie sich nach außen zunehmend abschotten und fast autistisch mit ihren höchst partikularen Angelegenheiten befassen. So trocknen Kommunikations- und Willensbildungswege innerhalb der Partei aus und werden durch die Medien ersetzt.

3. Schließlich sei nochmals hervorgehoben: Die Organisationskultur der CDU hat nichts mit der simplen Struktur eines Vereins zu tun, der leicht von oben geführt werden kann und dessen Vorsitzender alles »im Griff« hat. Vielmehr haben wir eine ausdifferenzierte und komplexe Organisation vor uns, die gerade aus der ständigen Spannung und den Widersprüchen zwischen Bundespartei, föderalen Regional- und Lokalverbänden sowie dem interessenpluralistischen Vereinigungswesen ihre Dynamik, aber auch ihre Irritationen erhält.

Es fragt sich, was dieses eigenartige, immer wieder neu auszutarierende, lose Organisationsgebilde zusammenhält, wenn es nicht der Kanzlerparteivorsitzende ist. Abschließend seien dazu nur einige andeutende Antworten versucht. (1) Streben nach Macht und Ausübung von Macht ist der Kitt, der alle Parteien verbindet, der aber in der CDU aufgrund ihres pragmatischen Umgangs mit Macht besonders stark wirkt. In diesem Zusammenhang kommt es dann schon auf den Kanzler an, der – wie Adenauer oder Kohl – in Wahlkämpfen den auseinanderdriftenden Ländern, Regionen, Konfessionen, partikularen Interessen, Strömungen und Flügeln christdemokratische Identität zu geben vermag, der taktische Schlitzohrigkeit mit politischer Standfestigkeit verbindet – bei Westintegration und sozialer Marktwirtschaft, deutscher Vereinigung und Errichtung der Europäischen Union.[44] (2) Des weiteren besitzt die CDU einen vagen, gemeinsamen Wertekanon, dessen Symbol das »C« ist, eine diffuse und gerade deswegen politisch integrierende »christliche Ethik«. Der große Vorteil des »C« hat stets darin gelegen, daß es einen flexiblen und überzeitlichen Wertekatalog bezeichnete, der seinen Ursprung nicht in dem konfliktbehafteten Raum von Politik und Wirtschaft hatte. Das hohe »C« entzog sich damit der rationalen Kritik und sprach die emotionalen Schichten der Wähler an.[45] (3) Schließlich konstituierte die CDU sich aus einem Negativkonsens, nämlich dem Antikommunismus. In allen Bundestagswahlen dramatisierte die Partei den bevorstehenden Wahlakt zu einer Entscheidung zwischen Freiheit und Unterdrückung, Freiheit und Sozialismus, Bundesrepublik und DDR, Gut und Böse.

Die Wirkung von zwei der drei die CDU integrierenden Faktoren, die die Christdemokraten zur erfolgreichsten Partei der deutschen Nachkriegsgeschichte gemacht haben, läßt gegenwärtig rapide nach. Die katholischen und protestantischen Milieus erodieren, die Kirchgangshäufigkeit läßt nach, die christdemokratische Stammwählerbasis wird brüchig. Und nach Ende des Kalten Krieges, nach der Implosion der realsozialistischen Systeme einschließlich der DDR lassen sich Wähler mit dem Gespenst des Antikommunismus kaum noch mobilisieren. Hier liegen die Gründe dafür, daß die Zukunft der CDU als erfolgreiche Wählerpartei alles andere als rosig erscheint.[46] Wenn auch noch der dritte Faktor wegbricht, der die CDU zusammenhielt, wenn die Christdemokraten sich nämlich in der Opposition wiederfinden, dann verdunkelt sich ihre Zukunft.

Ist die CDU *organisatorisch* auf die Zeit nach Kohl vorbereitet? Die Antwort lautet, frei nach Radio Eriwan: im Prinzip ja. Denn »die Partei« ist eben nicht allein die Bundespartei, vom Kanzlerparteivorsitzenden mit Hilfe seines Netzwerkes persönlicher und politischer Freunde beherrscht. »Die Partei« besteht eben auch aus Landesverbänden und Bezirksverbänden, Kreis- und Ortsverbänden sowie den Vereinigungen. Dort haben Nachwuchspolitiker sich längst zu Wort gemeldet, sind als Landesfürsten und Fraktionsvorsitzende installiert, einige sitzen im Bundeskabinett, allesamt aber hocken sie in den Startlöchern, um die Macht in Bonn beziehungsweise in Berlin zu übernehmen. Dies ist ein neuer Typ von Politiker, nicht mehr aus dem katholischen Milieu, dem protestantischen Pfarrhaus oder den Sozialausschüssen kommend, mit glatter, zielgerichteter Karriere und Biographie, auf den das Etikett »Politprofi« zutrifft.[47] Es mag nach Kohl Diadochenkämpfe geben. Aber die könnten auch relativ undramatisch ablaufen, so wie in der CSU nach Franz Josef Strauß innerhalb weniger Jahre das Duo Waigel/Stoiber etabliert wurde. Wer immer Kohl nachfolgen mag, ob Schäuble, Rühe, Wissmann oder schon einer aus der Gewinn- und Erwerbsgemeinschaft der »jungen Wilden«: Er wird die lose verbundenen Organisationsfragmente auszutarieren wissen, denn er ist selbst Produkt dieser eigenartigen, besonderen Organisationskultur der CDU. Die Frage, ob die künftige Geschichte der CDU auch die eines Erfolges sein wird, stellt sich damit nicht aufgrund von Mängeln der Organisationsstruktur, sondern weil die alten Integrationsmechanismen Antikommunismus und hohes »C« immer weniger greifen. Verliert die CDU dazu noch das Kanzleramt, dann allerdings dürften die Organisationsfragmente, die die CDU ausmachen, weiter auseinanderstreben. Die zentrifugalen Kräfte könnten bedrohlich werden. Der starke Kitt der »Machtausübung« würde ersetzt durch den des »Strebens nach Macht«. Und der klebt nicht einmal halb so gut.

Tobias Dürr

»Opas CDU ist tot«
Wie die Hamburger Union erfunden wurde
und sich nie mehr davon erholte

Im Frühjahr 1998 geriet unbeabsichtigt ein internes Papier des Hamburger Landesverbandes der CDU an die Öffentlichkeit.[1] Mit seinen »Zehn Thesen für den Erfolg der CDU Hamburg« wollte ihr Vorsitzender Dirk Fischer zweifellos den Anstoß geben zu einer Aufwärtsentwicklung des Landesverbandes. Was Fischer, Hamburger CDU-Chef seit 1992, mit der Auflistung der vielfältigen Defizite seiner Partei freilich vor allem zuwege gebracht hatte, war ein verblüffendes Eingeständnis eigener Erfolglosigkeit.

Der CDU, so hatte Fischer da neben etlichem weiteren aufgeschrieben, werde in Hamburg nicht viel zugetraut, sie besitze in der Beurteilung der Bürger »keine überragenden Sachkompetenzen« und gelte »noch immer als nicht besonders innovativ«. Einen »bedenklichen Kompetenzmangel« besitze sie beispielsweise »im Wirtschaftsbereich«. Überhaupt habe sich die Partei nicht von ihrem »alten Image« gelöst, sei »noch immer nicht spannend genug« und habe »noch immer erhebliche Modernitätsprobleme«. Zu schaffen mache ihr »ein quantitatives und qualitatives Nachwuchsproblem«: Für »die zukünftige politische Führung und die Ausfüllung wichtiger Ämter« mangele es an einer »Führungsreserve«, wie die Partei sie zu Beginn der siebziger Jahre besessen habe. Nicht bloß »Macher« benötige sie, sondern auch »strategische und innovative Köpfe«, die »in großen Linien unser Ansehen als moderne Großstadtpartei prägen« könnten. Was sie statt dessen habe, sei ein Mitgliederproblem: quantitativer Rückgang, »alterslastige Altersstruktur« und »reduzierte Bindung der Mitglieder an die Partei als Ideengemeinschaft« seien besorgniserregend. Obendrein mangele es an der nötigen Geschäftigkeit: »Wir haben ein Aktivitätsproblem auf allen Ebenen und in allen Aufgabenbereichen – außer bei der Erlangung von Mandaten.« Erfolgreich könne eine Partei aber nur sein, »wenn dort Menschen aus innerem Antrieb und nicht nur wegen der Belohnung mit Mandaten Aufgaben wahrnehmen. Der ›Geist‹ und das ›Geistige‹ müssen stimmen«, notierte Fischer ein wenig nebulös.

Denn vieles stimmt eben nicht bei den Hamburger Christdemokraten am Ende der Ära Kohl. Wo ein Parteichef einen solchen Katalog von
Mißständen zu Papier bringt und von einer Konferenz der Vorsitzenden
sämtlicher Ortsverbände parteioffiziell beschließen läßt, da muß irgend
etwas sehr gründlich schiefgelaufen sein – nicht erst in jüngster Zeit,
sondern seit langem schon. Etliche der Phänomene auf Fischers Liste
benennen zwar allgemeine Defizite der nicht mehr ganz so großen
Volksparteien ausgangs der neunziger Jahre. Dennoch ist die Hamburger CDU ein besonders krasser Sonderfall. Ihre Krise ist tatsächlich
chronisch. Bei Wahlen ist der Landesverband während der gesamten
Geschichte der Bundesrepublik so erfolglos gewesen wie sonst nur noch
die Parteifreunde im nahen Bremen. Doch anders als die Bremer Union,
die seit 1995 als großkoalitionäre Partnerin der SPD endlich einmal der
landespolitischen Macht teilhaftig geworden ist und daraus auch präch-
tiges Kapital schlägt, sind die Christdemokraten in Hamburg weiterhin
dort, wo sie in den letzten 40 Jahren immer gewesen sind: in der Opposition.

Überhaupt nur einmal, von 1953 bis 1957, wurde die Freie und Han-
sestadt Hamburg in einer bürgerlichen Koalitionsregierung von einem
christdemokratischen Ersten Bürgermeister regiert; bei keiner einzigen
Bundestagswahl hat die CDU in Hamburg auch nur 40 Prozent der
Stimmen erreicht – eine Marke, die sie im Bundesdurchschnitt vor 1998
erst einmal verfehlte, nämlich 1949. Bei der Bürgerschaftswahl im September 1997 entschieden sich 30,7 Prozent der Wähler für die Hamburger Christdemokraten. Und auch sonst ist der Landesverband mit seinen üblichen fünf Abgeordneten im Bundestag und dem bescheidenen
Häuflein von Hamburger Delegierten auf den Bundesparteitagen seit
jeher eine *Quantité négligeable* innerhalb der deutschen Christdemokraten.

Auf den ersten Blick bildet die Hamburger CDU damit gewissermaßen die negative Kontrastfolie zur Union insgesamt. In der Geschichte der Bundesrepublik ist die Union durchweg die Regierungspartei schlechthin gewesen, die erfolgreichere der beiden Volksparteien,
habituell wie mental im Einklang mit den intakten bürgerlichen und
kleinbürgerlichen Lebenswelten des Landes. Das traf allerdings zunächst vor allem im Süden und Westen der Republik zu, wo sich die
CDU in der Kontinuität der Zentrumspartei auf ein reich gegliedertes
und mitgliederstarkes katholisches Verbandswesen stützen konnte, als
dessen politischer Arm sie dort vielfach verstanden wurde. Im prote-

stantischen Norddeutschland hatte es die Union gerade deshalb durchweg schwerer. Mit Ausnahme von Schleswig-Holstein, wo der Anteil
konservativ gesinnter Flüchtlinge und Vertriebener besonders hoch
war, fehlte den Christdemokraten hier weithin der Charakter der au-
thentischen Repräsentantin gesellschaftlicher Gegebenheiten. In Hamburg, wo die Redensart »Der lügt wie ein Katholik!« zum alltäglichen
Sprachschatz zählte,[2] konnte sich die CDU von vornherein nicht darauf
verlassen, als selbstverständliche politische Vertretung nennenswerter
gesellschaftlicher Gruppen zu gelten. Hamburg war keine glaubensfeste
Stadt, sein Bürgertum im ganzen eher liberal als konservativ. Ihren
politischen Rang mußten sich die Hamburger Christdemokraten daher von Anfang an *politisch* erobern, gesellschaftlich vorgegeben war er
in dieser Stadt nicht.

Schwierig sind die Rahmenbedingungen für die CDU in Hamburg daneben aber auch immer schon deshalb gewesen, weil große Städte von
vornherein Orte reduzierter gesellschaftlicher Selbstverständlichkeiten
sind. Ökonomischer, sozialer und kultureller Wandel ereignet sich hier
früher, eruptiver, verdichteter als anderswo. Metropolen wie Hamburg
zumal sind damit immer auch Brennpunkte gesellschaftlicher Dynamik,
hier zuerst finden die Koryphäen der Sozialwissenschaft das Anschau-
ungsmaterial für ihre Großbegriffe. Ob es sich um die Individualisie-
rung handelt oder die Tertiärisierung, die Säkularisierung oder die Plu-
ralisierung von Lebenslagen und Lebensstilen, die Herausforderungen
weltweiter Migration oder – in jüngster Zeit – die sozioökonomische
Polarisierung und das Entstehen einer neuen postproletarischen *under-
class* von Modernisierungs- und Globalisierungsverlierern:[3] Noch jeder
gesamtgesellschaftlich bedeutsame Trend hat sich zunächst in den
großen Städten diagnostizieren lassen, bevor er in modifizierter Form
schließlich auch das beschaulichere Hinterland erreichte.

In Hamburg hat die CDU damit also schon immer unter weitaus
schwierigeren Voraussetzungen agiert als in der Bundesrepublik insgesamt, mit den ungleich schlechteren Startvoraussetzungen des protestantischen Nordens und in einer beschleunigt sich wandelnden gesellschaftlichen Umwelt. So gesehen erscheint ihre jahrzehntelange Erfolglosigkeit zwar einerseits ganz folgerichtig; von Hamburg hätte das
Modell der »Großen Volkspartei der Mitte« gewiß nicht seinen Ausgang
nehmen können. Doch genau das macht den Fall der Hamburger CDU,
so unbedeutend sie vorderhand für die Gesamtpartei erscheinen mag,
doch andererseits interessant über Hamburg hinaus. Denn es könnte

durchaus sein, daß die Art und Weise, *wie* die Union jahrzehntelang an der Hamburger Herausforderung gescheitert ist, Hinweise darauf gibt, welcher Zukunft die Partei in der Republik im ganzen entgegengeht, welche Defizite ihr dabei zu schaffen machen dürften und welche Fehler sie vermeiden muß. Womöglich läßt sich am Beispiel Hamburg demonstrieren, weshalb die CDU nach dem Ende der Ära Kohl sehr schweren Zeiten im ganzen Lande entgegengehen könnte. So untypisch die Hamburger Konstellation für die Union in der Vergangenheit gewesen sein mag, so exemplarisch könnte sie in mancher Hinsicht für die Zukunft der CDU sein.

Wenn im übrigen richtig sein sollte, daß »der Auflösungsprozeß unserer hergebrachten Lebensformen sehr viel weiter und tiefer (geht), als es noch vor wenigen Jahren den Anschein hatte«,[4] wie nicht nur Wolfgang Schäuble glaubt, dann wird über die Politikfähigkeit und damit den Erfolg der Union gerade auch in jenen Städten und Regionen entschieden, wo sich dieser Wandel am dramatischsten vollzieht – also in urbanen Ballungsräumen wie Berlin, Frankfurt, München oder eben Hamburg. Die Handels-, Dienstleistungs- und Medienmetropole an der Elbe hat nach 1989 ihre zentrale Position mitten in Europa zurückgewonnen, mit einem europäischen Hinterland von mehr als 150 Millionen Einwohnern. Gerade angesichts des für fast alle konkurrierenden Metropolen unvorstellbaren Wohlstands in dieser »Stadt im Überfluß«[5] stechen dramatische Prozesse sozialer Polarisierung und Segmentierung in Hamburg allerdings schärfer hervor als anderswo. Von der Fähigkeit der Parteien, angemessen auf diese Herausforderung zu reagieren, wird ihr Erfolg (nicht nur) in Hamburg abhängen.[6] Kann die CDU in einer Stadt wie Hamburg die Kompetenz zur politischen Bewältigung des raschen wirtschaftlichen und gesellschaftlichen Wandels nicht belegen, dann wird es der Partei zukünftig sehr schwerfallen, erneut ihren Anspruch auf die Führung des ganzen Landes einigermaßen plausibel zu begründen.

Und schließlich: Die personelle und konzeptionelle Regeneration der CDU nach dem Ende der Ära Kohl müßte aus den Ländern heraus erfolgen, wie schon in der Oppositionsphase nach der Wahlniederlage von 1969.[7] Damals wuchs aus den Landesverbänden von CDU und Junger Union eine ehrgeizige Generation von Berufspolitikern heraus, die der Partei dann für Jahrzehnte ihr Gepräge geben sollte. Ohne diese politische Alterskohorte – im übrigen: auch in der SPD – hätte es »das goldene Zeitalter etablierter Großparteienherrschaft in der alten Bundesrepublik«[8] nicht gegeben; es könnte sein, daß dieselben Jahrgänge auch den Niedergang der beiden großen »Volksparteien« zu verantworten haben. Soll sich die CDU nach der Ära Kohl nicht als kulturell und sozial überständiges Auslaufmodell erweisen, dann müßte sie die Verschränkung personeller und konzeptioneller Innovation hinbekommen, nicht nur in Großstädten wie Hamburg, aber gerade dort eben auch. Wenig spricht bislang dafür, daß ihr das gelingen wird. Dirk Fischers Sorgen sind allzu begründet. Nur ist er selbst ein Teil des Problems, das er beklagt. Denn der Grund für die heutige Malaise der Hamburger CDU ist der Aufstieg seiner politischen Generation.

Frische Opposition und weiße Socken: Der Aufstieg der Generation Echternach

Am Anfang war Dietrich Rollmann. Bis der 37jährige, den alle »Didi« nannten, 1968 zum Vorsitzenden der Hamburger CDU gewählt wurde, hatte der Landesverband eine genügsame Existenz als geselliger Honoratiorenverein gepflegt. Im »Halali-Club« hatte sich das protestantische Großbürgertum versammelt, im »Freundeskreis« die katholische Minderheit, und insgesamt brachte es die Partei auf kaum mehr als 3000 Mitglieder – ein Zehntel der übermächtigen Hamburger SPD.[9] Mit Rollmanns Amtsantritt änderte sich das alles schlagartig. Denn der umtriebige Parteimanager, der umgehend den Ausbruch der CDU aus dem »Ghetto der 30 Prozent« ankündigte,[10] bediente sich völlig neuer Mittel, die sich freilich für Jahrzehnte als stilbildend erweisen sollten. Systematisch hatte er im Schatten der sanft dahindämmernden Hamburger CDU jahrelang am organisatorischen Aufbau der Jungen Union gewerkelt, die sich dadurch zügig zur eigentlichen Machtzentrale der Partei zu entwickeln begann. »Studenten, Kaufleute, Angestellte, junge Juristen, wissenschaftliche Hilfsarbeiter. Es scheint so, als hätte die ›Junge Union‹ sie ins Parlament ›katapultiert‹, mitten in die politische Praxis hinein«, staunte ein Beobachter schon 1967. »Sie sind intelligent, kritisch, nüchtern, entwicklungsfähig. Hier ist Jugend ›in gezielter Aktion‹ an den Staat und an das Parlament herangeführt worden.«[11] Als Rollmann im Jahr darauf zum Parteivorsitzenden gewählt wurde, stellten die Jungen bereits 80 der 200 Delegierten. In diesen Jahren hatte die Junge Union fast ebenso viele Mitglieder wie ihre Mutterpartei – und die tatendurstigeren ohnehin.

Die Jungen *waren* nun bereits die Partei, die sie durch ihr Engagement im Grunde erst schufen. »Ja, gibt's die überhaupt?« hatte vor ihrer Zeit die spöttische Antwort auf Fragen nach der CDU in Hamburg gelautet.[12] Nun gab es die Partei. Aber sie war das strategische Projekt, gleichsam die *Erfindung* einer einzigen politischen Alterskohorte mit dem einen gemeinsamen Karriereziel, Politik zum Beruf zu machen. Genau das machte die Hamburger Union zunächst so modern und erfolgreich, genau darin aber lag zugleich die Ursache für ihr späteres Scheitern. In dieser Konstellation einer Partei ohne langfristig gewachsene Verankerung im vielschichtigen Wurzelgrund der Gesellschaft liegt im übrigen auch die Analogie zu einer CDU nach Kohl, die sich ihrer entscheidenden Erfolgsbedingung, einer langjährig selbstverständlichen Symbiose mit in sich ruhenden bürgerlichen Milieus, mittlerweile auch abseits der großen Metropolen nicht mehr sicher sein kann.

Die systematische Kolonisation der Hamburger CDU durch die durchsetzungsfähige Kohorte der um 1940 Geborenen, zu der im übrigen auch Volker Rühe, Birgit Breuel und der Steuerexperte Gunnar Uldall gehörten, war zu Beginn der siebziger Jahre geradezu unausweichlich geworden. Ihr strategischer Kopf und starker Mann hieß Jürgen Echternach. Schon 1964 hatte der Jurist von Rollmann den Vorsitz der Hamburger Jungen Union übernommen und ihre weitere Expansion strategisch vorangetrieben; 1969 war er auch Bundesvorsitzender des Jugendverbandes geworden. Ein Jahr später gab er die Leitung der Hamburger Jungen Union an seinen Gewährsmann Dirk Fischer weiter und wurde, gerade 32 Jahre alt, Chef der CDU-Fraktion im Hamburger Parlament. Wann Echternach auch Didi Rollmann aus dem Parteivorsitz hebeln würde, war damit nur noch eine Frage der Zeit; 1974 erreichte er auch dieses Ziel.

Was immer die Hamburger CDU in diesen Jahren machte und wie sie es tat: Alles an ihr wirkte plötzlich dynamisch, neu, im Einklang mit dem Geist der Zeit – wie die weltmännisch weißen Socken, die Didi Rollmann angeblich als einziger »Top-Mann« der CDU neben Rainer Barzel trug.[13] Rollmann habe seine Partei zu einer modernen, aktionsfreudigen Organisation entwickelt, wurde schon 1970 anerkennend registriert. Und unter Jürgen Echternachs Führung betreibe die 41köpfige CDU-Bürgerschaftsfraktion, in der 16 Abgeordnete der Jungen Union angehörten, eine »frische Opposition« gegen die »konservative Rathaus-SPD«. »Mehr Demokratie ins Rathaus«, forderte die Hamburger CDU zur gleichen Zeit, als der Rest der Republik sich von Willy Brandts

»Mehr Demokratie wagen« beeindrucken ließ. In Hamburg, so schien es, verliefen die Dinge spiegelverkehrt: Hier war es die CDU, die »auch dem letzten in unserer Stadt klarmachen (wollte), daß die CDU eine progressive, soziale und liberale Partei ist«.[14] Man erwog die Anerkennung der Oder-Neiße-Grenze und debattierte die Vorzüge der paritätischen Mitbestimmung. Franz Josef Strauß wollte man nördlich von Lüneburg am liebsten gar nicht mehr auftreten lassen. Selbstbewußt verkündete Didi Rollmann den »Abschied von Opas CDU«[15]: »Die CDU darf keine Provinzpartei werden«, lautete sein Credo. »Ihre Zukunft liegt in den Städten.«[16]

Und für eine Weile sah es tatsächlich so aus, als sollte Rollmann recht behalten. Denn mit dem grandseigneuralen Patrizier Erik Blumenfeld als Spitzenkandidat der organisatorisch runderneuerten Partei gelang bei der Bürgerschaftswahl 1974 mit 40,6 Prozent (plus 7,8) tatsächlich auf triumphale Weise der avisierte Ausbruch aus dem »30-Prozent-Ghetto«. Auch die Mitgliederzahlen der Hamburger CDU stiegen in den siebziger Jahren geradezu explosionsartig – steiler als in jedem anderen Landesverband[17] und auf über 15 000 in den besten Zeiten, während die SPD schrumpfte. Nach der organisatorischen und konzeptionellen Pionierarbeit Didi Rollmanns schien die Partei unter Jürgen Echternach weiterhin auf dem besten Wege, der ewigen Hamburger Sozialdemokratie den Rang streitig zu machen.

Allerdings war der Aufstieg der Gruppe um Echternach von Anfang an nicht unumstritten gewesen. Schon in der Jungen Union hatten die robusten Methoden des angeblich »parakriminellen Milieus« der »Fischer-Echternach-Clique« bei unterlegenen Konkurrenten immer wieder Verbitterung ausgelöst. Im Zentrum der Kritik stand dabei immer Jürgen Echternach selbst, auf dessen »defizitäre Persönlichkeitsstruktur« Kritiker alle möglichen Mißstände in der Hamburger CDU zurückführten. Echternach sei »spröde, kontaktarm, hanseatisch-kühl«, ohne jedes Charisma und von dem Drang besessen, alles selber zu kontrollieren.[18] Das »Negativbild vom allzu starken Mann«, der einen »totalen Machtanspruch« erhebe, war zur Zeit seiner Wahl zum Landesvorsitzenden längst unabänderlich festgeklopft.[19] Gewiß lag das zu guten Teilen an Echternach selbst, an seinem Charakter und seinem Verständnis von Politik als Auseinandersetzung kompakter Kampfgemeinschaften. Aber das war bestenfalls die Hälfte der Erklärung. Mindestens ebensosehr lag es an seinen Widersachern und an der spezifischen Struktur der Partei in dieser Stadt. Nur weil die CDU in Hamburg kaum in der langfristigen Tradition bestimmter Weltanschauungen oder sozialer Gruppen stand (wie etwa in den Hochburgen des katholischen Milieus oder des bürgerlichen Konservatismus), hatte die »strategische Clique«[20] um Echternach sich ja der Partei überhaupt bemächtigen können. Aus genau demselben Grund aber bildete sie seit den siebziger Jahren immer wieder das Spielfeld für die Auseinandersetzung um die verschiedensten politischen Obsessionen aller möglichen Einzelgänger und Minderheiten aus dem bürgerlichen Spektrum, die sich obendrein der Aufmerksamkeit einer schaulustigen großstädtischen Öffentlichkeit und ihrer Medien jederzeit sicher sein konnten. Daß die majoritären Gefolgsleute Jürgen Echternachs, einmal am Ruder, auf die Geschlossenheit der Partei nach außen pochten, war kaum verwunderlich. Doch eine sozialkulturell entortete Partei wie die Hamburger CDU läßt sich nun einmal mit gleichem Recht von jedermann für nahezu jedes Ziel reklamieren. Und so heizten die Praktiken des »demokratischen Zentralismus« der Echternach-CDU den Eifer der wechselnden innerparteilichen Oppositionellen nur noch weiter an.

Lange Zeit hatten sie es schwer. Denn der Aufwärtstrend der CDU unter Echternach setzte sich auch in den achtziger Jahren zunächst fort. Mit Walter Leisler Kiep importierte sie 1982 erneut einen weltläufigen Bürgermeisterkandidaten, der nach außen souverän die »liberale Erneuerung« der CDU personifizierte und die Partei mit 43,2 Prozent erstmals zur stärksten Partei der Stadt machte. Mit seinem Vorhaben einer »friedlichen Durchdringung« der Hamburger Union scheiterte Kiep dann freilich schnell an den inneren Verhältnissen der Echternach-CDU, die das Vorhaben nicht von ungefähr als Kampfansage begriff. Zwar ließ die Union die SPD auch 1986 noch einmal knapp hinter sich. Doch eine Regierungskoalition zusammenzuzimmern gelang der CDU selbst bei diesem Anlauf nicht.

Das Ende der »Parteiendiktatur«

Das war der Anfang vom Ende. Nun begannen die eigentlichen Jahre des Elends für die Hamburger CDU. Mit aller Wucht war die aufstrebende Generation Echternach gegen die SPD angerannt – und dabei denkbar knapp gescheitert. Nun war die Gelegenheit verpaßt und damit im übrigen auch die Chance zur sukzessiven inneren Erneuerung der Partei. Die CDU fand sich ab und richtete sich ein.[21] Auch für die Opposition gibt es in der Parteiendemokratie Ämter und Mandate. Und über deren Verteilung entschieden die Trabanten Jürgen Echternachs auch weiterhin in ihrem *inner circle*, dem »Magdalenenkreis«. Was sonst hätten sie tun sollen? Politik war ihr Beruf, die CDU ihr Vehikel. Und für den Ausstieg war es längst zu spät.

Daß es im politischen Wettbewerb auf das geschlossene Auftreten der eigenen Partei ankomme, war immer (und ist übrigens auch heute noch) Jürgen Echternachs Überzeugung. Nachvollziehbar ist das ja durchaus: Durch ihre Geschlossenheit hatte er mit seinen Gefolgsleuten die Junge Union erobert, die Hamburger CDU erfunden und schließlich die SPD an den Rand des Machtverlusts gebracht. Doch nun war der Elan der frühen Jahre erlahmt, und das Kalkül, dem die Hamburger CDU ihre Parteibildung seit den späten sechziger Jahren verdankte, wirkte zunehmend kontraproduktiv, ja geradezu selbstzerstörerisch. Mangels Machtperspektive begann die Partei damit, ihre überschüssigen Energien in bald völlig unüberschaubaren innerparteilichen Auseinandersetzungen auszuagieren. Was die Hamburger Union in den nächsten Jahren vor dem Hintergrund ohnehin wachsender »Parteienverdrossenheit« nahezu zerriß, war eine ebenso explosive wie groteske Mischung aus (im Grunde eher banalen) Rivalitäten des parteipolitischen Vereinslebens, den demokratietheoretischen Prinzipienreitereien gesinnungsethisch angehauchter Bildungsbürger sowie der hemmungslosen politischen Exaltiertheit eines einzelnen Profilneurotikers.

Die innerhalb der Hamburger CDU bis 1974 zurückreichenden Konflikte um die Prozeduren ihrer Kandidatenaufstellung gerieten in diesem binnenfixierten Klima vollständig außer Kontrolle.[22] Eine strategische Gegenelite unter intellektueller Federführung des Politologen Winfried Steffani organisierte nun den Widerstand gegen die »elitegesteuerte Führungsdemokratie« des »hochbegabten, aber autoritären Vorsitzenden« Echternach.[23] In endlosen Streitereien vor Parteischiedsgerichten wie vor staatlichen Gerichten lagen sich die Parteispitze und ihre bunte Gegnerschar mit zuweilen bizarr anmutender Besessenheit in den Haaren. Beim Publikum kam das nicht gut an. Es quittierte das trostlose Gezerre bei der Bürgerschaftswahl 1991 mit einem Ergebnis von nur noch 35,1 Prozent. Das einst so geschmiert funktionierende System Echternach, auf dem Höhepunkt der allgemeinen Parteienkrise in den Medien zunehmend als diktatorische Schreckensherrschaft überzeichnet, geriet endgültig in Auflösung.[24] Notgedrungen verzichtete Echternach 1992 auf die erneute Kandidatur zum Landesvorsitz. Doch

das wirklich dicke Ende kam erst noch: Aufgrund der undemokrati-
schen Praktiken der CDU verfügte das Hamburger Verfassungsgericht
im Mai 1993 die Wiederholung der voraufgegangenen Bürgerschaftswahl. Der Kleinverleger Markus E. Wegner, exzentrischer Held der
christdemokratischen Stadtguerilla gegen das Regime Echternach,
gründete nun die STATT-Partei als neopopulistisches Sammelbecken
einer radikalisierten bürgerlichen Mitte.[25]

Mit seinem diffusen Aufstand gegen die etablierten Parteien war der
selbsternannte »Erneuerer des Gemeinwesens«[26] zugleich Produkt und
Sprachrohr der politischen Desorientierung im Hamburger Bürgertum.
Exakt traf seine Widerstandsrhetorik die entfremdete Gemütslage von
Bevölkerungsgruppen, deren (ohnehin ja nie sehr starke) mentale Bindung an die Union nun endgültig verschlissen war. Die Welle der mit-
telständischen Empörung trug zwar unverkennbar wahnhafte Züge –
etwa wenn nun ausgerechnet der Chronist der Hamburger Union
plötzlich in wilden Tiraden die »Parteiendiktatur« schlechthin anpran-
gerte.[27] Aber sie war mächtig genug, die STATT-Partei im Herbst 1993
auf Anhieb über die Fünf-Prozent-Hürde zu spülen. Die CDU hingegen
stürzte jetzt ins Bodenlose: Am Ende der Ära Echternach brachte sie gerade noch ein Viertel der Wähler (25,1 Prozent) hinter sich. Als »Große
Volkspartei der Mitte« war sie in Hamburg beispiellos gescheitert.

»Wie ein Betondeckel auf der Partei«: Neuanfang als Kontinuität ohne Perspektive

Im bürgerlichen Geschäftsleben wäre das nun eigentlich der Augenblick
für die Liquidation gewesen. Doch in der Politik gibt es das natürlich
nicht; selbst die SED hat sich bekanntlich bloß einen neuen Namen gegeben. Deshalb verkünden Parteien bei solchen Gelegenheiten gern den
generalüberholten Neubeginn: personell wie programmatisch, organisatorisch wie habituell. Ab sofort werde man alles anders machen, besser, aus den Fehlern der Vergangenheit lernen, heißt es dann. Doch Parteien sind lebende soziale Organismen, sie schleppen ihre Geschichte
mit sich herum, die deshalb im Grunde auch nie wirklich vergangen
ist. Erfolgreiche Parteien profitieren davon, nennen es Tradition und
schöpfen daraus Identität und Selbstbewußtsein. Einmal gründlich her-
untergewirtschafteten Parteien dagegen fehlt diese Ressource künftigen
Erfolgs. Sie schwanken unentschlossen zwischen Verleugnen und Ver-

klären, zwischen dem von vornherein unglaubwürdigen »Alles ist neu« und dem verdruckst-trotzigen »Es war nicht alles schlecht«. Man kennt das. Es ist der Ton, der sich durch Dirk Fischers Mängelliste zieht.

Fischer folgte Jürgen Echternach 1992 als Chef der Landespartei. Sechzehn Jahre lang war er Echternachs Vize in der Hamburger CDU gewesen, er hatte ihn 27jährig als Landesvorsitzender der Jungen Union abgelöst und auch als Chef des CDU-Ortsverbandes Winterhude. Fischer war Echternach ins Landesparlament nachgefolgt und auch in den Bundestag. Jetzt verkündete der langjährig engste Weggefährte Jürgen Echternachs den Neuanfang der Hamburger CDU: »Neue Ideen. Und ran!« Als Sozius Fischers bei diesem ganz unmöglichen Vorhaben stellte sich Ole von Beust zur Verfügung. Von Beust war 1978 mit 22 Jahren ins Landesparlament eingezogen, auch er hatte die Junge Union geleitet und dem »Magdalenenkreis« angehört. Als Justitiar der Partei mußte er am Ende auch noch die peinlichen juristischen Rückzugsgefechte gegen die innerparteilichen Aufständischen organisieren. Nun sollte der freundliche Nachwuchsmann mit der langjährigen Parteikarriere an Fischers Seite die Erneuerung der Hamburger CDU nach außen personifizieren.

Natürlich konnte das nicht wirklich gutgehen. Aber was von Beust aus seiner heillosen Lage machte, wirkte zunächst ganz respektabel. Als neuer Fraktionschef distanzierte er sich durchaus glaubwürdig vom Politikstil der Union in der Ära Echternach. Ole von Beust war nett gegen jedermann, hielt doppelte Staatsbürgerschaften für erwägenswert und räsonierte öffentlich über Bündnisse mit den Grünen. Als Mitglied der wilden Telefonkette jüngerer Landespolitiker der Union glückte es ihm sogar, über Hamburg hinaus ein wenig auf sich aufmerksam zu machen. Vom »Zeitalter der Entideologisierung« sprach er und davon, daß die Hamburger CDU eine »liberale Großstadtpartei« werden müsse.[28] Es war die rhetorische Wiederkehr Didi Rollmanns. »Die wirklich wesentlichen Probleme«, hatte dieser schon drei Jahrzehnte zuvor doziert, »sind im allgemeinen zu kompliziert und detailliert, als daß die Weltanschauungen noch etwas zu ihrer Lösung beitragen könnten.«[29] In fast exakt derselben Formulierung wie einst Rollmann, nur drei Jahrzehnte später eben, wollte nun auch Ole von Beust den Hamburgern »klarmachen, daß wir eine frische, moderne und offensive Großstadtpartei sind«.[30]

Doch als Willy Brandt Bundeskanzler war und Didi Rollmann weiße Socken trug, hatte die CDU in Hamburg ihre Zukunft noch vor sich.

Damals konnte in dieser Stadt ohne christdemokratischen Wurzelgrund eine clevere Riege junger Nachwuchspolitiker noch frech das etablierte Markenzeichen »CDU« für sich reklamieren, achtunggebietende Worte wie »Progressivität«, »Professionalität« oder »Liberalität« im Munde führen und auf diesem genialen Bluff erfolgreiche Berufspolitiker-Karrieren in der gerade erst anbrechenden Ära der »modernen Volksparteien« begründen.

Heute geht das alles so nicht mehr. Den maroden Zustand der Hamburger CDU beschreiben Dirk Fischers Thesen aus dem Frühjahr 1998 zwar recht treffend. Daß allerdings eine neue »Führungsreserve« wie einst in den siebziger Jahren den Kahn wieder flottmachen könnte, erscheint doch als ein allzu nostalgischer Trugschluß. Woher sollte sie kommen, quantitativ wie qualitativ? Und überhaupt: Wen würde solch eine »Führungsreserve« denn noch einmal überzeugen, nachdem von der aufs Machtstrategische verkürzten Professionalität der Generation Echternach/Fischer zuvörderst die schädlichen Nebenwirkungen in Erinnerung geblieben sind? Das kurzlebige Phänomen der STATT-Partei wird kaum die letzte allergische Reaktion eines zunehmend sozialkulturell entstrukturierten und politisch kopfscheu gewordenen Bürgertums gewesen sein.

Es ist nicht schwer vorauszusagen, daß die CDU in Hamburg nie mehr auch nur an ihre relativen Erfolge in der Ära Echternach wird anknüpfen können. Das zu konstatieren heißt freilich nicht, Jürgen Echternach und seinem politischen Clan ein gutes Zeugnis auszustellen. Gewiß, sie ergriffen ihre Chance und setzten sich durch, kühl und mit strategischem Geschick; auch davon (und davon nicht zuletzt) handelt Politik. Doch in der voluntaristischen Art, wie sie die Hamburger Union gleichsam voraussetzungslos auf die Beine stellten, war ihr Niedergang im Grunde von vornherein schon angelegt. Bereits 1991 beklagte Ole von Beust, die noch im besten Mannesalter stehende Generation derer, die Anfang der siebziger Jahre die Führung der Hamburger CDU übernommen habe, laste unterdessen »wie ein Betondeckel auf der Partei«.[31] Das war zutreffend analysiert, und grosso modo gilt es auch noch immer. Aber nicht nur eine Mannschaft von Gleichaltrigen ist verantwortlich für die fortgesetzte Misere, sondern mit ihr ein ganzer Politikstil, eine Modernität von gestern.

Vor dem Traditionellen stirbt das mutmaßlich Moderne. Ohne belastbare Verbindung zu den Strukturen der Gesellschaft, ihren Milieus und Mentalitäten, die auch ohne sie bestehen würden, sind Parteien auf

Dauer zum Erfolg nicht fähig. Am Beispiel der Hamburger CDU läßt sich besichtigen, wie es einer bürgerlichen Partei ohne solche Basisverwurzelung ergehen kann, welche Möglichkeiten sie hat und wie diesen Möglichkeiten immer schon das Risiko des Absturzes innewohnt. Eben darin liegt die bedenkenswerte Lehre für die CDU insgesamt, die sich in vielen Teilen der alten Bundesrepublik stets ihres selbstverständlichen Einklangs mit den intakten Lebenswelten großer Bevölkerungsgruppen gewiß sein konnte. Darin hat ihre Stärke stets gelegen. In Hamburg hat diese Selbstverständlichkeit nie bestanden; angesichts von zunehmender gesellschaftlicher und ökonomischen Dynamik könnte sie der CDU zukünftig auch in ihren rückwärtigeren und randständigeren Traditionsgebieten abhanden kommen. Der Partei wird das noch sehr schaden – erst recht, wenn sie die Macht abgeben muß.

Auf knapp über 30 Prozent hat sich die Hamburger CDU bei der letzten Bürgerschaftswahl also noch einmal emporgeschwungen, immerhin fünf mehr als 1993. Damit war man ganz zufrieden. Die Hamburger CDU sei eben bescheiden geworden, meint Jürgen Echternach zu Recht. Daß sie dazu allen Grund hat, sagt er nicht. So aber bleibt Hamburg einstweilen noch, was es in vier Jahrzehnten immer war: eine »sozialdemokratisch besetzte Zone«, ungestört von Opposition – mit all den abträglichen Konsequenzen, die eine Hegemonie dieser Art für die politische Kultur einer Metropole nur haben kann.[32] Denn auch die Geschichte der Hamburger Sozialdemokratie ließe sich nur als Verfallsgeschichte schreiben. Das System der »großen Volksparteien« erodiert von innen her wie von den Rändern. In Hamburg wird das nur besonders sichtbar. Und Ersatz ist nirgendwo in Sicht.

Konrad Schuller

Zwischen Kaltem Krieg und neuer Republik
Die Berliner CDU auf der Suche nach Identität

I

Eigentlich war es ja ein abgefeimter Trick, das, was die CDU mit uns gemacht hat, ein veritabler Hausiererkniff, eine Trödlerlist. Nach dem Krieg, als alles in Trümmern lag, woran man als Deutscher hing, als man nicht einmal mehr »Am Brunnen vor dem Tore« singen durfte, ohne als Nationalsozialist zu gelten, als es in Deutschland schlicht unmöglich war, konservativ zu sein, da hat sie aus ein paar Versatzstücken ein neues Vaterland zusammengeschraubt. Aus einem ratternden Volkswagen, ein paar neuen Geldscheinen und einem Strophensprung im Deutschlandlied entstand im Westen eine neue Heimat.

Es überschreitet wohl nicht die Grenzen der erlaubten Kühnheit, wenn hier gesagt wird: Unter allen Parteien ist die CDU es gewesen, die sich um diese Heimatzauberei am meisten verdient gemacht hat. Die alte Bundesrepublik ist ihre Schöpfung gewesen. Und die List dabei war: Die CDU (im wesentlichen sie, trotz Schumacher, Carlo Schmid und Brandt) hat den Deutschen einen durchaus fremdartigen Staat, die nagelneue westdeutsche Demokratie als etwas verkauft, was ihrem Bedürfnis nach Fürsorge, Bindung, Autorität genügen sollte. Sie hat ein Vaterland *in vitro* geschaffen, das überzeugend genug war, Katholiken und Protestanten, Deutschnationale und Zentrum, Mitläufer und Demokraten, Metzgermeister und Professoren, kurz: das ganze Spektrum des konservativen Sentiments zu binden. Diese Retortenrepublik mit den herrenlos gewordenen Bindekräften der bürgerlichen Loyalität, der Treue, der Anhänglichkeit, zuletzt auch des Spießertums stabilisiert, dem Surrogat den Anschein gediegener Echtheit gegeben zu haben – dieser schöpferische Roßtäuschertrick ist vielleicht die größte Leistung der CDU nach dem Krieg gewesen. Sie hat zwischen Adenauer und Kohl den westlichen Trümmerstaat den Bindungswünschen des verwaisten deutschen Gemüts so vertraut gemacht, daß man zuletzt fast wieder die alten Abende kommen spürte, wo man sich wohl unter Linden finden würde.

Daß die Union sich dabei oft – etwa den Belasteten des alten Regimes gegenüber – über Gebühr verzeihend und mütterlich gab, hat ihr nicht geschadet. Sie ist gerade auch damit eine Partei des Trostes geworden, des Trostes über das verlorene Deutschland, seine verlorene Geschichte, seinen verwirkten Stolz. Während die Linke mit protestantischer Grausamkeit Läuterung verlangte, hat die Union es mit ein paar Ave Marias und einem Vaterunser gut sein lassen. Der geknickten Nation erteilte sie in aller Stille Absolution. Dabei hat sie sich das Verdienst erworben, gerade jene staatsverbunden-kleinbürgerlichen Schichten, die noch wenige Jahre vorher mit Stahlhelm und Stuka über Europa hergefallen waren, an das Grundgesetz und an die Demokratie zu binden.

Während sie die westdeutsche Sonderheimat schmückte und festigte, hat die Union jedoch immer darauf bestanden, gleichzeitig und gerade dadurch die einzig berufene Verfechterin der deutschen Einheit zu sein. Diesen Gegensatz zu überbrücken war dabei um so einfacher, je weniger das Einheitsversprechen mit der neuen westlichen Identität vereinbar schien. Für das einige Vaterland die Hand auf die Brust zu legen war kein Problem, solange die Einheit hypothetisch blieb. Je unrealistischer es erschien, desto leichter fiel das Bekenntnis zum ungeteilten Vaterland – ähnlich, wie das Bekenntnis zur Auferstehung des Fleisches so lange niemanden schrecken muß, wie der Jüngste Tag, die Probe aufs Exempel, nicht unmittelbar bevorsteht. Bis zuletzt ist jedenfalls gerade jene Partei, die wie keine andere den Teilstaat Bundesrepublik geprägt hat, mehr als alle anderen mit dem Versprechen der Einheit verbunden geblieben.

In West-Berlin hat die Union mit diesen identitätspolitischen Spiegelkünsten der Adenauer-CDU zunächst allerdings nicht mithalten können. Im Gegensatz zu Westdeutschland ist West-Berlin nach dem Krieg der SPD angehangen. Es war ein SPD-Bürgermeister, Reuter, der während der Blockade den »Völkern der Welt« das berühmte »Schaut auf diese Stadt« entgegenrief, und ein weiterer SPD-Bürgermeister, Brandt, empfing von Kennedy jenes »Ich bin ein Berliner«, mit dem West-Berlin zum Freiheitssymbol wurde. In den achtziger Jahren jedoch – die SPD hatte sich nach drei Jahrzehnten endlich verschlissen – gelang es auch in Berlin der CDU als neuer Regierungspartei, jenem Glaubensparadoxon Geltung zu verschaffen, nach dem sich seit Adenauer die ganze Bundesrepublik richtete: der Überzeugung, daß das westliche Teilstück im vollen Sinne das Ganze sei.

Auch in Berlin war die CDU mit den Regierenden Bürgermeistern von Weizsäcker und Diepgen in den letzten Jahren der Teilung zum Repräsentanten des westlichen Ist-Zustandes geworden. Die staatsbewahrenden Seelenkräfte ihres Menschenbildes, Loyalität, Disziplin, Verbundenheit mit dem Überkommenen, richteten sich auf die Insel West-Berlin. Dem Gedanken der Einheit, dieser für bewahrende Gemüter damals im Grunde hoch beunruhigenden Utopie, hatte die Union zwar nie abgeschworen. Sie fühlte sich jedoch in diesen späten Jahren der Teilung so tief identisch mit dem Westteil der Stadt, daß es ihr bis heute unmöglich geblieben ist, Einheit anders zu verstehen denn als die Ausweitung des Westens nach Osten. Als es 1989 mit der DDR und damit nolens volens auch mit dem alten Westen zu Ende ging, machte sich die Union deshalb sofort an die Arbeit, dieses Konzept der Ostausweitung zu verwirklichen.

II

Zehn Jahre danach, 1998, hat man in der Berliner CDU Szenen der offenen Auflösung beobachtet. Diepgen, der Regierende Bürgermeister der Großen Koalition, stürzt bei Vorstandswahlen von Klippe zu Klippe. In den Rängen und Logen brennt Panik. Toll gewordene Welpen, aufsteigende Jungpolitiker, soeben noch im Begriff, den Leitwölfen in eine glückliche Zukunft zu folgen, sind unversehens zu bissigen Bestien geworden. Milchzähne schnappen nach Kehlen. Das Ansehen der Partei stürzt ab. Rednerpulte werden zu Prangern der Hilflosigkeit. Diepgen trainiert Marathonlauf, den Sport der Büßer, doch die Kasteiung macht ihn nicht drahtig, sondern nur dünn. Später ersetzt er zwar seine lose gewordenen Staatsanzüge durch einen neuen Satz in sportlicheren Farben, doch wenn er im Eiswind der Parteitage sprechen muß, verdirbt er jeden aufgeschriebenen Witz im Manuskript mit »äh« und »hm«.

Landowsky, sein Fraktionschef im Abgeordnetenhaus, der auf der Klaviatur der Seelen spielt wie kein anderer, der in einem einzigen Atemzug den Gesichtsausdruck dreimal zu wechseln versteht, auch er hat zuletzt nicht mehr helfen können. Dieser Landowsky, Diepgens Führungspartner aus Jugendtagen, der beim Reden zwischen ekeldurchtränkter Empörung und versöhnlicher Gutmütigkeit, zwischen Augenzwinkern und Zähnefletschen, Gift und Honig in Sekundenbruchteilen zu oszillieren versteht, der Mann, der goldene Knöpfe am Anzug trägt und mit Müllwerkern Bier trinkt, der Berliner Straßenjunge, der im feinsten Klub Tennis spielt und mit seinen Sammlungen moderner Kunst prahlt, hat bisher eigentlich immer jedes Problem gelöst. Über Jahre liefen alle Fäden der Stadt zu ihm. Vorstandsposten, Mandate, Rundfunkratssitze, Gesprächskreise. Wer von Landowsky einen Klaps auf die Schulter bekam, mochte er nun Abgeordneter sein oder Parteitagsdelegierter, der wußte, was zu tun war. Neuerdings aber hört die Partei auch Landowsky nicht mehr zu. Wenn er am Podium zetert und zirpt, donnert und säuselt, rascheln in den Reihen gelangweilt die Zeitungen, klappern die Kaffeetassen.

Etwas läuft falsch. Nicht, daß die Loyalitätsmaschine, die die CDU in Berlin trotz allem immer gewesen ist, völlig zum Stillstand gekommen wäre. Es ist immer noch möglich, diesen Landesverband bei der Disziplin zu packen. Ein Parteitag mag am Anfang noch so wild entschlossen sein, es dem hölzernen Diepgen und dem augenrollenden Landowsky diesmal wirklich zu zeigen; spätestens der Tagesordnungspunkt »Gebet für die verstorbenen Parteifreunde« wird jene staatstragende Feierlichkeit, die den Stolz der CDU ausmacht, zumindest so weit wieder aufrichten, daß die Führung mit dem Leben davonkommt.

Doch die Zeichen sind unübersehbar. Eine rebellische Runde ungeduldiger junger Männer – der Gesprächskreis »Union 2000« – hat in den vergangenen Jahren das Netz ihrer anfangs noch wirren wechselseitigen Versprechungen, Kontakte und Zusagen so dicht knüpfen können, daß sie mittlerweile sogar die Seilschaften Diepgens im Vorstand überstimmen kann. Ein Riß geht durch die Partei. Von der Spitze bis hinein in die Ortsvereine drängt eine neue Strömung zur Macht, werden Repräsentanten der alten Führung bedrängt und beschädigt.

Da wird die Ausländerbeauftragte John in einem Fachausschuß wegen ihrer Neigung zu ethnischer Toleranz gleichsam bei lebendigem Leibe gegrillt; unter dem Grölen zorniger Postbeamter und pensionierter Malermeister sowie unter dem eisigen Schweigen des Sitzungsleiters General a. D. Innensenator Schönbohm folgt ein Tiefschlag auf den anderen.

Da stehen tief in den Plattenbauwüsten Ost-Berlins die örtlichen Kreisfunktionäre in auberginefarbenen Jacketts an den Bartresen der Kulturhäuser, saugen an Zigaretten und hoffen, daß keiner sie auf die verflossene Block-CDU anspricht. Wenn aus dem Westen ein Dienstwagen vorfährt, etwa der des Wirtschaftssenators Pieroth auf dem Weg zu einem jener versöhnlichen Streitgespräche, mit denen er in den Hochhäusern von Hellersdorf und Marzahn die PDS bekämpft, dann kann ihr Blick so lange flackernd im Leeren hängen, bis der Freund aus dem Westen wieder fort ist.

Da treten leidgeprüfte Demokraten aus der Zeit der DDR, Bürgerrechtler der ersten Stunde, flüsternd an Reporter heran, um sich gegenseitig mit dem Vitriol der Verleumdung zu zersetzen. Während draußen in der Stadt die Demoskopen eine ganze Generation in den Fängen rechtsradikaler Verführer sehen, bleiben die verbliebenen Zöglinge Diepgens, junge Leute, die vor Jahresfrist mit einem weltoffenen, liberal-konservativen Habitus noch auf glänzende Karrieren hofften, an Parteitagen stumm und starr in ihren Sitzen. Selbst Kandidaturen für drittrangige Parteiämter schlagen sie aus, um sich durch die erwartete Niederlage gegen die neuen Leute von »Union 2000« nicht zu beschädigen. Schönbohm streift durch die Reihen, und alles wird still.

III

Welches Leiden steckt hinter diesen Symptomen? – Vieles ist mit herkömmlichen Mustern erklärbar. Die Große Koalition hat das Profil der Partei niedergeschliffen. Eine Führungsgeneration engverwobener Freunde nähert sich dem Ende ihrer Einflußmöglichkeiten, weil alle Posten vergeben, alle Pfründen erschöpft sind. Man hat zu viel Geld ausgegeben – das Übliche.

Aber es kommt ein Weiteres hinzu. Die CDU krankt in Berlin nicht nur an ihren schwachen Seiten. Sie hat ein Problem ganz anderer Art: ein Problem mit ihren Stärken.

In Berlin rächt sich heute der Kniff von 1945, jener umwerfende Hütchentrick, mit dem die Union dem verstörten deutschen Michel der Nachkriegsjahre ein halbiertes, versengtes Land als Heimat verkauft hat, mit dem sie die vagabundierende Treue zum verlorenen Reich für den Teilstaat Bundesrepublik, die Teilstadt Berlin vereinnahmt hat. Daß die CDU immer glaubhaft machen konnte, wer zu dieser Bundesrepublik, wer zu West-Berlin halte, der stehe damit zu Deutschland als Ganzem, das hat dem westlichen Teilstaat gutgetan und der Partei ebenso. Seit es aber gilt, Berlin und Deutschland nun wirklich als Ganzes wieder aufzurichten, ist die Union zur Gefangenen ihres eigenen Erfolges geworden.

Die Berliner CDU Diepgens und Landowskys ist auf jenem Weg, der das West-Sentiment als gesamtdeutschen Patriotismus ausgab, weiter gegangen als jeder andere Landesverband der Partei. West-Berlin in seinem Überlebenswillen war die Verkörperung des Widerstandes gegen die deutsche Teilung, gegen die Diktatur; für West-Berlin sein, hieß für Deutschland sein. Alle hatten zusammenzuhalten, linke Demokraten und rechte, denn man war Frontstadt. In den achtziger Jahren begann die Union unter diesem Zeichen sogar die sozialdemokratische Arbeiterschaft zu umarmen. Landowsky holte das Porträt des Reichspräsidenten Ebert, das er von seinem Vater geerbt hatte, zwar auch in diesen späten Jahren nicht vom Speicher, aber nur deshalb nicht, weil es mit seiner modernen Sammlung im Wohnzimmer, seinem größten Stolz, nicht zusammenpaßte. Außerhalb des Wohnzimmers jedoch schmiedete er eine Achse zu den Gewerkschaften und hielt Reden vor Müllwerkern. Selbst Multikulturalität wurde in der CDU Mode. Das Konzept der »modernen Großstadtpartei« integrierte alles und jeden.

Der alte Haß gegen die vaterlandslose Linke wich damals einer gesamtwestberliner Fronthaltung gegen den Osten und die DDR – nicht so sehr, weil dort der reale Sozialismus herrschte, sondern weil, wer immer dort regieren mochte, West-Berlin nicht in Ruhe ließ. Die Diepgen-CDU hat in den achtziger Jahren mit diesem Konzept wahre Verwüstungen im Wählerreservoir der Sozialdemokratie angerichtet. Zuletzt war die Union auf dem Weg, zur allwestberliner Repräsentantin eines flügelübergreifenden Wir-Gefühls zu werden.

1989 wurde genau das ihr Problem. Westdeutschland, das Identitätssurrogat, mit dem die CDU so lange die nationalen Bedürfnisse der Westdeutschen befriedigt hatte, brach weg. Der Union jedoch, die vor zwei Generationen das Kunststück vollbracht hatte, den Deutschen die Bundesrepublik als Vaterland erträglich zu machen, ist es in der Wende nicht schnell genug gelungen, diese Bindung wieder zu lösen. Weil sie die bis heute unvertraute Einheit mit den an den Westen gebundenen Bedürfnissen konservativer Behäbigkeit nicht hat versöhnen können, ist die Berliner CDU eine West-Partei geblieben. Gerade jene staatsbürgerlichen Identifikationsreflexe, die sie in den vergangenen 50 Jahren so kunstvoll geschaffen hat, widersprechen der neuen Aufgabe besonders kraß. Die Partei versucht sich seit der Wende zwar an neuen Mustern, aber bisher ohne Erfolg. Ihre beiden Hauptkräfte – der westdeutsch geprägte konservative Beharrungsdrang und das Bekenntnis zu den dynamischen Notwendigkeiten der Einheit – stehen im Widerspruch zueinander, seit die Vereinigung nicht mehr in transzendenten Fernen liegt, sondern konkret im Jetzt beginnt.

Die Partei hat in Berlin wie im Bund jetzt wieder die Aufgabe, das Fremde zur Heimat zu machen. Niemand kann das. Wieder leidet Berlin, wieder leidet ganz Deutschland am Verlust einer alten Welt, so schlecht sie auch gewesen sein mag. Die Datschen des Ostens, die Schrebergärten des Westens sind dahin. Ein Volk braucht Trost, bittet um Trost, beginnt ihn zu fordern. Manche hat der Schmerz schon so zermürbt, daß sie für ein paar liebe Worte selbst DVU wählen würden.

Diesen Trostbedürftigen, der weiten Spanne vom Spießer bis zum Bildungsbürger, einen neuen Patriotismus zu definieren, das ist damit die Aufgabe der CDU geworden, und hier vor allem die der Hauptstadt-CDU. Die Partei wird jene Beredsamkeit wiederfinden müssen, mit der sie nach dem Krieg einem Sicherheit liebenden Volk schon einmal das Wagnis eines kompletten Neuanfangs schmackhaft gemacht hat. Sie muß das alte Motto der Konservativen wieder glaubwürdig machen, daß nur dann alles so bleiben kann, wie es ist, wenn alles sich schnell genug ändert.

Wenn das gelingen soll, wird die CDU in Berlin aufhören müssen, zu sein, wozu Diepgen und Landowsky sie gemacht haben: Sie wird aufhören müssen, die Frontstadt-Partei zu sein, die Partei der allwestlichen Einheit. Sie wird sich erinnern müssen, daß es in den Wendemonaten von 1989 und 1990 Tage gab, an denen auch im Osten die Straßen voll waren von Schwarz-Rot-Gold, an denen Hunderttausende auch im Osten »Wir sind ein Volk« riefen. Sie wird sich sagen müssen, daß es die Fahnenträger von damals auch heute noch gibt, daß sie irgendwo täglich ins Büro gehen oder, wenn sie Pech hatten, zum Arbeitsamt. – Daß sie das Schwarz-Rot-Gold noch im Schrank haben und nur darauf warten, es wieder zu zeigen.

Zwei Dinge wird die CDU leisten müssen, wenn sie ein Angebot formulieren will, das diese Leute überzeugt: Sie wird in ihrer eigenen Innenstruktur, in der Verteilung von Macht und Einfluß, die Einheit erst herbeiführen müssen; und sie wird klären müssen, was die neue Nation denn überhaupt sein soll, die sie den Deutschen anbietet.

IV

Es ist hier nötig, das Spielfeld abzustecken, die Spieler zu identifizieren. Wem wird es gelingen, im vereinigten Deutschland jene Position zu gewinnen, die für das Land schlechthin gilt, während andere – analog zur

SPD der alten Bundesrepublik – auch in Zeiten der Regierungsmacht im Grunde Opposition bleiben. Wird es wieder die CDU sein? In Berlin und vor allem im Osten Berlins ist noch nicht ausgemacht, wo denn, psychoanalytisch gesprochen, das Es der Gesellschaft seinen Sitz nehmen wird, jener Willens- und Identitätskern, der alles andere zum bloßen Korrektiv oder zur Ergänzung macht. Beängstigend viele Wähler haben sich hier lange und beharrlich geweigert, Wähler zu sein, und seit den jüngsten Erfolgen der extremen Rechten fragt man sich, ob sie nicht überhaupt ganz neue Angebote erwarten, Angebote, die ihnen das ersehnte Vaterland nicht mit jener bürgerlichen Pädagogik vergällen, mit der die CDU ihren Zöglingen zusammen mit der Bundesrepublik auch das Grundgesetz, Europa und andere unverständliche Neuheiten einbleut.

Die Union ist im Kampf um diese definitorische Position trotz allem ein maßgeblicher Mitspieler geblieben. Daß die SPD neuerdings gewachsen ist, sollte niemanden täuschen: Die Angebote der Sozialdemokratie an die noch richtungslosen nationalen Bindungswünsche der Deutschen sind dürftig wie eh und je. Ihre neue Stärke im Osten beruht weniger auf eigener Leistung als auf den Versäumnissen der Christdemokraten.

Der Hauptkonkurrent der CDU im Osten Berlins und Deutschlands ist vielmehr die PDS. Seit dem Rostocker Manifest ist sie im Begriff, sich von einer Ideologiepartei zu einer ostdeutschen Regionalpartei zu wandeln. Sie schmiedet an einem Wir-Gefühl der Mentalitäten, der regionalen Verbundenheiten, nicht zuletzt auch der gemeinsamen Tabus. Sie wird damit der CDU immer ähnlicher – in jenem Sinne, in dem das Spiegelbild Ähnlichkeit vermittelt: Alles gleich, nur eben anders herum. Polizisten, Soldaten, Beamte: im Westen wählen sie CDU, im Osten PDS. Man freut sich an Loyalität, Ordnung und Sauberkeit, und wer aus der Reihe tanzt, ist ein Ärgernis. Die Lebensstufe der Pillendose, des Zahnersatzes, dominiert. Man trauert versunkenen Welten nach, dem Schöneberg im Monat Mai oder der Hauptstadt der DDR, und fordert Zuwendung.

Die PDS hat längst begonnen, neben all dem anderen, was sie bis heute ist, neben einer Kaderpartei, einer Verschweigepartei, einer Trotzpartei, auch das zu werden, was außer ihr nur die CDU sein kann: eine Trost- und Heimatpartei. Das Brisante daran ist, daß die Integrationskonzepte der CDU und der PDS einander bei aller Ähnlichkeit ausschließen. Denn während die CDU vom vereinten Deutschland redet, ohne dem Wort bisher Wärme, Heimeligkeit oder Glanz gegeben zu haben, hat die alte SED längst ein Gegenmittel gefunden: Die Ost-Identität – ein regionales Sonderbewußtsein, das jedoch anders als etwa die Bavarität der CSU den Einklang mit dem größeren Ganzen nicht duldet, sondern ausdrücklich als Gegenidentität empfunden wird. Während die CDU im Osten Berlins dahinsiecht, veranstaltet die PDS Trabifahrten durch märkische Alleen ins gesamtostdeutsche Herz, dahin, wo jene Waldseen liegen, an denen man noch nackt badet, wie damals, bevor vom Westen die Prüderie ins Land kam.

Die CDU weiß, daß hier ihr wichtigster Gegner liegt. Landowsky, der alle Winde wittert, hat es erkannt, die Funktionsträger der Ost-Berliner CDU wissen es. Und sie wissen eines: So grimmig man die PDS als Hauptgegner zu attackieren hat, so sehr muß man darauf achten, im Sturm der Begeisterung nicht in die Falle zu laufen. Denn die Versuchung ist groß, den Seelenschmeichlern des Ostens mit den Kampfrufen des Westens, mit dem nach wie vor vertrauten Arsenal des Kalten Krieges entgegenzutreten. Die kämpferischen Abwehrinstinkte der West-Partei CDU wären nur allzu bereit, es wie in alten Zeiten wieder mit dem Osten aufzunehmen.

Sollte diese Frontstellung sich durchsetzen, wäre die Union der PDS auf den Leim gegangen. Statt dem nostalgischen Bild des verlorenen Ostens eine greifbare Vision der geeinten Nation entgegenzusetzen, hätte sie den Spaltern das erwünschte Bild des beleidigten Erbonkels im Westen geboten. Die CDU hätte einem Sonderbewußtsein nur das andere entgegengesetzt. Was sie aber in Wahrheit tun muß, ist: im Osten mit der Idee der Einheit auftreten. Im Osten Tröster sein, und zwar ein besserer als die PDS.

Die Begriffe dafür sind geprägt. Sie sind in den machtlosen Ost-Verbänden der Partei anerkanntes Wechselgeld und heißen »Lebensläufe respektieren«, »Inhalte debattieren«, »überzeugen, nicht beleidigen«. Sie erfordern stete Disziplin und große Sorgfalt, denn bei aller politischen Abgrenzung muß die sentimentale Bereitschaft zum »Wir« das Hauptmotiv bleiben. Und sie erfordern zuletzt auch wieder jene (strenggenommen vielleicht unzulässige) mütterliche Versöhnlichkeit, mit der man schon in den Anfangsjahren der Bundesrepublik fünfe gerade sein ließ, um auch die Belasteten für die Demokratie zu gewinnen.

Pieroth, der Berliner CDU-Wirtschaftssenator, ein Bonhomie ausstrahlender Weinhändler vom Rhein, macht das gut. Wenn er seinen Dienstwagen in den Osten steuern läßt, dorthin, wo die Kreisfunktionäre der alten Block-CDU an ihren Zigaretten saugen, dann spricht er, wenn es sein muß, sogar auf Jugendweihen. Einmal ist er sogar im Konferenzsaal der Stasi-Zentrale in Lichtenberg aufgetreten, umrahmt von den abgetakelten Eliten der alten Zeit sowie deren Sprößlingen im Konfirmationsanzug. Er erzählte dann von den frühen Aufbaujahren im Westen, von seines Vaters wunderbarer Rückkehr aus russischer Gefangenschaft, von moralischem Fall und neuem Aufstieg, vom Christentum, und zuletzt davon, wie wir alle in Gottes Hand seien. Nicht, daß man ihm etwa geglaubt hätte. Aber man hat ihn ausreden lassen, denn es klang warm und zumindest nicht bedrohlich, und als er sich vor ein Paar Jahren im Plattenbaubezirk Hellersdorf zur Wahl stellte, gewann die CDU prompt ein paar Punkte hinzu – übrigens ebenso wie die PDS. Die SPD aber hatte das Nachsehen.

V

Trotzdem gibt es in Berlin immer noch keine Partei, die so sehr den Westen verkörpert wie die CDU. »Die Pfaffen, die Banken, Kohl« – so hat einer der wenigen, die als frühere DDR-Bürger im CDU-Landesverband aufgestiegen sind, das Image seiner Partei in Ost-Berlin beschrieben. Die Mitgliedschaft ist kläglich; alle elf östlichen Kreisverbände wiegen zusammen gerade einen einzigen im Westen auf.

Ähnlich desolat wie die numerische Stärke ist die Stimmung. Das Kaderreservoir, das die CDU in den Monaten der Wende nach einer allenfalls summarischen Selbstreinigung von der gleichnamigen Blockpartei des Ostens übernommen hat, die Blockflöten des zweiten Gliedes, verteidigen in einem zähen Rückzugskampf jene Nischen, die sie aus der alten Union in die neue herübergerettet haben. Bürgerrechtler aus der antikommunistischen Opposition, die sich der CDU etwa zuwenden wollen, werde selten freudig empfangen, oft dagegen mit dem Argwohn des Schuldigen, manchmal mit offenen Messern.

In der Folge hat die Einheit in der Berliner CDU die Gestalt angenommen, daß der Westen seinen Kram einfach weitermacht. Dem Osten der Partei fehlt bis heute nicht nur die numerische Stärke, ihm fehlen auch die Sprecher. Wer intellektuell brillieren könnte, etwa dieser oder jener ehemalige Bürgerrechtler, hat in der alten Block-CDU keine Hausmacht, wer Hausmacht hat, hat schon immer jedes Brillieren tunlichst vermieden.

So hat es geschehen können, daß der Westen den Osten in der Berliner Union bis heute schlankweg majorisiert. Im Senat sitzt schon zum zweiten Mal gerade eine einzige Vertreterin der Ost-CDU, die Gesundheitssenatorin Hübner, deren strategische Stärke darin besteht, daß in ihr Frauen- und Ostquote in eins fallen. Eine Hierarchiestufe weiter unten, bei den Staatssekretären, ist der Osten dann sogar ganz ausgelassen worden.

Die Berliner CDU ist damit in keiner Weise darauf eingestellt, jene Partei der Einheit zu werden, als die sie der ostdeutschen Mentalitätspartei PDS entgegentreten könnte. Sie hat die gewachsene Überzeugung, daß Deutschland im wesentlichen Westdeutschland sei, ohne weiteres über die Zeitenwende herübergerettet. Der Westen herrscht unumschränkt. Selbst die führende Oppositionsgruppierung im Landesverband, jener Gesprächskreis »Union 2000«, hat allenfalls zur Dekoration einige Ostdeutsche mitlaufen lassen, während an seinen Schaltstellen die Vorsitzenden der großen westlichen Kreisverbände sitzen.

Diese Majorisierung des Ostens durch die bewährten Seilschaften und Verbandsloyalitäten der West-Berliner CDU hätte nur durch eine bewußte Anstrengung vermieden werden können. Denn wo alte Freundschaften nun einmal existieren, werden sie nun einmal auch bedient – es sei denn, etwas Mächtigeres wöge sie auf, eine enthusiastische Aufbruchstimmung etwa oder eine politische Force majeure, die gegen die Trägheit der Apparate das Zukunftsnotwendige durchsetzte.

Der Enthusiasmus ist lange verflogen. Als Force majeure aber könnte in Berlin nur eine starke Führung auftreten – ein Landesvorsitzender etwa, der mit Charisma und Autorität auch eine machtpolitisch unbedeutende Minderheit so lange fördern würde, bis sie sich aus eigener Kraft behaupten könnte. Diepgen könnte es sein, der in steter Suche nach politischen Talenten aus dem Osten seine Partei in die Einheit zwänge – wenn Diepgen die Macht dazu hätte.

Doch Diepgen hat die Macht dazu nicht. Seine Parteitagsmehrheiten sind in den letzten Jahren immer knapper geworden. Er kann es sich nicht leisten, die paar Freunde, die er noch besitzt, zurückzustellen, die paar Pfründen, über die er noch verfügt, zu verschleudern, um jemanden zu fördern, der nicht unmittelbar und sofort seiner Macht dienen könnte. Diesen langen Atem hat die Berliner CDU-Führung nicht mehr. Sie muß vor allem alte Freunde bedienen, wenn sie sich halten will, und die sitzen eben in den Apparaten des Westens.

Alles in allem ist die stille Überzeugung aus der Zeit der Teilung, der zufolge die West-CDU auch und gerade gegen den Osten die Einheit verkörpert, im Gefüge der Parteigremien erhalten geblieben. Die Vereinigung folgt in der Berliner Union immer noch einfachsten grammatikalischen Strukturen: Es gibt ein Subjekt, das sie macht, und ein Objekt, dem sie gemacht wird. So ist gerade im Vollzug der Einheit neue Spaltung angelegt.

VI

Doch selbst, wenn die Berliner CDU in ihren inneren Strukturen die Einheit längst vollzogen hätte, stünde ihr die eigentliche Hauptaufgabe noch bevor, jene Leistung, mit der sie an den Erfolg der Jahre nach 1945 anknüpfen könnte: die Definition und Durchsetzung jener Begriffe und Überzeugungen, jener Gefühle und Reflexe, die dem neuen Staat zugrunde gelegt werden könnten. Der Käfer, die Deutsche Mark, das Wirtschaftswunder, demokratisches Musterschülertum und Versöhnung mit den Alliierten, eine Mischung aus kollektiver Selbstanklage und individueller Nachsicht nach den Verbrechen des Dritten Reiches, das alles hat damals genügt. Die Bundesrepublik entwickelte eine hocherfolgreiche Nischenexistenz im Schutz der großen Verbündeten.

Daß das so nicht mehr ist, spürt man nirgends heftiger als in der Berliner CDU. Daß das nationale Selbstgefühl der Westdeutschen zwar vielleicht mehr war als ein Potemkinsches Dorf, aber sicher nicht viel mehr als eine vorläufige Barackensiedlung, erfährt der Berliner an jedem Baugerüst der Innenstadt, an jeder wegen Baggerarbeiten gesperrten Straße, aber auch an jedem Durchgang, der wieder offensteht, seit die Mauer nicht mehr ist. Berlin baut sich um, in atemberaubendem Tempo und nach atemberaubend neuen Leitlinien. Das Schaufenster des Westens, die Kapitale des Ostens sind beide passé. Man baut jetzt, um Deutschlands Hauptstadt zu werden. Jeder Straßenname, jede Umleitung wird zum Ereignis, auf das die Ferngläser und Lupen des ganzen Landes sich richten.

Jeder weiß, daß irgend etwas geschehen muß, um dieser Erwartung der nationalen Zeichensetzung zu entsprechen. Der neue Staat, an dem in Berlin so frenetisch gebaut wird, braucht Identifikationspunkte, doch ein neuer Volkswagen, eine neue D-Mark sind nicht in Sicht. Dafür steht, grau und uncharismatisch, der Euro bevor. Die kleine Oderflut von 1997 hat zwar fast schon zu einer Art nationalem Mythos getaugt, aber man kann nicht jedes Jahr die Oder überlaufen lassen, wie der CDU-Kreisvorsitzende des Berliner Stadtbezirks Prenzlauer Berg, Apelt, es kürzlich formuliert hat.

So hört man überall Ankündigungen. Diepgen spricht von der »dienenden Hauptstadt«, will Berlin in der Pflicht an der Nation aufgehen lassen. Schönbohm hält es für die Aufgabe Berlins, »einer Nation, die sich selbst sucht, als Hauptstadt Halt zu geben«. Selbst der Bürgerrechtle Nooke, der auf dem langen Weg vom Bündnis 90 über den spektakulären CDU-Beitritt 1996 nun endlich für die Union in den Bundestag gekommen ist, hat im Kampf um den Wahlkreis Mitte / Prenzlauer Berg immer wieder gefordert, Deutschland müsse sich zu seinen »nationalen Interessen« bekennen.

All das ist zunächst einmal nichts, was irgend jemandem Schrecken einjagen müßte. In Berlin ist es eben deutlicher als anderswo, daß Deutschland sich nicht nur verändert, sondern quasi in gestrecktem Galopp unterwegs ist, daß die alten Weiden längst hinter dem Horizont verschwunden sind und daß es in einer völlig gewandelten Umgebung dringend nötig ist, sich darüber Rechenschaft zu geben, was man kann, welche Ressourcen man besitzt, wo man auf sich vertrauen und wo man vor sich selbst auf der Hut sein sollte, wo man herkommt und wo man hinwill – kurz: wer man ist.

All das wird fieberhaft debattiert in der Berliner CDU, Ströme aller Wasser fließen zusammen. Die Sehnsucht nach kaiserlichem Glanz vermischt sich mit den kleinbürgerlichen Verdrängungsängsten in den ethnisch gemischten Wohngebieten. Ausländerpolitische Stammtischparolen stoßen auf republikanische Zukunftsentwürfe. Im Fundus der Vergangenheitskulissen werden Kostüme geprobt. Noch ist nichts deutlich. Parteitagsresolutionen aus dem Wunsch, in Berlin möge »Deutschland« vorzufinden sein, werden in endlosen Debatten zerfleddert und schließlich versenkt.

Noch ist nicht sichtbar, mit welchem Entwurf die Hauptstadtpartei, als welche die Berliner CDU sich empfindet, vor die Nation treten wird, mit welchen Formeln sie die Identifikationsmuster der Nachkriegszeit erweitern möchte. Undeutlich zeichnet sich jedoch nicht nur der Konsens darüber ab, daß man den Begriff der Nation zu besetzen und die Interpretation ihrer Geschichte an sich zu ziehen habe, sondern auch ein gewisser westöstlicher Dissens darüber, wie das zu geschehen habe.

Ein Beispiel mag für viele gelten. Zu Beginn des Jahres 1998 erwachte im Bezirk Mitte, dem Kern des Ostens, der Gedanke, zum bevorstehenden 150. Jubiläum der Revolution von 1848 der viel befahrenen Straßenkreuzung vor dem Brandenburger Tor den Namen »Platz des 18. März 1848« zu geben. Der Bezirksbürgermeister Zeller war dafür, ebenso andere CDU-Leute im Osten der Stadt. Dennoch scheiterte der Plan. Bausenator Klemann, ein Westberliner Exponent der alten Diepgen-Seilschaft, entschied sich schließlich für einen weit weniger augenfälligen Ort. Warum? Einiges mag auf simple Schläfrigkeit in der Verwaltung zurückgehen. Wichtig ist aber auch: Die Parteispitze im Westen hatte inhaltliche Schwierigkeiten mit dem Jahr 1848. Immerhin hatten in jenem März die sonst so disziplinierten Berliner gegen ihren eigenen König rebelliert. Ungehorsam hatte geherrscht, zumindest Unordnung. Ein solches Datum im Kanon der identitätsstiftenden Geschichtsmomente aufzuwerten, widerstrebte der Unionsführung im Westen.

Dieses beharrliche Widerstreben ist wiederum der Kern einer immer noch ungelösten Fremdheit in den Ansätzen der Selbstdefinition in Ost und West. Der aktivere Teil der Ostberliner CDU, die Dissidenten der DDR, die erst nach der Wende zur Partei gestoßen sind, Leute wie Zeller, aber auch Neubert, die graue Eminenz der 1996 beigetretenen Bürgerrechtler, haben zum Jahr 1848 aus gutem Grund ein engeres Verhältnis als ihre westdeutschen Parteifreunde. Für sie nämlich spielt seit 1989 der Begriff der »Demokratischen Revolution« im eigenen Lebenslauf die entscheidende, das Selbstgefühl bestimmende Rolle.

Für die stille Revolution von 1989 aber, zumindest jedoch für den daraus erwachsenen ostdeutschen Anspruch der Machtbeteiligung, hat die mächtige West-CDU nie wirklich Verständnis gehabt. Schon daß für das entscheidende Datum, den 9. November, nie eine halbwegs brauchbare zeichenhafte Form gesucht worden ist, spricht Bände. Auch ist nicht bekannt, daß ein maßgeblicher CDU-Politiker sich je mit wirklichem Engagement für eine akzeptabel gestaltete Mauergedenkstätte eingesetzt hätte oder für ein Denkmal, das an den Aufstand des 17. Juni in der DDR erinnern könnte. Völlig entlarvend ist die Debatte um den Palast der Republik. Ausnahmslos wird er in der West-CDU als Pfahl im Fleisch betrachtet, als das am wenigsten erträgliche aller DDR-Relikte. Daß eben dieser Palast jedoch für den Osten Deutschlands zuletzt genau das gewesen ist, was das Ballhaus in Versailles für Frankreich war – der Versammlungsort der ersten freien Volksvertretung –, daran erinnert sich in allen Abrißrufen niemand mehr.

Die Sicht der wenigen Ostberliner CDU-Mitglieder, die an der Debatte um die neuen nationalen Grundlegungen teilnehmen, ist denn
auch viel mehr von republikanischem Optimismus geprägt als die Auffassungen, die man im Westen antrifft. Die Lebensläufe der Dissidenten,
in denen der Kampf für demokratische Werte immer mit höchstem Risiko und höchstem Einsatz verbunden war, hinterlassen hier ihre Spu-
ren.

Auf der westlichen Seite ist das Republikanisch-demokratische zwar
durchaus auch vorhanden. Aber es ist nicht mehr der Kern der Leiden-
schaft; es ist in 50 Jahren glanzloser Praxis eher zu einer Art Gebrauchs-
gegenstand geworden, den man ohne viele Worte selbstverständlich
nutzt. CDUler im Westen haben nicht ihr Leben lang unmittelbar gegen
die Diktatur gekämpft, deshalb ist ihr Verhältnis zur Demokratie sach-
licher. Sie haben dagegen anderes zu erleiden gehabt: den auch von der
Union nur gemilderten, aber nie geleugneten Schuldzustand der Nation, für den die Teilung der alten Reichshauptstadt wie eine Strafe
stand. Hier hat die CDU sich als stille Trostpartei bewährt, zuletzt am
meisten, als der Bundeskanzler den amerikanischen Präsidenten zu den
SS-Gräbern von Bitburg führte.

Die nationalen Erneuerungskonzepte, die derzeit von den Repräsentanten des Westens in der Berliner CDU formuliert werden, steigern
diese von der alten Bundesrepublik überkommene Funktion des Trostes
zu einer neuen Dimension: zu jener der »Läuterung«. Das Wort ist übrigens nicht als rhetorische Überspitzung gemeint. Es stammt vom Ko-
meten am Himmel der Berliner CDU, dem vieles verheißenden Innensenator Schönbohm: »Die Identität der Deutschen«, hat er schon 1996
zum Tag der Deutschen Einheit gesagt, »kann heute die eines geläuter-
ten Volkes sein.«

In diesen Strom münden im Westen alle Wasser. Diepgen, der vor-
sichtige, oft gebrannte, würde sich so weit wie Schönbohm zwar nie
hervorwagen. Doch sein offenes Unbehagen am Plan eines Denkmals
für die ermordeten Juden Europas, sein von praktisch jedermann im
westlichen Teil der Berliner CDU (einschließlich der Insurgenten von
»Union 2000«) geteiltes Interesse an den Repräsentationsbauten der
Kaiser- und Königszeit, vom Berliner Schloß bis zum Reichstag, bestätigt die Vermutung: Das Hauptgewicht der Partei wird seinen historischen Fluchtpunkt wohl im Kaiserreich finden, beim »Christlichen
Preußen«, wie der Abgeordnete Wruck es in einer Werbekampagne einmal genannt hat. Diese Wahl des historischen Ankerplatzes ist wohl eher

zufällig gefallen: Preußen und das Kaiserreich sind auf der Suche nach brauchbaren nationalen Vergangenheiten die ersten Stationen, die nicht durch Teilung (Bundesrepublik), Verbrechen (Drittes Reich) oder sofortiges Scheitern (Weimarer Republik) unbrauchbar erscheinen.

Ein weiteres, spezifisch Westliches, kommt hinzu. Die Berliner CDU befreit sich gegenwärtig von dem lästigen Zwang, alle Nichtdeutschen in der Stadt sympathisch finden zu müssen. Sie hatte sich diesem Zwang jahrelang unterworfen, erstens, weil die Abkehr vom feindseligen Nationalismus zum selbstgeschaffenen Gründungskonsens der Bundesrepublik gehört hatte, zweitens, weil West-Berlin es ja nicht sich selbst, sondern den hier stationierten Ausländern zu verdanken hatte, daß es überhaupt existierte. Jetzt aber emanzipiert man sich. Diepgen und Landowsky, die immer für Offenheit standen, sind ins Wackeln geraten. Die Ausländerbeauftragte John wird von ihrem Bezirksverband Kreuzberg neuerdings nicht mehr als Parteitagsdelegierte aufgestellt. »Union 2000« ist sich nirgends so einig wie in der Antipathie gegen die »multikulturelle Gesellschaft«. Schönbohm schließlich hat offen von »Homogenität« gesprochen sowie von der Notwendigkeit, »Ghettos abzubauen«.

Dies also: etwas Kaiserbarock, ein reineres Gewissen und weniger Zwang zur Ausländerliebe, alles ausgebreitet auf der Grundlage einer als selbstverständlich angenommenen Demokratie – dies ist das Material, mit dem die Hauptstadtpartei CDU in die künftigen Generationenwechsel startet. Damit wird sie nach Kohl, nach Diepgen das Identifikationswunder zu wiederholen haben, mit dem sie vor 50 Jahren zumindest im Westen zur Deutschland-Partei par excellence geworden ist.

VII

Ob es der CDU damit gelingen wird, aus ihrem jetzigen Zustand der West-Partei herauszuwachsen, muß die Zukunft erweisen. Kohl hat das Unglück gehabt, daß er aus ostdeutscher Sicht zwar für die Vereinigung, aber nicht für die Einheit stand. Er hat keinen Weg gesehen als den, das Land von Westen her zu regieren, und gerade dadurch hat er seine Partei den Ressentiments des Ostens besonders ausgesetzt. Vielleicht ist deshalb mit der ersten Generation der Einheitspolitiker – mit den herrschenden Wessis hier, mit den geduckten Blockflöten dort – gerade die CDU weniger als jede andere Partei geeignet, in der Debatte um nationale Identifikation die Führung zu gewinnen.

Zwei Dinge aber sprechen für die CDU: Erstens will außer der Konkurrenz auf der extremen Rechten bisher noch niemand sonst auf diesem brachliegenden Feld ackern. Die PDS nicht, weil sie ihre eigenen Projekte hat, SPD, FDP und Grüne nicht, weil sie in ihrem Kern Programmparteien sind, allenfalls nebenher noch Volksparteien.

Zweitens wird gerade das neu erwachte Thema der ethnischen Homogenität möglicherweise auch im Osten Deutschlands technisch gesprochen eine Ressource für die CDU bleiben. Denn wer es sich zur Aufgabe gemacht hat, ein »Wir« zu schmieden, hat es leichter, wenn er dieses »Wir« anhand eines »Nicht-Wir« beschreiben kann. Die PDS setzt hier den Ostdeutschen gegen den Westdeutschen ab. Die CDU wird ihr darin nicht folgen dürfen, wenn sie nicht Regionalpartei bleiben will. Dafür bietet aber das wachsende Interesse am Umgang mit den eingewanderten Minderheiten jene Kontrastfläche, vor welcher das neu zu vereinende Volk sich selber wahrnehmen könnte. – Und dieses Thema hat, in Berlin wie im Bund, bisher am besten die CDU besetzt.

Rüdiger Soldt

Eine selbstverschuldete Täuschung
Die Union in Ostdeutschland

Es war ein verführerischer Traum. Im Jahr nach der Wende deutete alles auf eine Erfolgsgeschichte für die CDU. Aus den Volkskammerwahlen im März 1990 und den ersten gesamtdeutschen Wahlen im Dezember ging die CDU mit Abstand als erfolgreichste Partei hervor. In Ostdeutschland entschieden sich etwa 40 Prozent der Wähler für die Union, die SPD dagegen erreichte bei der Volkskammerwahl nur gut halb so viele Stimmen. Die Hoffnung auf eine sozialdemokratische Renaissance in Ostdeutschland war nicht in Erfüllung gegangen. Gerade in Sachsen und Thüringen, den einstigen Kerngebieten der deutschen Industrie, war die SPD weit hinter den prognostizierten Ergebnissen zurückgeblieben.

Für die Christdemokraten drängte sich die Interpretation geradezu auf: Sie deuteten die Wahlen des Jahres 1990 als Plebiszit für eine schnelle Wiedervereinigung und als eine deutliche Absage an alles, was nach Sozialismus roch. Und tatsächlich sprach vieles dafür. Mit den Slogans »Nie wieder Sozialismus« und »Keine sozialistischen Experimente« hatte die »Allianz für Deutschland«, ein Bündnis aus Demokratischem Aufbruch, DSU und CDU, einen Großteil derjenigen DDR-Bürger gewonnen, um deren Loyalität die SED (oftmals vergeblich) jahrzehntelang mit den Lockmitteln des Fürsorgestaates gerungen hatte: die Arbeiter. Auch bei der Bundestagswahl 1994 stimmte die Mehrheit der Arbeiter und der schlecht qualifizierten Bürger in Ostdeutschland für die CDU, die hier auf 38,5 Prozent kam.[1] Die Nachfolgepartei der SED dagegen, die PDS, war vor allem in der DDR-Mittel- und Oberschicht erfolgreich und erreichte im Osten nur 17,6 Prozent.

Gegenwärtig sind viele ostdeutsche CDU-Politiker schon froh, wenn sie bei Landtagswahlen die Postsozialisten wenigstens um ein paar Prozentpunkte überrunden und die PDS nicht als zweitstärkste Fraktion in ein Landesparlament einrückt. Die Zeit der üppigen Mehrheiten für die Union in Ostdeutschland ist seit geraumer Zeit vorbei. Unionspolitiker müssen sich nun mit Problemen wie Rekordarbeitslosigkeit und Rechtsextremismus auseinandersetzen. Politische Feuilletonisten fragen deshalb jetzt mit deutlicher Verspätung, aber um so häufiger: Welches Erbe hat die DDR hinterlassen? Und: Wird die CDU in den ostdeutschen Bundesländern überhaupt jemals das sein, was sie in der alten Bundesrepublik lange Zeit so erfolgreich war: eine mitgliederstarke bürgerliche Volkspartei?

Für die Politiker im Westen stellte sich die Übernahme der Blockparteien wie die Wiedervereinigung als bloße technokratische Aufgabe dar. Die DDR – das war für die Mehrzahl der Politiker in Bonn nicht mehr als ein stacheldrahtumzäuntes, marodes Kombinat, das nun im Hauruck-Verfahren zu modernisieren sei. Beide Volksparteien, CDU und SPD, hatten keine Vorstellung davon, mit welchen Problemen sie eine postsozialistische Gesellschaft konfrontieren könnte. Wie auch – schon die gesellschaftliche Realität der DDR war ihnen fremd. Für die Linken war die DDR ein niedlicher autoritärer Staat; die Rechten etikettierten sie als »totalitäre Diktatur«, aber was sich dahinter eigentlich verbarg, blieb oftmals im ungewissen. Und so genau wollte es auch kaum jemand wissen.

Nur so lassen sich die eklatanten Fehleinschätzungen über die zu erwartende wirtschaftliche und politische Entwicklung in den neuen Bundesländern erklären. Rudolf Seiters, seinerzeit Kanzleramtsminister, glaubte noch 1991, daß man in den neuen Bundesländern »in drei Jahren aus dem Tunnel« sein werde. Kurt Biedenkopf, der nach der Wende zunächst Gastprofessor an der Leipziger Universität geworden war, hielt die Transformation der Arbeitsgesellschaft DDR in ein marktliberales System noch 1990 für ein Übergangsproblem: »Dieser Strukturumbruch vollzieht sich im nächsten Dreivierteljahr. Ihn unter die Überschrift Arbeitslosigkeit zu stellen mit der ganzen Idee, daß das ein soziales Elend sei, ist unsinnig und sogar außerordentlich schädlich.«[2]

Die Vorstellungen darüber, wie lange der Aufbau des politischen Systems und des Parteiensystems dauern werde, waren kaum realistischer. Volker Rühe, damals Generalsekretär, bezeichnete die CDU in Ostdeutschland schon vor dem Hamburger Vereinigungs-Parteitag von 1990 als reformiert: »Die CDU der DDR wird sich durch den Zusammenschluß mit uns und durch die Veränderungen in der DDR zu einer breiten Volkspartei entwickeln.«[3]

Es mag eine gute Portion Zweckoptimismus, gepaart mit strategischem Kalkül, gewesen sein, die Rühe zu dieser Aussage verleitete. Vielleicht waren es auch die deutlichen Stimmenverluste der PDS bei der ersten gesamtdeutschen Bundestagswahl im Dezember 1990, die viele westdeutsche Politiker glauben ließen, die DDR-Gesellschaft werde sich binnen kurzer Zeit gleichsam rückstandslos auflösen.[4] Die CDU jedenfalls mußte in den folgenden Jahren noch in vielerlei Hinsicht lernen, daß sich Institutionen schnell aufbauen lassen, Gesellschaften sich aber nur langsam verändern – ein politischer Grundsatz übrigens, den die Adenauer-CDU immer beherzigte.

Der CDU-Führung in Bonn war im Jahr 1990 vor allem daran gelegen, Wahlen zu gewinnen. Das ist schließlich die wichtigste Aufgabe einer demokratischen Partei. Wahlkämpfe ohne eine gut organisierte Partei sind aber undenkbar. Was lag näher, als auf die 15 Bezirksvorstandsbüros, die 200 Kreisverbandssekretariate und die 1100 hauptamtlichen Mitarbeiter der Blockflöten-CDU zurückzugreifen? Nach anfänglichen Berührungsängsten einigte man sich auf die »Allianz für Deutschland« und integrierte die von Bürgerrechtlern geprägten Parteien DSU und Demokratischer Aufbruch.[5] Der Erfolg blieb bekanntlich nicht aus. Die Probleme allerdings auch nicht. Eine grundlegende personelle Erneuerung der Block-CDU wurde vertagt. Die West-CDU erprobte also mit der ostdeutschen Schwesterpartei, was historisch wohl ohne Vorbild ist: Man begann mit dem Personal einer Blockpartei (nach 1991 zumeist Politiker aus der zweiten Reihe, die sich zu DDR-Zeiten im Hintergrund gehalten hatten) in einer postsozialistischen Gesellschaft »Volkspartei« zu spielen – nach den Regeln der parlamentarischen Demokratie und unter dem Kommando der zutiefst antikommunistischen Mutterpartei.

So etwas konnte nicht ohne Turbulenzen abgehen: Rücktritte, Skandale, Korruptionsvorwürfe. Ostdeutsche Unions-Politiker traten reihenweise zurück, die Ost-CDU entpuppte sich als oberflächlich gewendete Blockpartei. Es fehlte vor allem an neuen und unverbrauchten Spitzenpolitikern. Denn ein Großteil der Übergangselite der Block-CDU sollte die Nachwende-Jahre politisch nicht überleben. Bis auf den aus Nordrhein-Westfalen zugereisten Kurt Biedenkopf gibt es in den neuen Ländern keinen CDU-Ministerpräsidenten, der eine zweite Legislaturperiode erreichte: Ministerpräsident Josef Duchać, der »Thüringer für Thüringen«, mußte 1992 zurücktreten, weil er angeblich als »Stasi-Clown« vor Mitarbeitern des MfS aufgetreten war. Ein Jahr zuvor war schon der Ministerpräsident Sachsen-Anhalts, Gerd Gies, an seiner Vergangenheit gescheitert. Im selben Jahr mußte in Mecklenburg-Vorpommern Alfred Gomolka sein Ministerpräsidentenamt aufgeben. Ähnlich erging es vielen Landesvorsitzenden im Osten, die als Altkader vor 1989 der Block-CDU und damit indirekt meist auch der SED gedient hatten. So traten Lothar de Maizière in Brandenburg und Klaus Reichenbach in Sachsen ebenfalls 1991 zurück. Das Selbstbewußtsein der ostdeutschen Christdemokraten war stark angeschlagen – die Zukunft konnte nur mit einer neuen Parteielite gewonnen werden, auch wenn zu diesem Zeitpunkt noch etwa drei Fünftel der Parteimitglieder aus der Block-CDU stammten.

Was jetzt richtig oder falsch gemacht werde, sagte Walter Wallmann zum Thema Erneuerung der Ost-CDU, habe Auswirkungen für Generationen. Einer, der es richtig machen wollte, war Generalsekretär Volker Rühe. Er entschied sich, die Krise der Partei dirigistisch zu lösen: Im Osten sollte niemand mehr Landesgeschäftsführer werden, dem die West-Partei nicht ausdrücklich zugestimmt hatte. Und Rühe begann, mit den bürgerbewegten Erneuerern um Arnold Vaatz in Sachsen ein Bündnis zu schmieden. Auf den ersten Blick war das die richtige Strategie: Heute ist die Sachsen-CDU, die sich gern »Sächsische Union« nennt, der mit Abstand erfolgreichste Landesverband. Rühes Erneuerungsbündnis vertiefte aber auch die Gräben in der Ost-CDU: auf der einen Seite die nur oberflächlich erneuerten Landesverbände im Norden, und auf der anderen Seite die Minderheit, die bürgerbewegten CDU-Reformer in Sachsen und in Thüringen. Dies sind Ungleichzeitigkeiten, die auch in der Nach-Kohl-Ära noch spürbar sein und sich vielleicht sogar noch verstärken dürften.

Der sächsische Weg

»Wir sind nicht rechts, wir sind nicht links, wir sind innovativ.« Das ist das Image, das Matthias Rößler, Kultusminister in Sachsen, gern von seiner Partei verbreitet. Bürgerbewegt, industriefreundlich, modern und dynamisch soll sie sein, die »Sächsische Union«: bayerisch-baden-württembergische Innovationsfreude gepaart mit sächsischem Freistaatsbewußtsein und der Chuzpe der jungen (West-)Wilden aus Niedersachsen oder Hamburg. Nun ist es keineswegs so, daß Rößler, sein Ministerkollege Arnold Vaatz und einige andere Mitstreiter aus dem Herbst 1989 nichts erreicht hätten. Als einziger Landesverband in Ostdeutschland haben sie die alten Block-Kader erfolgreich zurückgedrängt, heute herrscht zumindest ein Gleichgewicht der Kräfte. Und es war Arnold Vaatz, der den Block-CDUler Klaus Reichenbach als Ministerpräsidenten verhinderte.[6] Für kurze Zeit wurde der Diplom-Mathematiker, der aus dem Neuen Forum in die CDU gekommen war, sogar als Bieden-kopf-Nachfolger gehandelt.

Sachsen ist neben Thüringen das Land mit den erfolgreichsten Indu-striansiedlungen. Der Freistaat rief die bayerisch-sächsische Zukunfts-kommission ins Leben, und auch die Wahlergebnisse konnten sich se-hen lassen: Bei den Landtagswahlen 1994 erzielte die CDU trotz einer inquisitorischen Vergangenheitspolitik gegen den Mief der DDR-Soli-dargemeinschaft mit 58,1 Prozent das beste Ergebnis, das die CDU bei Landtagswahlen jemals erreicht hat (nur die CSU in Bayern konnte 1974, 1978 und 1982 bessere Wahlergebnisse aufweisen). Kein Wunder also, daß man sogar im Westen bald vom »Modell Sachsen« sprach.

Journalisten sahen in Dresden schon eine neues Bürgertum entste-hen, Vertreter des Geißler-Flügels in der Union hofften auf frisches Blut für die arbeitnehmernahen Sozialausschüsse. Einiges deutete darauf hin, daß im Osten eine Generation von Politikern heranwuchs, die das Kürzel CDA nicht für eine Ausstattungsvariante des VW-Golf hielt. Könnte sich die CDU etwa mit den Ideen der Bürgerrechtler wertkon-servativ erneuern? So fragte man 1993 – als man in Sachsen sogar über schwarzgrüne Koalitionen diskutierte.[7]

Inzwischen hat sich das Blatt gewendet, nicht unbedingt zugunsten der Bürgerrechtler. Zunächst einmal verschlechterte sich deren strate-gische Position. Vaatz, der Biedenkopf nach Sachsen holte, sitzt heute nicht mehr in der Staatskanzlei, sondern wurde vom Ministerpräsiden-ten ins Umweltministerium abgeschoben, entwirft Abfallordnungen und denkt über Laichplätze für Frösche nach. 1995 verlor er sogar seinen Posten als stellvertretender Landesvorsitzender. Schwarzgrüne Strate-giespielchen haben sich erübrigt, seitdem die Bündnisgrünen in keinem ostdeutschen Landtag mehr vertreten sind – und für Vaatz ist die ökolo-gische Programmatik der Grünen ohnehin nur eine ganz abgefeimte Variante des 68er-Antikapitalismus.[8] Kritisches über die eigene Partei ist von dem Minister heute kaum noch zu hören – die Diskussionen über eine Parteireform der CDU sind verstummt.[9]

Matthias Rößler widerfuhr eine ähnliche Zurückstufung: er wurde 1994 nicht Fraktionsvorsitzender im Landtag und mußte diesen Posten dem blassen Fritz Hähle überlassen. Das hat mit einem Problem zu tun, das auch Biedenkopf 1994 nicht länger ignorieren konnte: dem unbere-chenbaren Jakobinismus der Bürgerrechtler. Vaatz und Rößler wollten die Partei bis in den letzten Ortsverband säubern, beide sorgen noch heute dafür, daß der politische Alltagsdiskurs stets auch ein Vergangenheitsdiskurs ist, egal, ob es um Kläranlagen oder das Oder-Hochwasser geht. Das ist biographisch konsequent, und es wird in einem gewissen Maß auch nötig sein, solange die PDS eine beherrschende politische Kraft in Ostdeutschland ist. Aber die Schärfe, mit der Vaatz und Rößler die Aufarbeitung der DDR-Vergangenheit immer wieder fordern, hat sie in ihrer eigenen Partei heimatlos gemacht.[10] Was ihnen fehlt, als Politiker einer Volkspartei, ist Gleichmut und Gelassenheit gegenüber der (DDR-)Mehrheitsgesellschaft. Würde ein Bürgerrechtler Landesvorsitzender, dann wäre das für die Partei ähnlich spaltend wie etwa die Wahl Alice Schwarzers zur Chefin der Frauen-Union.

Mit einem stark ausgeprägten Freund-Feind-Denken, mit dem elitären Moralismus einer dissidentischen Minderheit, stellen sich die Bürgerrechtler gegen die Mehrheitsgesellschaft – in der irrigen Annahme, daß die Identifikation mit der westlichen Demokratie um so größer werde, je schwärzer man die DDR-Vergangenheit darstellt. Daß sich die CDU im Osten so noch langsamer zur Volkspartei entwickeln wird, nehmen Bürgerrechtler wie Arnold Vaatz dafür gern in Kauf.

»Andere springen über Hindernisse, ich zertrete sie mit den Hufen«,[11] so ist Vaatz einmal zitiert worden – das sagt viel über die Trotzköpfigkeit der meisten Bürgerrechtler, die in die CDU eingetreten sind. Solange sie sich gegen die ostige Mehrheitsstimung in ihren Landesverbänden stellen, werden sie das Elitenproblem der Ost-CDU nicht lösen. Angelika Barbe nicht, Günther Nooke nicht und Vera Lengsfeld schon gar nicht. Für die West-CDU werden sie Individualisten bleiben, für die CDUler aus der Blockpartei sind sie die ewigen Störenfriede.

Und für die Zeit nach Kohl fehlen ihnen vor allem Verbündete im Westen. Matthias Rößler besuchte zwar Christian Wulff im Wahlkampf, aber ein strategisches Bündnis zwischen jungen Wilden West und jungen Wilden Ost gibt es nicht. Statt dessen hofieren Hähle und Heitmann, auf der Suche nach einem schärferen Profil der Union, von Zeit zu Zeit die üblichen Verdächtigen der nationalkonservativen Intellektuellenszene der alten Bundesrepublik.[12]

Auch mit Wolfgang Schäuble, der sich spätestens seit dem Leipziger Parteitag um eine neue, wertebezogene Selbstverständigungsdebatte in der Partei bemüht, sind die jungen Ostpolitiker kein Bündnis eingegangen – vermutlich ebenfalls aus Loyalität zu Kohl. Nach Kohls Ablösung könnte sich das ändern. Bisher hielten sich Rößler, Vaatz und Eggert eher zurück, wenn die »jungen Wilden« versuchten, dem Kanzler über die Medien zu erklären, daß seine Zeit abgelaufen sei. Denn Kohl war den Bürgerrechtlern – im Gegensatz zu Wolfgang Schäuble – ein Garant für ihr Lebensthema: die Beschäftigung mit der DDR-Vergangenheit und die Öffnung der Stasi-Akten. Die aus der Demokratiebewegung der DDR kommenden CDU-Politiker kehren das Grundgesetz konservativer Politik um: Für sie rangiert nicht Machterwerb vor Inhalten, sondern die moralische Überzeugung vor Machterhalt und politischem Einfluß. Vaatz zum Beispiel zog sich aus der Programmkommission seiner Partei zurück, als die Bundesregierung Honecker nach Chile ausreisen ließ.

Und in der sächsischen Landespolitik? Da profitieren Politiker wie Arnold Vaatz, Heinz Eggert oder Matthias Rößler immer noch von der Popularität und der Integrationskraft ihres Ministerpräsidenten. Die tiefen Gräben in der sächsischen Union wurden nur dank Biedenkopfs väterlich-präsidialer Rolle verdeckt. Ohne ihn hätten die Bürgerrechtler den Vergangenheitsdiskurs nicht ständig revitalisieren können. Für das Jahr 2000, dann will sich Biedenkopf aus der Politik zurückziehen, haben die Bürgerrechtler kein Konzept. Ersetzen kann ihn keiner der Bürgerrechtler, so daß einige in der Partei aus lauter Verzweiflung und Angst vor Zerfallserscheinungen schon über eine »Tandem-Lösung« nach bayerischem Vorbild nachdenken: Danach könnte Finanzminister Milbrath der künftige Ministerpräsident werden und der ehemalige Innenminister, Heinz Eggert, Parteichef.[13]

Aber nicht nur ein Bürgerrechtler als Ministerpräsident erscheint heute unvorstellbar. Auch inhaltlich erwartet von den sächsischen Landespolitikern derzeit niemand mehr etwas, und es ist kaum vorstellbar, daß sie die programmatische Debatte der Nach-Kohl-Ära entscheidend bereichern werden. Um als »sächsische Reformpolitiker« die gesamtdeutsche Diskussion mitbestimmen zu können, treten sie nicht geschlossen genug auf. Persönliche Rivalitäten zwischen Heitmann, Vaatz und Eggert, aber auch inhaltliche Differenzen rechtfertigen es nicht mehr, von einer »Reformergruppe« zu sprechen, wie das die Medien eine Zeitlang getan haben.[14] Mithin sind die jungen sächsischen Landespolitiker auf die Zeit nach Kohl schlecht vorbereitet. Vaatz' Reden klingen heute genauso bieder-neoliberal wie die eines beliebigen Mittelstandsfunktionärs: »Der tüchtige Unternehmer schaut zuerst auf den Markt. Er wartet nicht, bis die Märkte der Welt aus Nächstenliebe nachfragen und bezahlen, was gerade er zufällig produziert. Er erforscht den Appetit der Märkte und fragt, wie er diesen Appetit ertragreich für sich selbst stillen kann. Wenn er dazu Helfer braucht, dann schafft er Arbeitsplätze.«[15] Mit dem neoliberalen Standard-Singsang aber werden die ostdeutschen Politiker auf Bundesebene kaum Profil gewinnen können. Schlanker Staat, Ende der Erwerbsgesellschaft, Reform der Solidarsysteme, das sind die zumeist interessanten Ideen Meinhard Miegels, aus denen Escher, Koch und Wulff im Westen schon seit geraumer Zeit ihren politischen Sound mixen.

Bisweilen muß man den zur CDU konvertierten Bürgerrechtlern wohl auch die Fähigkeit absprechen, die Probleme der neuen Bundesländer ernsthaft wahrzunehmen. Ihre Diktaturerfahrung verschleiert den Blick auf die Realität. So behauptet Vera Lengsfeld beispielsweise ernstlich, Rechtsradikalismus in Deutschland sei »keine wirkliche Gefahr«, was man von der »linken Seite nicht sagen könne«.[16]

Vermutlich wird sich an der Lage der CDU im Osten auf absehbare Zeit kaum etwas ändern. Für den Eintritt einer neuen Bürgerrechtler-Gruppe auf dem Bremer Parteitag im Mai 1998 hat sich schon kaum mehr jemand interessiert.[17] Und Interventionen aus dem Westen können ohnehin an der Situation der Union im Osten nichts mehr ändern. Die Ost-CDU kann sich weder vor- noch zurückbewegen. Auch weiterhin werden sich zwei Fraktionen sprachlos und unversöhnlich gegenüberstehen: auf der einen Seite die Bürgerrechtler, ihr Lebensthema immer wieder neu variierend; auf der anderen Seite die Block-CDUler, immer noch fröstelnd in den neuen Verhältnissen, mit der Hoffnung auf einen verständnisvolleren Westen.

Die Idee der Ost-Identität

Politiker im Westen haben lange geglaubt, man könne den Osten in einen zweiten Westen verwandeln. Mittlerweile dämmert vielen: der Osten bleibt ostig. Auf absehbare Zeit wird es zwischen Hiddensee und Dresden, zwischen Halberstadt und Frankfurt an der Oder eine politische Kultur geben, die sich von der alt-bundesrepublikanischen unterscheidet.[18] Auch das Parteiensystem hat sich durch das faktische Verschwinden von FDP und Bündnisgrünen in eine andere Richtung entwickelt. Parlamentarisch relevant sind nur drei Parteien: die PDS, die CDU und die SPD.[19] Dabei ist nicht die SPD, sondern die milieugestützte, stark überalterte Regionalpartei PDS der politische Hauptgegner der CDU – eine Partei, die es sich zur Aufgabe gemacht hat, aus den Versatzstücken von DDR-Nostalgie und postsozialistischem Sicherheitsbewußtsein eine Ost-Identität zu zimmern. »Der Osten soll nicht zur Peripherie des rheinischen Zentrums werden«, fordert die PDS in ihrem Rostocker Manifest. Der Wettbewerb darum, wer die bessere Ost-Partei ist, hat längst begonnen. Die Genossen von der PDS proklamieren: »Wir sind das ostdeutsche Original.« Und in einigen CDU-Landes-verbänden hat man die Herausforderung im Wettbewerb um den Titel »Ostigste Partei im postsozialistischen Deutschland« seit einiger Zeit angenommen.

Eckhardt Rehberg, Fraktionsvorsitzender in Mecklenburg-Vorpom-mern, und Paul Krüger, Sprecher der ostdeutschen Bundestagsabgeord-neten im Bundestag, stellten im Januar 1996 den Grundsatz der Bürger-rechtler einfach auf den Kopf. Sie ignorierten den Erfolg der PDS nicht länger, sondern sie forderten, stärker auf die Lebenslage der Ostdeut-schen einzugehen, um etwa zehn Prozent der PDS-Wähler wieder für die Union zu gewinnen.[20] Im Gegensatz zu den CDU-Bürgerrechtlern, die sich immer dafür aussprachen, den Osten mit hoher Geschwindig-keit und hohem Risiko zu verwestlichen, plädierten Rehberg und Krü-ger für den umgekehrten Weg. Rehberg forderte eine »gesamtdeutsche Wertedebatte«. Gegen die Westgesellschaft setzte er »Gemeinwohl« – Verantwortung, Bescheidenheit, Selbstbeherrschung, Ordnung, Diszi-plin und Solidarität – und meinte wohl eigentlich die alte DDR-Solidar- und Nischengemeinschaft.[21] Die Kritik aus dem Bürgerrechtler-Lager ließ nicht lange auf sich warten. Vaatz sprach von »Ost-Populismus«, Vera Lengsfeld von einem »Blockflötenpapier«.

Auch wenn es weder originell noch neu ist: In der ostdeutschen CDU werden sich immer wieder Politiker zu Wort melden, die vom General-sekretär einen Strategiewechsel verlangen, hin zu einer Ost-Identität. Darauf wird man sich auch in der Nach-Kohl-Ära verlassen können. Denn in der »Berliner Republik« werden sich die politischen Ost-West-Beziehungen innerhalb Deutschlands nicht schlagartig verändern. Und es wird auch immer wieder Versuche geben, strukturkonservative, na-tional denkende PDS-Wähler fürsorglich zu umlagern. Das ist nahelie-gend, und Elmar Pieroth, der Berliner Wirtschaftssenator, wird viel-leicht nicht der letzte CDU-Politiker aus dem Westen sein, dem diese Strategie logisch erscheint. Schon deshalb, weil auch die CDU lernen wird, mit zwei unterschiedlichen politischen Kulturen zu leben – späte-stens wenn Peter Hintze nicht mehr Generalsekretär ist. Noch hat sich unter den Christdemokraten aber die Erkenntnis nicht durchgesetzt, daß »Rote-Hände«-Kampagnen und der Vergangenheitsdiskurs der

Bürgerrechtler ebenso wirken wie ein spezifisches ostdeutsches Profil: Sie stärken das ostdeutsche Sonderbewußtsein.

Auf längere Sicht läßt sich Ost-Identität nur dann mit einer glaubwürdigen Politik verbinden, wenn diese die Wohligkeit des DDR-Fürsorgestaates wiederherstellt. Am Ende einer solchen Politik könnte, wenn sie ernst gemeint ist, nur eine staatlich finanzierte Beschäftigungspolitik für die Modernisierungsverlierer im Osten stehen, also eine Neuauflage von Honeckers Politik der »Einheit von Wirtschafts- und Sozialpolitik« – diesmal realisiert mit kapitalistischen Mitteln. Das ist nicht nur in einem strukturschwachen Land wie Mecklenburg-Vorpommern schwierig und wird in der zukünftig immer wirtschaftsliberaleren West-CDU kaum Befürworter finden. Regional-Folklore allein wird aber nicht ausreichen, um die Wähler, die noch 1990 und 1994 die Union wählten, zurückzugewinnen. Die CDU muß lernen, den Osten zu verstehen, wenn sie dort als Volkspartei akzeptiert werden will – aber ohne Ostalgie im Superlativ.

Mit uneingelösten Versprechungen haben die Wähler im Osten in zwiefacher Hinsicht bittere Erfahrungen machen müssen: immer wieder zu DDR-Zeiten und später auch mit Helmut Kohl. Somit ist für die CDU im Osten eine Situation entstanden, aus der sie die »Hauruck-Stimmungsstrategen« im Adenauer-Haus ganz gewiß nicht befreien können. Es sind die strukturellen Probleme, die mentalen Brüche, die lebensweltlichen Unterschiede, die andere politische Kultur, die sich seit 1990 eher noch verstärkt haben. Damit bleibt die Ost-CDU ein Anhängsel der übermächtigen West-CDU. Das liegt auch an der organisatorischen Schwäche der ostdeutschen Christdemokraten.

Organisatorische Defizite und verstetigte Ost-Kultur

Ein Ergebnis staatssozialistischer Politik war der Umbau der Gesellschaft. Erklärtes Ziel der SED-Politik war es, die sozialen Unterschiede zwischen Arbeitern, Lehrern, Handwerkern, Besitz- und Bildungsbürgern einzuebnen, proletarische Einheitlichkeit herzustellen. Negativer gesagt: Der DDR-Regierung gelang es, die Selbstorganisation gesellschaftlicher Interessen zu unterdrücken, geduldet wurden nur Gemeinschaften unter dem Niveau von Gesellschaften, Nischen, in denen man sich solidarisch half, Auto-Ersatzteile gegen geräucherte Makrelen tauschte.[22] Diese deformierte Gesellschaft macht der Union seit der

Wiedervereinigung zu schaffen. Die verspießerte Proletariergesellschaft hat sich noch nicht aufgelöst, auf absehbare Zeit wird sich die CDU in Ostdeutschland gesellschaftlich nicht so verankern können, wie sie das in der alten Bundesrepublik mit großem Erfolg über 40 Jahre lang getan hat.

Zum einen bindet die PDS Mitglieder und Wähler, die in Westdeutschland bei der CDU zu finden sind: nämlich Beamte und Angestellte im öffentlichen Dienst sowie Selbständige; zum anderen kann nichts die Ergebnisse der äußerst tiefgreifenden SED-Gesellschaftspolitik aufheben: Bürgerliche Milieus gibt es so gut wie nicht mehr, die Gesellschaft ist stark säkularisiert, und die Distanz der Ostdeutschen zum politischen System des Westens ist in den vergangenen Jahren größer geworden. Gleichheit und soziale Gerechtigkeit sind für die Mehrheit der ostdeutschen Wähler wichtiger als Freiheit, die wirtschaftlichen Probleme der Wiedervereinigung haben Werte und Überzeugungen der DDR-Zeit konserviert, die Identifikation mit dem westlichen Gesellschaftssystem ist immer noch relativ gering.[23]

Das Erbe der sozialistischen Gesellschaftspolitik und die Vereinigungskrise haben in den fünf neuen Bundesländern eine politische Kultur erzeugt, in der Mitgliederparteien alten Typs nur schwer gedeihen können. In der Zeit nach Kohl wird die CDU ihre Organisationsbasis kaum verbreitern können. Das macht es geradezu zwingend, die Union nach FDP-Vorbild zu einer Fraktionspartei zu machen, sie für Seiteneinsteiger zu öffnen und auch immer wieder Personal aus dem Westen in den Osten zu schicken. Sonst bleiben die Christdemokraten in den neuen Bundesländern mit ihrem alten Personal ein regionales Beiboot der West-CDU. Daß es acht Jahre nach der Wiedervereinigung im Konrad-Adenauer Haus noch keinen Mitarbeiter aus Ostdeutschland oder eine eigene Wahlkampfzentrale für den Osten gibt, spricht für sich. Die »Partei der Einheit« verdrängt die Spaltung und spaltet dadurch neu.

Die Vereinigungskrise, das Scheitern der gesellschaftlichen Einheit und die konservierten Mentalitätsprägungen des DDR-Sozialismus haben zu einer merkwürdigen Ungleichzeitigkeit geführt: Einerseits können sich die Parteien nicht auf ihre Stammklientel verlassen, sind Wähler leicht über Medien und präsidiale Führungsfiguren zu mobilisieren und umzustimmen. Andererseits ist aus den Erinnerungen an die »solidarische« Nischengemeinschaft ein ausgeprägtes Harmonie-Bedürfnis entstanden, so daß zugespitzte Kampagnen und aggressive Wahlauseinandersetzungen auf Ablehnung stoßen. Wenn sich die CDU also zukünftig zu einer Fraktionspartei entwickeln wird, dann kann sie das nur aus dem Osten selbst heraus – allerdings ohne dabei ostalgisch zu sein. Sich der Gesellschaft im Osten zu nähern darf nicht bedeuten, in einen Wettbewerb mit der PDS einzutreten, bei dem Gysis Truppe die Texte schreibt und die CDU nur Interpreten stellt. »Es ist ganz wichtig«, sagt Eckhard Rehberg, »die Sprache der Menschen im Osten zu sprechen und ihnen auch zuzuhören. Das ist eben vom Rhein aus ziemlich schwierig. Das betrifft alle, die die Konfliktorientierung in den Parteien übernommen haben.«[24]

Ausblick: Keine Volkspartei in Sicht

Egal, aus welcher Perspektive man Aussagen über die Zukunft der CDU im Osten trifft: Es wird ein mühsames Geschäft, komplizierter, als sich das die Strategen im Adenauer-Haus 1990 bei der Übernahme der Blockflötenpartei hatten träumen lassen. Der Glaube, der Antisozialismus der Ostdeutschen garantiere Mehrheiten quasi im Selbstlauf, hatte mit der Realität nichts zu tun. Postsozialistische Gesellschaften schwören nicht kollektiv den Idealen der alten Zeit ab, auch Diktaturen bieten Möglichkeiten der Identifikation.[25] Schon aufgrund ihrer organisatorischen Schwäche und ihrer finanziellen Abhängigkeit bleibt die Ost-CDU auch künftig eine Regionalpartei im Gehäuse der West-Partei – mit wenig Einfluß, aber großen strukturellen Problemen.

Acht Jahre nach der Wiedervereinigung ist ein Stillstand eingetreten: Reform- und Veränderungsprozesse sind zum Erliegen gekommen. Die Integration der Bürgerrechtler ist größtenteils gescheitert, Mitglieder der Alt-Partei aus der zweiten Reihe traten an die Stelle ihrer stasibelasteten Vorgänger. Und im Bonner Parlamentsbetrieb fiel die Gruppe ostdeutscher Abgeordneter um Paul Krüger nur als Lobbygruppe auf, wenn die FDP den Solidarzuschlag kürzen wollte oder über die Zukunft von ABM-Programmen diskutiert wurde. Ein eigenständiges Profil, mit dem man mehr verbindet als Ost-Interessen, hat die Gruppe nicht.

Weltanschauliche Flexibilität und vor allem organisatorische Stabilität sind Wesensmerkmale von Volksparteien. Beides fehlt der Ost-CDU. Eine konservative Mitgliederpartei wird die ehemalige Blockflöten-CDU nie werden. Und es fragt sich, wie lange die CDU im Westen noch eine Volkspartei im alten Stil sein wird. Denn die Integrationsprobleme, mit denen die Partei im Osten zu kämpfen hat, deuten sich – freilich aus vollkommen anderen historischen Gründen – auch im Westen an: die »CDU nach Kohl« wird vor allem eine »Nach-Blüm-CDU« sein, demokratische »Fürsorgepolitik« spielt für die wirtschaftsliberalen Nachwuchspolitiker kaum noch eine Rolle, die Zahl der Stammwähler nimmt ab, sozialmoralische Milieus erodieren, und die Großkirchen leiden an Mitgliederschwund. Deshalb gibt es den Trend zur Fraktionspartei auch im Westen. Nur sind die Landesverbände in Hessen, im Saarland und Niedersachsen auf diese Entwicklung besser vorbereitet. Vor allem haben sie das erforderliche Personal, eine »Partei ohne Köpfe« aber wie die ostdeutsche CDU existiert in der Mediendemokratie de facto nicht.

Hinzu kommt noch etwas anderes: Bisher haben die Konservativen immer von »Brot-und-Butter-Themen« profitiert: im Osten, weil es dort keinen postmateriellen Wertewandel gegeben hat; im Westen, weil sich SPD und Grüne seit den achtziger Jahren auf Ökologie, Gleichberechtigung und Minderheitenpolitik konzentriert haben. Erstmals konnten die Konservativen nun in beiden Landesteilen mit dem Versprechen, den ökonomischen Aufschwung herbeizuführen und für innere Sicherheit zu sorgen, kaum noch Wähler mobilisieren. In den alten Bundesländern hat die SPD unter Schröder dem Postmaterialismus ade gesagt; in den neuen Bundesländern sind die ökonomischen Erfolge ausgeblieben. Rechtsradikale Parteien werden deshalb in Ost und West künftig – sofern sich die wirtschaftliche Modernisierung fortsetzt – gute Chancen haben, in die Parlamente gewählt zu werden.

Zudem hat Peter Hintze die Wähler im Osten seit 1994 stark verunsichert; sie wurden mit der »Rote-Socken«- und »Rote-Hände«-Kampagne nicht als »irrende Mitbürger«, sondern als unverbesserliche Ewiggestrige angesprochen und verprellt.[26] Die Wirkung war katastrophal: Kohls Wahlkampfauftritte, egal, ob in der Niederlausitz oder in Rostock, wurden so mißmutig und leidenschaftslos beklatscht wie vor 1989 die Reden von ZK-Mitgliedern.

Die Warnung des neuen Regierungssprechers Otto Hauser vom Juni 1998, die Hilfsbereitschaft des Westens nicht über Gebühr zu strapazieren, war kein Ausrutscher. Diese Töne kamen mitten aus dem Herzen der alten West-CDU, dem baden-württembergischen Landesverband. Noch haben sich nur wenige getraut, auf der Klaviatur der Anti-Ost- oder Anti-West-Ressentiments zu spielen. Der langjährige Hinterbänkler Hauser hat deutlich gemacht, wie tief die Risse in der Partei sind. Durch die Wiedervereinigung ist die Union noch unübersichtlicher und polyzentrischer geworden. Helmut Kohl wußte das. Gewiß nicht nur aus persönlicher Eitelkeit stilisierte er sich zum »Kanzler der Einheit«. Als Integrationsfigur konnte er viele Konflikte notdürftig überdecken, die nach seiner Ablösung deutlich zutage treten werden.

Was hatte Volker Rühe 1990 über die Zukunft der CDU nach der Wiedervereinigung gesagt? Die gesamte Union werde »protestantischer, nördlicher und östlicher« werden.[27] Das hat sich nicht bewahrheitet. Nur die ostdeutsche CDU ist östlich geblieben.

Nils Klawitter

Im Namen des Herrn unterwegs
Die letzte Bastion der Christdemokraten liegt im Eichsfeld

Immer wieder sonntags spürt Werner Buse die Strafe Gottes. Dann muß er von seinem Krankenbett aus die Messe gucken. Aus der Kapelle des Krankenhauses in Heiligenstadt wird sie live in jedes Krankenzimmer übertragen. Seit Wochen geht das schon so, und Buse muß seinen Kopf Richtung Bildschirm halten, denn er darf sich wegen eines Wirbelbruchs nicht bewegen. Er könnte den Fernseher ausschalten, doch die Lautsprecher in der Zimmerdecke würden weitersenden. Buse wirkt ein wenig zerknirscht. Daß man mit den Gottesdiensten nicht einmal ihn verschont, Werner Buse, den PDS-Kreisvorsitzenden, ehemaligen Propaganda-Sekretär der SED, den Atheisten, das kommt ihm etwas übertrieben vor.

Werner Buse ist 43 Jahre alt. Er wäre ein hohes Tier in der SED geworden, jetzt ist er ein kleines Licht in der PDS. Und so chancenlos wie im Eichsfeld, der katholischen Enklave im Nordwesten Thüringens, ist seine Partei nirgends im Osten. Bei den vergangenen Bundestagswahlen gab es Dörfer, in denen kein einziger die PDS wählte. Die SPD verfehlte in manchen Gemeinden die Fünf-Prozent-Hürde, und die CDU schaffte Traumwahlergebnisse um 90 Prozent. Nirgends im Osten ist sie erfolgreicher als auf den 940 Quadratkilometern des Oberen Eichsfeldes, wo 135 000 Menschen leben. Werner Buse dachte nach der Wende: »Das war die Rache.« Kirchenfreundlich sei die SED ja nicht gerade gewesen. Die Mehrheit für die CDU war mehr als die Abrechnung mit den Funktionären, sie war die historische Revanche des Glaubens.

Im Eichsfeld sind die Christdemokraten im Namen des Herrn unterwegs. Hier ist die CDU die Partei des katholischen Milieus, ist wie die Wanderfreunde und die Trachtengruppe Teil einer Gesinnungsgemeinschaft, die sich über Jahrhunderte gehalten hat und politische Systeme hat kommen und gehen sehen. Die Menschen im Eichsfeld sind den Jesuiten noch heute für die Gegenreformation dankbar. Zu den Leidensprozessionen am Palmsonntag kommen, wie schon zu DDR-Zeiten, 25 000 Menschen – Zustände wie sonst nur in Spanien. Die Eichsfelder haben sich gemerkt, daß Bismarck im Kulturkampf Geistliche verhaften ließ, und sie wissen, daß der Redemptoristenpater Averesch aus Heiligenstadt von den Nazis im KZ mit Malaria infiziert wurde, woran er später starb. Sie halten es nicht für Zufall, daß die erste evangelische Ortschaft östlich des Eichsfeldes Elende heißt, und wenn sie ihre hügelige, rauhe Heimat, das frühere »Armenhaus Preußens«, verlassen mußten, um Arbeit zu finden, dann gründeten sie in der Fremde sofort einen katholischen Eichsfelder Heimatverein. Wie hart im Glauben die Eichsfelder sind, bekamen die Nationalsozialisten bei den Reichstagswahlen am 5. März 1933 zu spüren: Im Landkreis Heiligenstadt votierten 66 Prozent für das Zentrum, nur 19 Prozent für die NSDAP, ein Eklat. Bei den Gemeindewahlen 1946 kam die CDU auf 71 Prozent, bei den Volkskammerwahlen im März 1990 auf 75 Prozent – vererbte Stammwählerschaft. Gegen den schwarzen Geist entwickelte die SED 1961 den »Eichsfeld-Plan«. Durch ein Industrialisierungsprogramm sollte die strukturschwache Region wirtschaftlich entwickelt und sozialistisch auf Kurs gebracht werden – ohne Erfolg. Die Frauen aus Heiligenstadt und Worbis nähten Pionierblusen, hatten die sozialistischsten Brigadeleiter – und glaubten doch nicht an Karl Marx. Über 80 Prozent der Eichsfelder bekennen sich heute zum katholischen Glauben. Und irgendwo zwischen Heimatbewußtsein, volkskirchlichem Katholizismus und spießiger Frömmigkeit liegen das Glück und der Segen der CDU.

Und wo liegt die Zukunft? Vielleicht in Bernterode, bei Willibald Böck. An diesem warmen Mittag im Mai sitzt Böck im Garten und schneidet eine schwarze Eichsfelder Blutwurst an, die unter ihrer Pelle so schwitzt wie Böck unter seinem Guildo-Horn-T-Shirt. »Die muß schwitzen«, sagt er. Und Willibald Böck muß so eine spakige Hose tragen und nach Maloche aussehen, denn im Eichsfeld nennen sie ihn »Willi, der Hammer«.

Warum er so genannt wird, weiß er nicht genau. Vielleicht, weil er so bullig ist und beim Lachen sein ganzer Körper zittert. Vielleicht, weil er früher als Bürgermeister immer aussah »wie 'ne Sau, dreckig und speckig«. Vielleicht, weil er im Thüringer Landtag Zwischenrufe wie »Sie sind ein ganz perfider Sack« rausläßt. Böck, 51 Jahre alt, natürlich katholisch, war zu DDR-Zeiten Lehrer für Deutsch und Kunst, bevor er 1984 Bürgermeister in Bernterode wurde. Schon 1965 trat er in die CDU ein, denn im Eichsfeld gilt: »CDU, du hast Ruh'.« Politik interessiert Böck nicht besonders. Spricht er von dem Eichsfelder CDU-Symbol Hugo Dornhofer, sagt er: »Ja, Dorndorfer, solche gab's viele.« Die christliche Standhaftigkeit des Eichsfelder Tischlers, die ihn zuerst ins

KZ der Nationalsozialisten und dann in die Gefängnisse der Staats-
sicherheit brachte, scheint Böck suspekt. Er sagt: »Ich kannte mehr
Karnevalisten als Parteimitglieder.« Böck machte Realpolitik, besorgte
Dachziegel und Sand, legte mit den Bernterodern illegal Gas- und Te-
lefonleitungen und organisierte für die Dorfkirche den Einbau einer
Heizung und einer Orgel.

Nach der Wende war Böck die Eichsfelder Hoffnung der CDU. Um
einen Saal zum Kochen zu bringen, reichte es, wenn er sagte: »Für alle,
die mich nicht kennen: Mein Name ist Willibald Böck.« Im März 1990
will die Eichsfelder CDU die Einheit, und zwar sofort. Böck organisiert
probeweise die Massenflucht von 80 000 Eichsfeldern in den Westen.
Wenn die Wiedervereinigung verzögert werde, blieben sie drüben, drohen die Demonstranten. Daß Böck sich ein Jahr zuvor mit einem
»Wahlführungsplan« noch an die SED gekuschelt hatte, scheint ihm
nicht zu schaden. »Wir wollen dazu beitragen, daß die Maßstäbe, die der
XI. Parteitag der SED gesetzt hat, die Anforderungen, die in der 7. Tagung des ZK der SED konkretisiert wurden, auch in unserem Ort mit
aller Kraft verwirklicht werden«, schrieb er damals in gehäkeltem Stil.
Es wird ihm nicht übelgenommen, daß er »Helfer der Volkspolizei«
war und dafür sogar eine goldene Verdienstmedaille bekam. Viele Eichsfelder wittern ein Komplott, als Willibald Böck Anfang September 1992
als Innenminister Thüringens zurücktritt. Am 1. November 1990 hatte
er einem Mittelsmann auf ein Stück Papier geschrieben: »Quittung
20 000,– bar erhalten Böck.« Die 20 000 Mark waren eine Spende eines
hessischen Raststättenunternehmers, den Böck später ins Spiel brachte,
als es um die Vergabe von lukrativen Thüringer Autobahn-Standorten
ging.

Nach seinem Rücktritt schweigt Böck anderthalb Jahre im Erfurter
Landtag. Auf Bundesvorstandssitzungen spielt er den Bockigen und legt
eine Blockflöte vor sich auf den Tisch. Nach außen wirkt er geschlagen.
Glaubt man den Zeitungen, hat er bloß an seinem politischen »Come-
Böck« gearbeitet. Heute ist Böck Vorsitzender des Innenausschusses des
Landtags. Er sitzt im Landesvorstand seiner Partei und hat mit dem öst-
lichen Eichsfeld einen der sichersten Wahlkreise des Landes. Die *Bild*-
Zeitung, die ihm ein intimes Verhältnis zu einer Mitarbeiterin unter-
schob, setzt wieder auf Böck und berief ihn als Tester in die Jury für
Thüringer Bratwürste.

Besser als die bayerischen »Amigo-Politiker« hat Böck es geschafft,
seine Fehler und Skandale als Beweis der eigenen Pfiffigkeit darzustel-

len. Und prompt setzt in der Region der Solidarisierungseffekt ein: Für viele Thüringer ist der Willi fertiggemacht worden und steht nur deshalb wieder, weil er Eichsfelder ist – hart im Nehmen und hart im Glauben.

Franz-Georg Pfitzenreuter vermutet, daß Böck »Kontaktperson zum Koko-Bereich« war. Seine Frau sagt sofort: »Das kannst du nicht beweisen.« Pfitzenreuter glaubt schon. Nach der Wende nannten sie ihn im Eichsfeld den »Stasi-Jäger von Worbis«. Auf seiner Visitenkarte steht unter seinem Namen »SED-, Stasi- und CDU-Opfer«. Für Pfitzenreuter ist die Eichsfelder CDU bis heute eine »mafiose Vereinigung, die nur den Staffelstab von der SED übernommen hat«.

Früher, in der DDR, war Pfitzenreuter Maurer, später Bauingenieur. Zu einem Betriebsparteisekretär sagte er 1988: »Wenn das vereinte Europa kommt, dann gibt es euch nicht mehr.« Wegen solcher Sprüche galt er fortan als Staatsverleumder und durfte nur noch Handlangerarbeiten für die Kirche verrichten. Er sagt: »Ich hatte mir im stillen so einen Plan gemacht, mal was Spektakuläres zu tun.« Seine Stunde schlägt am 6. Mai 1990. Der Bürgerrechtler wird bei der Kreisverwaltung in Worbis Leiter des »Amtes für Vergangenheitsbewältigung« – einer in ganz Deutschland einmaligen Behörde. Auf dem Posten arbeitet Pfitzenreuter seinen Frust über die DDR ab. In kurzer Zeit liest er eine solche Menge Stasi-Akten und spricht mit so vielen MfS-Offizieren, daß vor allem bei der CDU das große Zittern beginnt. Pfitzenreuter sitzt auf dem braunen Wohnzimmersofa der engen Plattenbauwohnung, auf den Knien die vermeintlichen Beweise. Beim Blättern in den Akten geht der Atem des 57jährigen kürzer. Was er nicht belegen kann, weiß er auswendig, aus der Zeit nach der Wende, als er beim Wehrkreiskommando, bei der Kreisdienststelle des MfS und beim Rat des Kreises die Akten gesichtet hat. »Ich war begeistert«, sagt Pfitzenreuter. Er brachte den Landrat und ehemaligen CDU-Kreisvorsitzenden Peter Flechs und den CDU-Kreistagspräsidenten Walter Strozynski mit Stasi-Vorwürfen zu Fall. Dennoch halten sich im Eichsfeld die Aversionen gegen die Block-CDU in Grenzen: Eine nach der Wende wiedergegründete Zentrumspartei kommt im Kreis Worbis bei den Kommunalwahlen 1990 gerade auf 3,7 Prozent.

Und Böck? An ihm hat sich Pfitzenreuter die Zähne ausgebissen, Flugblätter geschrieben mit Versen wie diesen: »Jedermann im Dorfe kannte einen, der sich Böck benannte. Nicht allein das ABC bringt den Menschen in die Höh', auch ein bissel Stasi-Sachen füllen Bürgermeister

Böck die Taschen.« Es nutzte nicht viel. Was Böck auch vorgeworfen wurde – beim Hausausbau soll das Innenministerium selbst die Nachttischkommoden bezahlt haben –: Es prallte ab. Die Reihen des Milieus sind nur kurz nach der Wende aus Stasi-Schreck brüchig geworden. Jetzt stehen sie wieder dicht geschlossen. Es gilt als Nachkarten, wenn das Fernsehmagazin *Monitor* daran erinnert, wie linientreu der heutige Kultusminister Dieter Althaus als Lehrer zu DDR-Zeiten seine Schüler geführt habe. Für Althaus, den Organisator der ersten Montagsdemonstrationen, haben die Eichsfelder in den Sonntagsmessen gebetet, als er zum Kultusminister ernannt worden war.

Franz-Georg Pfitzenreuter, der nach der Wende auf dem Weg zum Helden war, ist im Eichsfeld zum Sektierer geworden. Sein Amt hat er längst verloren. Ein »dümmlicher Posten« als Ingenieur bei der Kreisverwaltung sei ihm geblieben. Das Buddeln in der Vergangenheit der CDU hat Pfitzenreuters Leben verändert. »Früher hab' ich 15 000 Witze erzählt, jetzt hab' ich nur noch IM-Namen im Kopf«, sagt er. »Das Lebenslustige, das ich am Anfang mal hatte…« Pfitzenreuter bricht ab. »Ist weg«, sagt seine Frau.

Einer fehlt auf Pfitzenreuters Liste: Werner Henning, Landrat des Kreises Eichsfeld. Als die Thüringer CDU bei der Kommunalwahl 1994 in vielen Kreisen abrutschte und nur noch auf 42,6 Prozent der Stimmen kam, gewann Henning im Eichsfeld mit 68,5 Prozent. Er ist kein Imperator der Bierzelte wie Böck, sondern sieht sich als »Moderator eines politischen Prozesses«. Und der begann im Eichsfeld in Zeitlupe. 40 Jahre abgeschnitten im Grenzgebiet, zwei Sperrzonen nach 500 Metern und fünf Kilometern und dauernde Ausweiskontrollen hatten die Menschen zahm gemacht. Die ersten Montagsdemonstrationen finden anderswo statt. Die Auferstehung der Eichsfelder begann am 4. November, auf der Kirmes in Heiligenstadt, als Werner Henning sich auf die Bühne wagte und sagte: »Wir gehen auf den Hülfensberg.« Mit dieser leisen Prozession von 3 000 Menschen zum Regionalheiligtum beginnt im Eichsfeld das Coming-out gegen das bröckelnde System. Seine Reden fängt Henning bis heute mit »Liebe Eichsfelder« an, und seine bedingungslose Regionalität überzeugte damals selbst die SED-Genossen. Am 7. Dezember 1989 wählen sie ihn zum ersten CDU-Landrat der DDR, genauer: Vorsitzenden des Rates des Kreises Heiligenstadt.

»Ich bin kein Politiker«, sagt Henning. »Die CDU war mir als Partei nie wirklich wichtig.« Er versteht die CDU als christlichen Gesellschaftsverein, der den Alltag organisiert – ähnlich wie zu DDR-Zeiten, als sich die Parteibasis traf und Friedhöfe sanierte, Dörfer verschönerte und Flaschen sammelte. Henning glaubt an offene, von Parteien gelöste Politik – basisdemokratisch, dialogorientiert, regional. Nach seiner Amtsübernahme hat er sich jede Woche auf ein Podium gestellt und mit Tausenden über seine Arbeit diskutiert. Manche haben ihn damals ausgelacht, aber Hennings Idee scheint zu funktionieren. Die Opposition verzichtete bei seiner Wiederwahl auf einen Gegenkandidaten. Werner Buse von der PDS sagt: »Er streitet nach den besten Lösungen, obwohl die CDU hier alle Mehrheiten der Welt hat.« Henning lebe nach der Bergpredigt, obwohl er von der SED »verarscht« worden sei.

Werner Henning, 41 Jahre alt, ist ein Kind des katholischen Milieus. Wie die meisten seiner Mitschüler ging er nicht zur Jugendweihe, sondern zum Kommunionsunterricht. Er wird Ministrant und Organist – für die SED katholischer Übereifer. Als der Schulchor an den Comer See fährt, darf Henning nicht mit. Er gibt einem Schulkameraden seine Pocketkamera und sagt: »Mach bitte ein paar Fotos für mich.« Nach dem Abitur tritt er in die CDU ein. Henning wird studentisches Mitglied der »Gruppe 17. Juni« und verteilt Flugblätter: »Schluß mit der Mauer, Erich, wir werden sauer«, steht da drauf. Eines Morgens packen ihn Stasi-Mitarbeiter in ein Auto und nehmen Schweißabdrücke an seinen Lenden, die sie zur Wiedererkennung konservieren. Henning promoviert über geschichtsphilosophische Fragen im Spätwerk Lessings, bekommt keine feste Stellung als Wissenschaftler oder Lehrer und leitet schließlich die Betriebsküche der Eichsfelder Bekleidungswerke. Werner Henning würde nicht zugeben, daß es ein prima Gefühl ist, genau in dem Zimmer zu arbeiten, in das er vor Jahren zitiert wurde, weil er unerlaubt für einen Kindergarten Geld gesammelt hatte. 50 Mark Strafe mußte er dafür zahlen. Schon damals wird die grüne Couchgarnitur im Zimmer des Rates des Kreises gestanden und Henning diese brave, kurze Meßdienerfrisur mit der kleinen blonden Haartolle getragen haben, vielleicht faltete er schon damals die Hände beim Reden so wie beim Beten, und ihm hing möglicherweise schon damals, wie an diesem Nachmittag, das Stofftaschentuch 20 Zentimeter aus der Hosentasche. Ob er ein Widerständler sei? Henning schmunzelt. Nie. »Ich hatte genug Spielraum, mich in der DDR einzurichten.«

Anders als Pfitzenreuter ist Henning kein verbitterter DDR-Feind geworden. Anders als Böck träumt er nicht von den Schlachten der Politik. Henning wollte Böck nicht als Ministerpräsidenten, und Böck sagt über Henning: »Für den kam nur ein Job zwischen Papst und Gott in Frage.«

Hennings Nächstenliebe geht masochistisch weit: In seiner religiösen Republik Eichsfeld ist sogar Platz für einen Oberstleutnant der Staatssicherheit, der seine Diplomarbeit über die Anwerbung kirchlicher Würdenträger als Stasi-Spitzel geschrieben hat. Der aufgeregten Lokalpresse sagt Henning nur: »Das erinnert mich an einen Fall vor 2000 Jahren.«

Doch Hennings Offenheit ist regional begrenzt. Allzuviel Luft möchte er nicht ins Eichsfeld lassen, denn er fürchtet die Erosion des Milieus. Was durch die Bedingungen der DDR ideal konserviert wurde, droht vom Westen her zu zerfallen: unausgeschlafene Töchter erscheinen in Plateauschuhen zum Morgengebet, tiefer gelegte GTIs, deren Fahrer den schnellsten Weg zu Gott suchten, kleben an den Bäumen der schmalen Eichsfelder Alleen. Die CDU plagen Nachwuchssorgen – trotz eindeutiger Parteinahme der katholischen Würdenträger.

Dennoch scheint hier, in der Mitte Deutschlands, das katholische Sozialgebilde heiler als irgendwo sonst. Die Jugendlichen zwängen sich eben sonntags noch in die engen Prozessionskutten. Irgendwie können auch sie mit dem diesjährigen Wallfahrtsmotto »Mittendrin und trotzdem anders« etwas anfangen, und sie singen mit, wenn der Prozessionschor zum Eichsfeld-Lied anhebt: »Schlägt deine letzte Stunde, es sei auf Eichsfelds Grunde!«

Und was hat das mit der CDU zu tun? Nur soviel: Sie ist der politische Gesangsverein dieser Region. Sie wird gewählt, trotz des Niedergangs der Tabak- und Textilindustrie, trotz des Hungerstreiks der Kali-Bergarbeiter, trotz einer Arbeitslosigkeit von 16 Prozent. Die Eichsfelder wählen nicht unbedingt Helmut Kohl, sie wählen sich selbst. Sie interessiert kein Wahlkampf, denn sie denken, wie ihre Kirche, in Jahrtausenden.

Dominik Wichmann

Sommer, Sonne, Bayern
Die Strategie der CSU im Zeitalter der Popkultur

Eine Geschichte über die Christlich Soziale Union kann an vielen Orten ihren Anfang nehmen. Vor gar nicht langer Zeit begannen die Erzählungen von der Allmacht dieser Partei nicht selten in einem Seitental der oberbayerischen Alpen. An diesem Ort, so geht die Sage, entfielen regelmäßig nur zwei Stimmen auf die Sozialdemokratie. Und weil ein Hamburger Magazin bei seiner Ursachenforschung ein aus Norddeutschland zugezogenes Lehrerehepaar unter den Einheimischen entdeckt hatte, war eine Erklärung gefunden und stets dann parat, wenn es wieder einmal zu begründen galt, warum in Bayern etwa vierzig Prozent der Wahlberechtigten *nicht* die CSU wählten: Preußische Sozis.

Eine Geschichte über die CSU kann aber auch ganz einfach mit dem Gedankenspiel beginnen, wie Deutschland und Bayern ohne die Existenz der Partei aussähen. »Trübe«, glaubt Wilfried Scharnagl, seit über zwanzig Jahren Chefredakteur des *Bayernkurier* und publizistischer Einpeitscher der Christsozialen, »ganz trübe«. In diesem Fall gliche die Stimmung im Freistaat wahrscheinlich ein wenig der Atmosphäre in Scharnagls Büro: Die Wände ziert eine Bildermischung, angefangen von öliger Folklore bis zum Plakat der englischen Universität Oxford. Das Schreibpult ist aus dunklem Holz gezimmert, darauf ein in Silber gerahmtes Portrait von Franz Josef Strauß. Die Demonstration von Macht und Einfluß stützt sich auf Schnappschüsse aus der Vergangenheit und wirkt gerade deshalb überholt und abgehängt vom Gang der Zeitläufte. Ohne die CSU, so viel ist sicher, wäre Bayern das Schicksal eines Bundeslandes unter vielen beschieden. Die Melancholie der verlorenen Macht würde wohl so sehr auf den Gemütern lasten, daß bei öffentlichen Kundgebungen die säuselnde Melodie des portugiesischen Fado fortan den Optimismus des bayerischen Defiliermarsches ersetzen müßte. Deutschland ohne die CSU? Das wäre wie ein Oktober ohne Fest, wie Föderalismus ohne F. Wer sich aber auch immer künftig auf die Suche nach den Gründen für die veränderte Rolle der CSU begäbe, der müßte im Herbst des Jahres 1998 zu graben beginnen.

»Für unser Überleben«, so verriet ein CSU-Stratege noch ein halbes

Jahr vor der Landtagswahl am 13. September, »ist es von überragender Bedeutung, daß wir unsere Position in Bayern halten und allein regieren. Alles andere ist zweitrangig.«[1] Zwar wird die CSU das bayerische Zepter auch weiterhin ohne einen Koalitionspartner durch die Legislaturperiode tragen, trotzdem steckt die Partei in einer Krise: Seit geraumer Zeit schon punktet der politische Gegner bei Bürgerentscheiden, und bis zum Sommer 1998 war nicht klar, ob Edmund Stoibers Regierung sich auch in Zukunft auf die absolute Mehrheit der Wähler würde stützen können und nicht nur auf eine Mehrheit der Mandate. Derlei Unsicherheiten gab es für die CSU seit 1962 nicht mehr. Der Nachwuchs stänkert, und erst kürzlich ereilte den JU-Landesvorsitzenden Markus Söder eine Erkenntnis, die für manchen CSU-Altvorderen einer Anerkennung des Labskaus als bayerische Spezialität gleichkommt: »Es gibt keine gottgewollten Mehrheiten im Freistaat Bayern. Nicht einmal für uns.«[2]

Bei den Landtagswahlen im September 1998 büßte die CSU in allen Regierungsbezirken außer (dem bevölkerungsreichen) Oberbayern Stimmen ein. Auf dem Selbstbewußtsein einer Partei, deren Gegner noch Anfang der achtziger Jahre lautstark warnten, der Freistaat Bayern befände sich auf dem sicheren Weg zum »totalen CSU-Staat«,[3] lastet dieses Schwinden der Allmacht wie ein Schleudertrauma. Allerdings zeigen sich die Probleme der Partei nicht allein im angekratzten Mythos der Unbesiegbarkeit. Viel schwerer wiegt demgegenüber das gleichzeitige Auftreten personeller, bundes- und landespolitischer Turbulenzen. Sollte sich die CSU-Führung in dieser Situation für den falschen Weg entscheiden, dann würden ihre Parteisoldaten alsbald tatsächlich auf dem Abstellgleis in Richtung Zukunft marschieren, und in den Seelen der CSU-Klientel sähe es so aus wie im Arbeitszimmer des Herrn Scharnagl. Warum es dazu nicht kommen wird, welche Optionen der CSU in den verschiedenen politischen Konstellationen nach der Bundestagswahl offenstehen und wofür sich die Partei entscheiden wird, sind daher Kernfragen, die das Wesen der CSU berühren.

Fundamente der Parteiideologie

Um all die Querschüsse und Profilierungsängste der CSU im Vorfeld des Wahlherbstes zu verstehen, ist ein Rückblick in die Vergangenheit hilfreich: Das Geschick der CSU bestand seit ihrer Gründung darin, die historischen Besonderheiten Bayerns aufzugreifen, diese zu überspitzen und sich dem Wähler eher als kulturelle Bewegung denn als politische Maschine vorzustellen. Voraussetzung dafür war die Tatsache, daß die politische Kultur Bayerns, schon lange vor der Gründung der Partei, in einem Prozeß der »inneren Homogenisierung«[4] entstanden war: Wenige Jahre, nachdem sich das »Neue Bayern« 1806 unter Napoleons Regie zum Königreich proklamieren durfte, modellierte der aufgeklärte Freiherr von Montgelas aus dem protestantischen Franken und dem katholischen Altbayern einen zentralistischen Verwaltungsstaat. Zusammengehalten von einer liberalen, antiklerikalen und hochqualifizierten Beamtenschaft, bereitete diese Entwicklung einer gesamtbayerischen Identität den Boden, ja: Die starke Staatsbürokratie selbst artikulierte sich hier erstmals als maßgeblicher Traditionsfaktor.[5]

Dieser Vorgeschichte sowie einem politischen Zufall verdankt die CSU das Privileg, seit ihrer Gründung im Jahre 1945 aus einem umfangreichen Reservoir an Tradition schöpfen zu können: Im Gegensatz zu den meisten anderen Bundesländern war die territoriale Integrität Bayerns auch nach dem Zweiten Weltkrieg intakt geblieben und das Land von lediglich einer Besatzungsmacht kontrolliert. Die Sonderstellung Bayerns war damit auch weiterhin gewährleistet. Da das Agrarland bis zu diesem Zeitpunkt von der Industrialisierung nur marginal betroffen war, griff die CSU erst jetzt die antimodernistischen Themen der politischen Romantik auf,[6] und auch der Ruf nach Föderalismus war in der Gründungsphase der Partei lediglich ein neuer Name für das, was der Historiker Karl Bosl wiederholt als »bayerische Staatsräson« beschrieb: Das ausdrückliche Verständnis von geteilter Identität, genährt durch die lange Zeit der Existenz als unabhängiges Staatswesen.[7] Die Strategie der CSU bestand darin, über Staat *und* Partei die vorhandenen Unterschiede innerhalb Bayerns – vor allem die konfessionelle Spaltung – weiter einzudampfen und den Freistaat sukzessive in *eine* politische Landschaft zu verwandeln.

Die Entwicklung der CSU zur bayerischen Volkspartei

Erst zu Beginn der sechziger Jahre jedoch, nach innerparteilichen Auseinandersetzungen um den Kurs gegen die anfänglich erbitterte Konkurrenz der Bayernpartei, besann sich die CSU ihres enormen politischen Potentials und entwickelte sich zu einer modernen Massen- und

Apparatepartei.[8] In seiner Streitschrift »Weltanschauung und Politik« schwor der neue CSU-Chefideologe Hanns Seidel die Partei auf ihre künftigen Charakteristika ein: Föderalismus, Modernisierung, konfessionelle Ungebundenheit, Traditionsbewußtsein sowie die »Überwindung des Liberalismus«.[9] Etlichen Honoratioren und Funktionären wies Seidel den Weg aufs Altenteil und formulierte statt dessen kühn das Credo der neuen Volkspartei: »Die CSU stellt die letzten metaphysischen Fragen nach Sein und Sinn der Welt als Ganzer.«[10]

Sie tat es tatsächlich. Mit Ausnahme der Arbeiterbewegung vereinigte die CSU in den folgenden Jahren alle wichtigen Strömungen des bayerischen Kontinuums: eine nationalliberale und konservative Beamtenschaft, den amorphen Katholizismus der Altbayern sowie den Pragmatismus der Nachkriegszeit, in der sich die Partei von den hegelianischen und kantianischen Traditionen der deutschen Staatsethik verabschiedet hatte. Später entwickelte die CSU zusätzlich eine soziale Vision und schleifte vor dem Hintergrund der sozialliberalen Ostpolitik sogar die protestantisch-sozialdemokratischen Hochburgen Frankens. In dieser Phase sicherte sich die CSU neben der traditionellen Loyalität des bayerischen Bauernverbandes außerdem die Unterstützung zahlreicher Mittelstandsvereinigungen. In einer Studie über die Defizite der bayerischen SPD analysierte ein Passauer Politologe unlängst einen weiteren Grund für den Erfolg der CSU: Während der durchschnittliche Sozialdemokrat seine Freizeit hauptsächlich im Kreise von Gesinnungsgenossen verbringt, sprich: Schafkopfen mit den Mitgliedern der Arbeitsgemeinschaft sozialdemokratischer Arbeitnehmer, sozialisieren sich CSU-Mitglieder wesentlich mehr in Bereichen außerhalb des eigenen Parteimilieus: bei der freiwilligen Feuerwehr, im Kegelclub oder Schützenverein.[11]

Aufgrund dieser Vereinnahmung des beinahe gesamten politischen und gesellschaftlichen Spektrums meldeten selbst kritische Zeitgenossen keine Zweifel an, als Franz Josef Strauß Ende der siebziger Jahre die CSU als »konservativ-liberal-progressive Partei« beschrieb.[12] Der CSU war es gelungen, ihr Parteisymbol und das bayerische Staatswappen in den Gemütern der Wähler gleichzusetzen. Das Motto der Partei, »Tradition und Fortschritt«, diente Tankstellenpächtern und Trachtenvereinen ebenso als Schlagwort wie der Münchner Ministerriege. Warum nur, fragte sich angesichts dessen der Passauer Kabarettist Sigi Zimmerschied, »warum nur schaffen's die, den Mikrochip und die unbefleckte Empfängnis unter einen Hut zu bringen«? Vielleicht, weil die CSU zwischen sich, dem Land und dem Wähler eine emotionale Bindung schmiedete. Oder anders formuliert: Weil die CSU das schöne Bayern erfand.[13]

»Sommer, Sonne, Bayern« jubelten die Wahlplakate, und das, obwohl es in Berlin nachweislich mehr Sonnentage als im Freistaat gibt. Egal, für 50 plus x Prozent der Wählerschaft hatte eine Bauernregel der politischen Großwetterlage Bayerns jahrzehntelang Gültigkeit: »Wenn am Morgen früh die Sonne lacht, hat's sicherlich die CSU gemacht; gibt es aber Eis und Schnee, war es garantiert die SPD.« Gerade weil die CSU sich als kulturelle Metapher präsentierte, war auch die Sozialdemokratie seit jeher weit mehr als ein politischer Gegner. Mit dem Satz, »Sozis hoaßns, Kommunisten sans«, stigmatisierte die CSU über Jahre hinweg die SPD als ideologischen Feind: preußisch, östlich, fremd. Da half es nichts, daß sich die hiesige Sozialdemokratie in voller Verzweiflung über ihre Bedeutungslosigkeit einen neuen Namen und ein blaues Briefpapier gönnte. Auch »Die bayerische SPD« mußte sich daran gewöhnen, daß eine allmächtige CSU mit der Landtagsopposition umsprang, als bestimme ein Bonmot Karl Valentins die Geschäftsordnung des Hauses: »Halten Sie Ihr Maul, wenn Sie mit mir reden!«[14] In dieser Phase absoluter Hegemonie war der Demokratievorbehalt *die* Konstante in der politischen Kultur eines Landes, in dem sich der Willensbildungsprozeß zwischen Parteivorstand, Tennisclub und Sakristei vollzog.

Die CSU in den neunziger Jahren

Dann starb Strauß. Der weiß-blaue Horizont verfärbte sich grau, denn der Tod des Charismatikers markierte für die CSU den Beginn von Herausforderungen, die der Politikwissenschaftler Eckhardt Jesse gar mit den existentiellen Krisen der Gründungsjahre, also der erbitterten Auseinandersetzung mit der Bayernpartei um den parteipolitischen Alleinvertretungsanspruch des Freistaats, verglich.[15] Am rechten Rand des CSU-Wählerpotentials begannen die Republikaner, eine vornehmlich bayerische Partei, zu nagen. Infolge der deutschen Vereinigung schrumpfte überdies die bundespolitische Bedeutung der CSU, und der unmotivierte Versuch, dieser Entwicklung mit der Gründung einer ostdeutschen Tochterpartei, der DSU, Einhalt zu gebieten, scheiterte. Für all jene Beobachter, die an Max Webers Diktum glaubten, legale Herrschaft entwickle sich zu traditioneller und schließlich charismatischer

Machtausübung, hatte die CSU mit ihrer Vaterfigur Strauß auch die Zukunft als Volkspartei verloren. Ein Irrtum, wie sich schon bald herausstellte: Mit ihren weiterhin hohen Wahlergebnissen strafte die CSU alle Kassandrarufer Lügen. Gleichzeitig aber verdeckten die überraschenden Erfolge tieferliegende Probleme: der anstehende Generationswechsel sowie die ungelöste Machtfrage in der Parteiführung. Beide Dilemmas sind bis heute nicht überwunden. Von ihrer Bewältigung aber hängt die Zukunft der CSU ab.

In die Nachfolge von Strauß rückten zunächst zwei politische Gestalten, die nicht in engster Tuchfühlung zu ihrem Vorgänger gestanden hatten: Der Oberammergauer Max Streibl als Ministerpräsident sowie der Schwabe Theo Waigel als Parteivorsitzender. Dem Proporz schien damit Genüge getan, doch in Reihe zwei rumorte es: Die populistischen Gaben Waigels mit denen von Strauß in Beziehung zu setzen mündete für viele in einem Vergleich zwischen Helikopterflügel und Tischventilator. Und Streibl? Als »dritten Engel von links« schmähte ihn die Münchner Presse in Anspielung auf Streibls Schauspielengagement bei den Passionsspielen seines Heimatortes. Selbst in den Augen zahlreicher Parteigänger verkörperte Streibl genau jenes Gespinst aus Klientelismus und Patronage, von dem sich die CSU um ihrer Glaubwürdigkeit willen distanzieren mußte. Der Zeitgeist erschien Anfang der neunziger Jahre in Bayern zwar noch immer in Lodenkluft, doch sein Wesen war anders als das der Strauß-Ära: asketisch, arbeitsam, mit einem Lebenslauf bar jeglicher Affären.

Edmund Stoiber wußte das. Seit der Amtsübernahme Streibls formte der ehemalige Generalsekretär und »Pitbull der Partei« (*Spiegel*) sich und sein Image zu einer personellen Alternative: Zunächst entledigte der blonde Schlaks sich seines Rufs als rechthaberischer Wadlbeißer und salbte seine Erscheinung mit oberbayerischem Lokalkolorit. Nach der politischen Mimikry schlüpfte aus der Schale des dürren Intellektuellen, dem Gstudierten aus der Stadt, ein strebsam-gediegener CSU-Honoratior vom Lande, der sich nicht mehr davor scheute, in Bierzelten seine Beliebtheit in Dezibel zu messen. Ein Technokrat und Populist, der weder um die Lufthoheit über Bayerns Stammtischen bangen noch seine Identität als Asket und Saubermann erfinden mußte: Jeder sah dem Novizen an, daß Lebenslust und Übermaß nicht zu seinen Lastern zählen.

So fiel es Stoiber bei seinem Schritt zur Macht auch nicht schwer, sich von denen positiv abzuheben, deren Vita nicht frei von jenen Skandalen war, welche die Medien Anfang der neunziger Jahre beinahe monatlich ans Tageslicht zerrten. Und weil ein lässiges Verhältnis zu rechtsstaatlicher Amtsführung in den langen Jahren unter Strauß als wenig verwerflich gegolten hatte, traf der Bannstrahl einer empörten Öffentlichkeit genau jene Protagonisten, die Stoiber und seinen Getreuen mittelfristig im Weg gestanden hätten: Alfred Dick, Gerold Tandler, Peter Gauweiler und vor allem Max Streibl. Die Entrüstung über das tolpatschige Gebaren des Ministerpräsidenten war 1993 so aufgepeitscht, daß selbst die bis dato gehorsam gebliebene Junge Union tosend in die Phalanx der Kritiker einschwenkte: In einem zunächst vertraulichen JU-Papier beschwerte sich deren oberfränkischer Bezirksvorsitzender Bernd Edelmann über »Perspektivlosigkeit und Heuchelei in der CSU«. Nur Stoiber, so der Verfasser, traue er den Wandel zu. »Nicht aber Streibl!«[16] Der dritte Engel von links nahm seinen Hut – womit das machiavellistische Lehrstück der jungen Garde aufgegangen war: Klug hatten sie die nach außen getragenen internen Probleme der Partei für den Generationswechsel an der Spitze instrumentalisiert und damit den Ruf nach personeller Erneuerung erzwungen. Gleichzeitig gelang es dem stark verjüngten und unbelasteten Kabinett Stoiber, die Fassade republikanischer Pflichterfüllung vor dem Tatbestand innerparteilicher Indiskretionen zu errichten: Trotz aller »Amigo-Affären« unterstützten bei der Landtagswahl 1994 mehr als 52 Prozent der Wähler den konservativen Neuanfang.

»Stoiber-Spirit« nennen Beobachter seitdem ein wenig irritiert den neuen Politikstil aus der Münchner Staatskanzlei, der so neu eigentlich gar nicht ist. Mit welchen Mitteln Stoiber versucht, das von Hanns Seidel zu Beginn der sechziger Jahre entworfene Erfolgsmodell unter den Bedingungen der Gegenwart zu kopieren, soll anhand von vier Determinanten christsozialer Politik untersucht werden. Deren Fortbestand auch nach der Ära Kohl zu garantieren wird die künftige Strategie der CSU kennzeichnen.

Tradition und Fortschritt: »Konservativ sein heißt, an der Spitze des Fortschritts marschieren«, tönte Strauß auf dem CSU-Parteitag 1968. »Laptop und Lederhose«, ruft sein Epigone Stoiber 30 Jahre später zu den Massen und läßt sich auf den Wahlplakaten vor weiß-blauer Kulisse und Mikrochip feiern. Der eine baute Kernkraftwerke, der andere engagiert sich für eine sächsisch-bayerische »Zukunftskommission« und trinkt Kaffee mit Bill Gates am Tegernsee. Bereits während seiner ersten Amtszeit investierte Stoiber fast die Hälfte der aus dem Verkauf von Staatsbeteiligungen (VIAG, Bayerngas, Bayernwerk) gewonnenen

Gelder von knapp 5,3 Milliarden Mark in den Ausbau biochemischer sowie kommunikationstechnischer Forschungszentren. Laut einer von der Bayerischen Staatsregierung in Auftrag gegebenen Studie haben sich mittlerweile 13 der 50 umsatzstärksten Pharmaunternehmen der Welt in Bayern niedergelassen; die Region München, so der Report, gehöre mit ihren derzeit 70 000 Beschäftigten in der Informations- und Kommunikationstechnologie bereits zu den weltweit erfolgreichsten vier Zentren.[17] Edmund Stoiber tut Gutes und redet darüber. Drei Monate vor der Landtagswahl ließ er sich und die seiner Politik schmeichelnden Daten auf einem »Technologie-Kongreß« in einer Weise feiern, die den Beobachter nur deshalb nicht glauben ließ, der Herr Ministerpräsident sei bereits auf dem Weg ins 22. Jahrhundert, weil Stoiber noch tags zuvor, für jedermann sichtbar, auf der Fronleichnamsprozession betend seine katholische Erbsünde durch die Münchner Innenstadt getragen hatte.

Bonn und München: Aus dem anfänglichen Manko eines zwischen Bonn und München gespaltenen Parteiapparats formten Franz Josef Strauß und Landesgruppenchef Fritz Zimmermann in den siebziger Jahren das politische Äquivalent zum physikalischen Phänomen der kommunizierenden Röhre: Einseitige Einflüsse stabilisieren beide Seiten. Über Jahrzehnte hinweg gelang es der CSU, die für die Verteilung von Fördergeldern entscheidenden Bonner Ressorts zu besetzen. So wuchs unter der Regie des Verteidigungsministers Strauß in der Region München eine der größten Waffenschmieden Europas heran – genährt durch regelmäßige Aufträge aus Bonn. Später betrieben die Bayern mit den Mitteln der Innovationspolitik des Postministeriums gezielt die Modernisierung ihres eigenen Bundeslandes, und auch das Gesundheitsministerium pumpte mit dem Bau von Großkliniken Millionensummen in vornehmlich strukturschwache Ecken des Freistaats. Kurzum: Die Regierungsbeteiligung im Bund garantierte Bayern noch zusätzlich zum warmen Regen des Länderfinanzausgleichs einen steten Strom an monetärer Unterstützung. Das Geschick der CSU bestand darin, die Früchte der Bundespolitik als aufgegangene Aussaat bayerischer Landespolitik dem heimischen Wahlvolk zu verkaufen. Das hinderte Strauß jedoch nicht daran, sich bundespolitischen Akteuren gegenüber oftmals so zu gebärden, als führten jene die Abschaffung Bayerns im Schilde.

Ganz ähnlich Stoiber: Noch immer profitiert er von der Politik bayerischer Minister am Rhein, und nur wenige Bundesländer betreiben eine derart aktive Europapolitik wie die Bayern. Parallel dazu aber vermittelte der Ministerpräsident vielen Bürgern monatelang die Illusion, er allein könne die Abschaffung der Deutschen Mark noch verhindern. Der Euro, so hörte man aus München, während der Bundesfinanzminister und CSU-Chef Theo Waigel in Brüssel gerade über die Modalitäten der baldigen Einführung verhandelte, der Euro sei der Ausverkauf deutscher und bayerischer Identität. Zwei Wochen später lenkte Stoiber ein, statt dessen watschten seine Weißblauen nun in einer Handbewegung den Außenminister und Wolfgang Schäuble ab, nur um wenig später den Bonner Auguren zu signalisieren, für den Posten des Kanzlerkandidaten verfüge auch die CSU über Leute mit »ausgezeichneten Fähigkeiten«.

Außerbayerische Faktoren: Die höchsten Ergebnisse erzielte die CSU, als sie die Landtagswahlen von 1970 und 1974 zu Plebisziten gegen die Ostpolitik der sozialliberalen Koalition stilisierte. Da sich in den Industriegebieten Frankens nach dem Zweiten Weltkrieg etliche Vertriebene niedergelassen hatten, gelang es der Partei auch erstmals, die traditionelle Vorherrschaft der SPD in jenem Gebiet zu brechen. Im Wahljahr 1998 glich der Kampf der CSU gegen die PDS dem Bild eines Schattenboxers: Die ostdeutsche Partei ist in Bayern so gut wie nicht vertreten, dennoch mühten sich die CSU-Oberen, den Eindruck zu erwecken, das Votum für ihre Partei sei das letzte Mittel gegen eine große Koalition aus SPD, PDS, Russenmafia und Heiner Geißler. »Wer die Grünen wählt«, warnte auch Wilfried Scharnagl, »vergeht sich am Gemeinwohl.« Auf dem Spiel, so sollte der Wähler glauben, stehe eine Weltanschauung. In Wirklichkeit jedoch gibt es keine weniger ideologisch ausgerichtete Partei als die CSU, wenn alle vier Jahre mit den Mandaten auch die Macht verteilt wird. Früher geißelte die CSU mit beinahe gegenreformatorischem Sendungsbewußtsein jede Form liberalen Denkens als »Abgleiten in den Nihilismus«, dieser Tage ereifert sich der Ministerpräsident mit dem Kreuz in der Hand auf Großdemonstrationen gegen das Kruzifix-Urteil des Bundesverfassungsgerichts und eröffnet anschließend im Speckgürtel der Landeshauptstadt ein neues Gentechniklabor. Die Inhalte mögen sich geändert haben, das Prinzip der Ambivalenz ist geblieben.

Innerbayerische Faktoren: Wie geschildert, war für den landesweiten Durchbruch der CSU die Umwandlung Bayerns von einer geographischen in eine politische Landschaft von entscheidender Bedeutung. Bewerkstelligen ließ sich dies durch die Schaffung eines gut funktionierenden Apparates, dem es gelang, einerseits die Anhängerschaft der Bayernpartei zu absorbieren und andererseits das sozialdemokratische Franken zu erobern. Dem Charakter einer Volkspartei wurde die CSU insoweit gerecht, daß sie sich mit dem S in der Mitte ihres Akronyms auch den Arbeitnehmern zuwandte und sich gleichzeitig, getreu ihrem Leitsatz, »rechts von der CSU darf es keine demokratische Partei geben«, einen Großteil des rechten Wählerspektrums sicherte. Diese Bedingungen für den Gewinn absoluter Mehrheiten gelten heute erst recht. Deshalb nahm der Zwist zwischen dem Bundesgesundheitsminister Seehofer (CSU) und der bayerischen Sozialministerin Barbara Stamm im Vorfeld der Wahlen ebensowenig wunder wie die Einladung an den längst diskreditierten Rechtsausleger Peter Gauweiler, auf dem kleinen Parteitag in Ingolstadt doch einen Redebeitrag zum Thema »Deutschland ist kein Einwanderungsland« zu leisten – drei Wochen zuvor hatte die aus München ferngesteuerte DVU 13 Prozent bei der Landtagswahl in Sachsen-Anhalt errungen.

Edmund Stoiber spielt abwechselnd und in verschiedenen Kostümen auf diesen vier Bühnen des bayerischen Welttheaters. Doch er beläßt es nicht dabei: Stets rechtfertigt er seine Einwände gegen den Länderfinanzausgleich, ein Einwanderungsgesetz oder die Einführung des Euro mit Erinnerungshilfen an eine von der CSU selbst geschaffene und funktionalisierte Historie. Allmählich droht sich der Eindruck zu verfestigen, daß eine starke Staatsbürokratie, die Dissonanz zwischen Konservativismus und Erneuerung, die Ablehnung der multikulturellen Gesellschaft sowie die Regierungsverantwortung der CSU allesamt urwüchsige Merkmale bayerischer Tradition seien. Stoiber hat damit als erster Unionspolitiker die Spielregeln der Popkultur in der Sphäre des Politischen begriffen: zitieren und wiederverwerten, denn alles Neue erlangt seine Identität erst durch den Rückbezug auf Vertrautes.

Das so kreierte Image könnte sich aber als Spanische Wand erweisen, hinter der sich, abgeschirmt von einer kritischen Öffentlichkeit, enorme soziale Wandlungen abspielen. Seit dem Amtsantritt Stoibers stieg die Arbeitslosenquote auch im Freistaat merklich. Zwar verfügt Bayern noch immer über die höchste Investitionsquote aller Bundesländer, doch mit einem Rückgang von fast 16 Prozent innerhalb der letzten fünf Jahre sank die Quote stärker als irgendwo sonst. Aus Angst, der vom bayerischen Sozialministerium in Auftrag gegebene Sozialreport enthalte zu viel politischen Sprengstoff, vertagte die Ministerin die Präsentation auf einen unbestimmten Zeitpunkt nach der Wahl. Die Sorge war berechtigt: Laut dem Sozialreport sind in Bayern 214000 Menschen auf Sozialhilfe angewiesen, was eine Steigerung um 164 Prozent innerhalb der letzten 15 Jahre bedeutet. »Kinderreichtum«, so der Bericht weiter, »ist auch in Bayern ein zentrales Armutsrisiko.«[18] Ein Satz, der sich nicht recht fügen will in die Vision vom modernen Büro Bayern, in dem sich der Papa auf seinen Bildschirmschoner die Photos seiner Burschen und Madln lädt – mit so vielen Sprößlingen könnte sich der Papa nämlich keinen Computer mehr leisten. Deshalb flüstert die Öffentlichkeitsarbeit der Staatsregierung solche Fakten nur und jubelt statt dessen jede noch so gewöhnliche Landespolitik zu Einsätzen im Sinne des bayerischen Föderalismus hoch. Und der Ministerpräsident darf das noch immer tief verwurzelte Inferioritätsdenken seiner Landsleute mit Sätzen blendender Selbstüberschätzung streicheln: »Ich sage ja nicht, daß am bayerischen Wesen die Welt genesen soll.«[19]

Woher also die Krise der CSU? Bei genauerer Betrachtung zeigt sich, daß das bislang so erfolgreiche System hakt. So funktioniert das Wechselspiel zwischen der Münchner Staatskanzlei und der Bonner Landesgruppe schon seit geraumer Zeit nicht mehr so reibungslos, wie es Theo Waigel und Edmund Stoiber gerne hätten. Zu dem Problem, daß sich Bonner Regierungspolitik schlecht kritisieren läßt, wenn man mit vier Ministern selbst daran beteiligt ist, kommt erschwerend der Disput zwischen Waigel und Stoiber: Beide trennen nicht nur unterschiedliche Karrierewege – Waigel etablierte sich in Bonn, Stoiber auf dem Schoß von Strauß –, sondern vor allem gegenseitig unterstellte Intrigen im Kampf um die Nachfolge Streibls als Ministerpräsident. Die einst »furchterregende Einstimmigkeit der CSU« (Herbert Wehner) ist dahin, seit jeder der beiden Diadochen im Handeln des anderen eine Finte vermuten muß. »München und Bonn blockieren sich gegenseitig«, klagte ein CSU-Bundestagsmitglied vor der Wahl, »so kann es doch nicht weitergehen.«

Auch in Bayern hat die CSU zu kämpfen. Vor allem der noch nicht auf allen Parteiebenen vollzogene Kurs- und Generationswechsel macht dem Erneuerer Stoiber zu schaffen. »Der Mittelbau, beginnend auf der Hinterbank von Bundestag und Landtag, die Honoratioren, herrische Landräte und Bürgermeister sind die Last der CSU«,[20] bemerkte ein Kommentator der *Süddeutschen Zeitung.* Die Leitung kann predigen, daß der Bayerische Senat als Beraterkammer erhalten bleiben müsse, das Fußvolk läßt sie hängen und folgt dem Aufruf der Opposition. In den Ortsvereinen fehlen die Vermittler, in der gesamten Partei die

Frauen: Nicht einmal jedes fünfte CSU-Mitglied ist weiblich. Mehr noch: 17 Prozent aller Mitglieder sind älter als 65 Jahre, lediglich zwei Prozent gehören zu den unter 25jährigen. Da werde offensichtlich, schreibt Erwin Huber in seiner Schrift »Aufgaben einer modernen Volkspartei«, »wo es fehlt und wo wir verstärkt arbeiten müssen«.[21] Doch der Appell Hubers zeigte bei der Aufstellung der Landesliste für die Bundestagswahl nur teilweise Wirkung: Auf die ersten 20 Plätze wählten die Delegierten lediglich fünf Frauen, nur die Junge Union erzielte ihr bestes Ergebnis seit acht Jahren.

Ein Grund für den Erfolg des Nachwuchses ist dessen Leithammel Markus Söder. Der 31jährige JU-Landesvorsitzende gilt als politischer Ziehsohn Edmund Stoibers und profilierte sich mit den Themen Hochschul-, Sicherheits- und Wirtschaftspolitik. Söder ist von großer Statur und trägt gerne karierte Sakkos über dunklen Rollkragenpullis. Ein Yuppie, der sich volksnah gibt und seine Sätze aus einfachem, redlichem Wortmaterial formt. Brav mimt er den rechtskonservativen Jungschen, wettert gegen eine »Islamisierung« Bayerns und eine kompromißbereite Drogenpolitik. Innovation ja, Brauchtum ja, Umwelt ja, Ökosteuer nein. Söder ist gefügig, Söder ist loyal: »Der Edmund Stoiber ist der König in diesem Land.« Doch hat er auch das Zeug zu einem charismatischen Politiker? »Glamour«, schrieb die Modejournalistin Suzy Menkes einmal, entstehe, »wenn ein bewegtes Leben für Sekunden stillhält.« Auf die Politik angewandt, stellt ein solcher Satz der Zukunft Markus Söders eine triste Prognose. Wie nahezu der gesamte CSU-Nachwuchs, so ist auch Söder zu glatt, zu gehorsam und wahrscheinlich auch zu leichtgewichtig, vor allem dann, wenn er seinen angeblichen Hang zum kosmopolitischen Dasein mit »Praktika in Köln, Bonn und Berlin« begründet. Vielleicht ist das Rückgrat der Kinder der politischen Popkultur zu fragil, um eine der wesentlichen Aufgaben der CSU, die Spannung von Modernisierung und sozialer Integration, tragen zu können.

Die CSU nach Kohl

Die Lebensversicherung der CSU ist die Gewißheit der CDU, bei einem Antreten zu einer Landtagswahl in Bayern niemals so viele Stimmen zu erhalten wie ihre bayerische Schwesterpartei. Mit anderen Worten: Solange die absolute Mehrheit steht, ist die Existenz der CSU gesichert. Dafür muß sich in regelmäßigen Abständen die Bundespolitik dem lan-

despolitischen Erfolg unterordnen, und dafür muß Edmund Stoiber
eine Neudefinition des Konservativismus gelingen, wie sie vor ihm nur
Franz Josef Strauß zustande brachte.

Die Wirtschaft erobere sich nun, am Ende des 20. Jahrhunderts,
zurück, was die Politik ihr in 200 Jahren abgerungen habe. Dieses Ver-
dikt von Wilhelm Hennis ist zum Ohrwurm einer Kapitalismuskritik
geworden, die sich aus dem Gedanken speist, Politik und Staat dankten
im Zeitalter der Globalisierung endgültig ab. Gegen das Sterben des
Staates, so wollen Vordenker der Konservativen wie Hermann Lübbe
wissen, helfe nur ein neuer, gewaltiger »Mythos des Politischen«. Für die
notwendige Modernisierung jedoch, das weiß auch Lübbe, sei die Gesellschaft zu konservativ. »Andererseits zerreißt gerade eine Modernisierung den inneren Konsens.« Um das zu verhindern, empfiehlt er Werte,
Tugenden – wenn möglich Religion.[22] Ist das der »Stoiber-Spirit«? Kein
anderes Denkmodell jedenfalls beschreibt die langfristige Strategie des
Ober-Bayern so treffend wie das von Hermann Lübbe. Ausgehend davon und angesichts der machtpolitischen Ausgangslage für die CSU
nach der Landtagswahl lassen sich die wesentlichen Entwicklungslinien
der Partei nach der Ära Kohl skizzieren.

Auf der Landesebene wird Stoiber den begonnenen Generationswechsel weiter vorantreiben, zunächst voraussichtlich in den Reihen der
überalterten Landtagsfraktion. Darüber hinaus stehen Reformen in der
Münchner CSU an, seit Jahren schon keine Stätte konstruktiver Politik
mehr. Denn von den rhetorischen Ausfällen Erich Riedls (»Münchens
Süden ist eine asylantenfreie Zone«) und Peter Gauweilers (»Statt über
die Wehrmacht sollte Herr Reemtsma lieber eine Ausstellung über die
Opfer der Tabakindustrie finanzieren«) profitiert vor allem die SPD. Ein
Signal für den Willen zur Erneuerung war die Nominierung des 39jäh-
rigen Juristen Aribert Wolf auf vormals Riedls sicheren Bundestags-
listenplatz sowie dessen von Stoiber ausdrücklich begrüßte Kandidatur
im Wahlkreis München-Mitte, in dem die SPD bei der Bundestagswahl
1994 ihr einziges Direktmandat in Bayern gewinnen konnte. Viel Ver-
trauensvorschuß also für einen Mann, den die Partei noch vor zwei Jahren ausschließen wollte, weil Wolf aus Frust über die Ämterblockade der
Alten zur Wahl des Münchner Stadtrats eine eigene, »Junge Liste« aufgestellt hatte und auf seinen Wahlplakaten die ehemaligen Kollegen als
»CSU-Flaschen« beschimpfte.

Das Ergebnis der Landtagswahl zeigt außerdem, daß die Zeiten kla-
rer absoluter Mehrheiten auch in Bayern zuende gehen – das Resultat

vom 13. 9. 98 zählt immerhin zu den schlechtesten seit Anfang der 60er Jahre. Für Edmund Stoiber bedeutet dies, daß er künftig noch mehr auf die Landespolitik beschränkt bleiben wird. Denn je öfter er sich seinem Wahlvolk im Gewand eines alpenländischen Landvogts präsentiert, desto geringer ist seine Vermittelbarkeit außerhalb Bayerns; um so häufiger Stoibers Reflexe Bonner Befindlichkeiten berühren, nicht selten motiviert von der Intimfeindschaft zu Theo Waigel, desto mehr verliert Stoiber an genau jener Integrationsfähigkeit, die jeder Bundespolitiker benötigt. Deutlich zeigte sich dieses Dilemma während der aus München lancierten Angriffe auf Wolfgang Schäuble. Obwohl der mit seiner inhaltlichen Spanne von Wertkonservativismus bis Modernisierungseifer ein auch für die CSU respektabler Kanzlerkandidat gewesen wäre, versuchten Stoibers Adepten den Kronprinzen Kohls in der Nachfolgedebatte zu diskreditieren. Einerseits war es der nahende Wahlkampf in Bayern, der die CSU zum Egoismus trieb, andererseits erinnern sich noch viele Christsoziale an einen Wolfgang Schäuble, der als Parlamentarischer Geschäftsführer vor 20 Jahren die Satzung der CDU so änderte, daß sie – als Antwort auf die Scheidungsdrohung von Kreuth – jederzeit hätte in Bayern einmarschieren können. »Dann schon lieber Helmut Kohl«, so ein Mitglied des Parteipräsidiums, denn der habe wenigstens eine Affinität zu Bayern. »Kohl denkt in landsmannschaftlichen Kategorien.«

So scheint offensichtlich zu sein, warum die CSU bei der Bildung einer großen Koalition nur verlieren kann. Verweigerte sie sich der Fraktionsgemeinschaft und Teilnahme an der Koalition – so wie von Theo Waigel mehrfach angedroht –, stünde der CSU das Schicksal einer bedeutungslosen Regionalpartei bevor, ohne Zugriff auf die Pfründe des Bundes. Stellte sie aber selbst einen Teil der Regierungsmannschaft, dann müßte die Bonner Landesgruppe unter dem ungeliebten Bundestrainer Schäuble spielen; leitete hingegen ein SPD-Kanzler die Koalition, dann verlöre die CSU gleich zweierlei: ihr rotes Feindbild und das Drohpotential eines jeden Mehrheitsbeschaffers. Deshalb wird es zu einer Spaltung des Unionslagers nicht kommen, denn daran kann auch der CDU nicht gelegen sein: Sie ist sowohl auf eine langfristig starke CSU in Bayern als auch auf die von der Schwesterpartei programmatisch besetzten bundespolitischen Themen – zum Beispiel die Ausländerpolitik – angewiesen.

Nach außen wird die Abneigung der Bayern gegen eine großen Koalition lediglich übertroffen von ihrer Panik vor einer rotgrünen Bundesregierung. Neben einer Fortsetzung der bisherigen Koalition böte aber gerade diese Konstellation nahezu alle Voraussetzungen, welche die CSU zur Konsolidierung ihrer eigenen Machtbasis gegenwärtig benötigte: ein außerbayerisches Feindbild sowie ausreichend Regenerationszeit, um den innerparteilichen Strukturwandel voranzutreiben. Entscheidend dafür wird auch die Klärung der Machtfrage innerhalb der CSU-Spitze sein: Ohne die Entmachtung Waigels als Parteivorsitzender kann Stoiber keine genaue Kopie des Erfolgsmodells seines Vorbildes Strauß anfertigen. Waigel stört: Bei Stoibers Schaukelpolitik zwischen Bonn und München ebenso wie bei seinem Vorhaben, eine an den Zeitgeist angepaßte Version der Alleinherrschaft anzutreten. In den Worten Markus Söders: »Der Stoiber, der kommt bei uns Jungen an. Der hat so was Leitendes. Den bewundert man einfach. Das hat kein anderer.«

In diesen Zusammenhang paßt eine Anekdote des vorvergangenen Jahres. Als sich Edmund Stoiber anschickte, fast ein Jahrzehnt nach dem Ableben von Strauß den ihn umwabernden Mythos fortzublasen und den Personenkult um den Verstorbenen zu beenden, da soll dessen Sohn Max gedroht haben, seine Geschwister und er müßten sich nur 24 Stunden an einen Tisch setzen und all ihr Wissen niederschreiben – und Stoiber wäre erledigt. Dazu kam es nie.

Jochen Thies

Kein Nachwuchs in Sicht
Perspektiven christdemokratischer Außenpolitik

In der deutschen Außenpolitik steht nach den Bundestagswahlen 1998 in allen Parteien ein tiefer personeller Einschnitt bevor. Außenpolitiker und außen- und sicherheitspolitisch Interessierte, die die Plenarsitzungen und Ausschüsse des Bundestags seit den späten sechziger Jahren prägten und Respekt in der Öffentlichkeit und im Ausland erwarben, verlassen das Parlament. Wenige bleiben zurück. Von denen, die jünger als 40 Jahre alt sind, hat sich noch kaum jemand als Außenpolitiker profilieren können. Welche Auswirkungen dieser massenhafte Abgang von Politikern wie Hans-Dietrich Genscher, Otto Graf Lambsdorff, Norbert Gansel, Karsten Voigt, Freimut Duve, Gerhard Stoltenberg und Alfred Dregger, um nur die wichtigsten zu nennen, mittelfristig auf die demnächst von Berlin aus betriebene Politik des Landes haben wird, ist noch nicht abzusehen. An der Westorientierung der Bundesrepublik, an der generellen Kursrichtung wird sich zunächst nichts ändern. Aber es hat den Anschein, als werde die 35jährige Phase der engen Zusammenarbeit mit Frankreich durch ein neues Dreieck der Kooperation zwischen Berlin, Paris und London ersetzt.

Helmut Kohl, seit einem Vierteljahrhundert CDU-Parteivorsitzender, ist in gewisser Weise der letzte Repräsentant von eineinhalb bis zwei Generationen deutscher Politiker, die ein besonderes Verhältnis zur Außenpolitik hatten oder von ihr besonders geprägt wurden. Die beiden Kanzler und Amtsvorgänger, Willy Brandt und Helmut Schmidt, gehörten zur den Exil- und Kriegsjahrgängen. Die Erfahrungen im Ausland, die mit dem Kriegserlebnis verbundene große Mobilität, prägten beide. Ohne die Erfahrung des Nationalsozialismus wären sie, anders als Helmut Kohl, wohl auch nicht in die Politik gegangen. Brandt wäre wohl Journalist geblieben und Helmut Schmidt hoher Verwaltungsbeamter oder Stadtplaner in seiner Heimatstadt Hamburg geworden. Helmut Kohl ist dagegen schon der »Flakhelfergeneration« zuzurechnen, den Jahrgängen um 1930, die zu jung waren, um noch zu Hitlers Zeiten eine Biographie zu entwickeln. Brandt, Schmidt und Kohl verarbeiteten auf ihre Weise das Erlebnis der Schuld und totalen Isolation Deutschlands nach dem Zweiten Weltkrieg. Auch wenn Kohl noch lange ein vermeintlicher Provinzpolitiker in Rheinland-Pfalz blieb, war der Außenpolitiker in ihm bereits angelegt: durch die Erfahrungen des Elternhauses im Ersten und Zweiten Weltkrieg, die Französische Besatzungszone, in der Ludwigshafen von 1945 an lag, und den Studienort Heidelberg, den die amerikanische Besatzungsmacht prägte. Es war die logische Konsequenz für einen politisch wachen Menschen wie Kohl, sich mit 16, 17 Jahren rückhaltlos für die europäische Idee zu engagieren und in einer spektakulären Aktion, von der er noch immer mit großer innerer Bewegung spricht, die Schlagbäume an den Grenzen niederzureißen.

Die Entwicklung des Außenpolitikers Kohl verlief nach der Übernahme des Bundeskanzleramtes am 1. Oktober 1982 in Schüben. Drei Abschnitte aktiver, gestaltender Außenpolitik werden dabei sichtbar.

Kohl mußte sich unmittelbar nach Amtsantritt sogleich der großen Herausforderung stellen, den NATO-Doppelbeschluß durchzusetzen. Er schaffte dies im Verein mit dem französischen Staatspräsidenten François Mitterrand, dem er den denkwürdigen Auftritt im Deutschen Bundestag ebensowenig vergaß wie die Rede zugunsten der deutschen Wehrmacht beim letzten Besuch des geschichtsmächtigen Franzosen in Berlin. Nach 1984 trat eine Konzentration auf die deutsche Innenpolitik ein, eine Strategie der Vermeidung großer außenpolitischer Konflikte, die vom Koalitionspartner Hans-Dietrich Genscher meisterhaft umgesetzt wurde. Genscher nutzte gleichzeitig die Gelegenheit, der Rolle des Juniorpartners zu Zeiten von Helmut Schmidt zu entschlüpfen, der, wie auch der späte Helmut Kohl, die wichtigsten Verbindungen nach Paris, Washington und London im Direktkontakt selbst gepflegt hatte.

Die große Zeit der Außenpolitik begann für Kohl mit dem Fall der Berliner Mauer. Begleitet von Horst Teltschik, dem Vertrauten aus Mainzer Tagen und außenpolitischen Experten, sah sich Kohl gezwungen, den zu vorsichtigen Kurs von Genscher zu übersteuern und mit Hilfe der amerikanischen Administration die einmalige Chance zur deutschen Wiedervereinigung zu nutzen. Vor allem dem Engagement des damaligen Verteidigungsministers Gerhard Stoltenberg war es zu verdanken, daß das wiedervereinigte Land auch mit seinem Ostteil volles Mitglied der NATO blieb und nicht – wie Moskau es wünschte – in zwei Zonen unterschiedlicher Sicherheit mit allen Konsequenzen für Ostmitteleuropa aufgeteilt wurde. Kohl erlebte dabei an der Jahreswende 1989/90 allerdings die Überraschung, daß das Netz der engen persönlichen Kontakte, die er während der vorangegangenen Jahre geknüpft hatte, löchrig wurde, als sich der Nation die Schicksalsfrage stellte. Frankreich und Großbritannien versuchten, die einmalige historische Entwicklung wenn nicht zu vereiteln, so doch mit einer Verzögerungsstrategie zu verlangsamen. Kohl selbst hat dies später mit der Bemerkung auf den Punkt gebracht, daß er sich in dieser Stunde nur auf eine Handvoll Politiker habe verlassen können, auf George Bush, Jacques Delors und Felipe Gonzalez.

Der dritte wichtige Abschnitt des Außenpolitikers Helmut Kohl begann, als Hans-Dietrich Genscher im Frühjahr 1992 nach insgesamt 18 Dienstjahren überraschend seinen Abschied nahm. Er zog damit, ein wenig zu spät, die Konsequenzen aus der völlig veränderten Lage Deutschlands, das als geteiltes Land jahrzehntelang Sicherheit importiert hatte, nun aber gezwungen war, binnen kürzester Zeit mit allen Pflichten in den internationalen Solidaritätsverbund von NATO und UNO einzutreten. Drei Großereignisse trafen Kohl und Genscher unvorbereitet, aus denen der FDP-Politiker dann rasch seine Konsequenzen zog: der Zusammenbruch der Sowjetunion, gefolgt von zwei Putschversuchen der Armee, der Golf-Krieg und das Auseinanderbrechen Jugoslawiens. Der Kurswechsel zu mehr Realismus und Verantwortung in der deutschen Außenpolitik gelang dann in erstaunlich kurzer Zeit mit Hilfe des Bundesverfassungsgerichtes, das mit mehreren Entscheidungen den Weg zu Einsätzen der Bundeswehr außerhalb des NATO-Bereichs ebnete. Als Horst Teltschik, für Außenpolitik zuständiger Abteilungsleiter im Bundeskanzleramt, seinen Abschied nahm und Klaus Kinkel als Außenminister an die Stelle von Genscher trat, war Kohl aufgrund der Erfahrungen der zurückliegenden Jahre und seiner schon lange währenden Dienstzeit in der Lage, den Kurs der deutschen Außenpolitik fortan selbst zu bestimmen. Neuer Gehilfe im Bundeskanzleramt war nun Ministerialdirektor Joachim Bitterlich, ein Frankreich-Spezialist, der die Gunst der Stunde nutzte und einen Karrieresprung in der Regierungszentrale hinlegte. Diesem Mitarbeiter des Kanzlers wuchs während der letzten Präsidentenjahre von Mitterrand phasenweise die Rolle eines heimlichen Außenministers der Bundesrepublik zu. Gleichzeitig wuchsen die Spannungen zwischen Kanzleramt und Auswärtigem Amt. Der persönliche Regierungsstil von Kohl mit zahlreichen bilateralen Begegnungen führte dazu, daß das Amt über die Inhalte von Vieraugengesprächen von Kohl, über Reisen von Bitterlich an die Seine oder Briefe des Kanzlers an auswärtige Spitzenpolitiker nicht informiert war.

Kohls Verständnis von Außenpolitik ist einfach zu umreißen: Freundschaft und engster Kontakt zu den USA, Freundschaft und Konzessionsbereitschaft bis an die Grenzen zu Frankreich und schrittweise Realisierung der Vision des jungen Helmut Kohl, der mit 17 Jahren in die Politik ging, vom vereinigten Europa. Vermutlich träumt Kohl bis zum heutigen Tag vom europäischen Bundesstaat, von dem er in seinen besten Tagen, in den ersten zwei, drei Jahren nach der deutschen Wiedervereinigung, geglaubt hat, ihn im Verbund mit der Einführung einer europäischen Währung noch selbst in die Tat umsetzen zu können. Davon hat die amtliche Politik mittlerweile Abschied genommen. In Maastricht war das Junktim zwischen Vertiefung der Gemeinschaftsinstitutionen und Einführung des Euro nicht herzustellen, wie die Geschichte mittlerweile gelehrt hat. Der Nationalstaat bleibt trotz aller Globalisierungstrends eine zählebige, wohl auch weiterhin wünschenswerte Institution. Bemerkenswerterweise bezeichnet Kohl die Einigung Europas als eine Frage von Krieg und Frieden, und sein Amtsvorgänger Helmut Schmidt pflichtet ihm hierin bei. Sind beide gemeinsam skeptisch, was die künftige Stabilität Deutschlands betrifft? Haben sie Sorge vor einem erneuten deutschen Sonderweg, der Deutschland wiederholt ins Verderben stürzte? Drohen ungeahnte Risiken aufgrund der deutschen Mittellage? Ist das deutsche Eigengewicht in Europa erneut so stark, daß es ohne Einbindung in supranationale Strukturen die europäische Balance gefährden könnte? In Parlamentsreden von Schmidt sind derartige Befürchtungen angeklungen. Konrad Adenauer hegte, wie man weiß, seinerzeit ähnliche Befürchtungen.

Unterschätzt wird bis heute, was Kohl, wohl der Bundeskanzler mit den besten Geschichtskenntnissen und dem ausgeprägtesten historischen Bewußtsein, für Europa getan hat. Denn der begabte Machtpolitiker hielt nicht nur enge Kontakte zu den Großen dieser Welt, sondern mehr als jeder andere deutsche Spitzenpolitiker auch zu den Kleinen wie Luxemburg oder Belgien. Es gelang ihm damit, das noch immer tiefsitzende Mißtrauen aufgrund der bitteren Erfahrungen dieser Länder während der deutschen Besatzungszeit im Zweiten Weltkrieg abzubauen. Das angesammelte Kapital war wichtig und zahlte sich, trotz der erwähnten anfänglichen Widerstände, letztlich aus, als die Chance zur Wiedervereinigung kam.

Kohls außenpolitische Regierungspraxis, das persönliche Regime mit immer mehr Anklängen an einen Präsidialstil, stieß mit den Jahren an Grenzen. Es gelang ihm nicht, den engen Kontakt, der zu Mitterrand bestanden hatte, auf den Nachfolger Jacques Chirac zu übertragen. Seitdem herrscht mehr oder weniger Stillstand in den deutsch-französischen Beziehungen, wird der Kampf um Spitzenpositionen wie die Leitung der Europäischen Zentralbank in aller Öffentlichkeit ausgetragen. Bezeichnenderweise gelang es Bonn auch nicht, Paris zur Rückkehr in die militärische Integration der NATO zu überreden, obwohl Kohl die Atomtestserie Frankreichs im pazifischen Mururoa-Atoll bis an die Grenzen seiner Möglichkeiten verteidigt hatte.

Auch die Kontakte zu den Vereinigten Staaten von Amerika und zu Großbritannien lassen ungeachtet anderer Bekundungen Kohls zu wünschen übrig. Dort ist bereits eine andere Generation an die Macht gekommen, die einen eigenen Umgang miteinander pflegt. Nicht von ungefähr hat Präsident Bill Clinton den britischen Premierminister Tony Blair als wichtigsten europäischen Partner entdeckt, der ihm bei der Irak-Krise im Frühjahr 1998, als Clinton innenpolitisch angeschlagen war, sofort zur Hilfe kam – und der als Ratspräsident der Europäischen Union erst gar nicht den Versuch unternahm, die Partner zu konsultieren.

Nach dem großen Generationswechsel in der Union, der bevorzustehen scheint, ist die Zahl bedeutender Außenpolitiker an einer Hand abzuzählen. An erster Stelle ist Bundesverteidigungsminister Volker Rühe zu nennen, ein Mann mit einem hervorragenden internationalen Standing und exzellenten Sprachkenntnissen im Englischen, die in der deutschen Politik leider keine Selbstverständlichkeit sind. Rühe dürfte sich, nach dem Tod des polyglotten Manfred Wörner, als der Christdemokrat mit den besten Verbindungen zu den USA rühmen können. Weniger gut sind die Kontakte des Norddeutschen nach Frankreich, vielleicht eine Mentalitätsfrage, die wieder wichtiger wird, weil der Norden und der Osten Deutschlands insgesamt wenig Kenntnisse über das westliche Nachbarland haben. Hier kommt auf das Deutsch-Französische Jugendwerk eine neue große Aufgabe zu. Ähnlich wie Rühe hat auch der aus Niedersachsen stammende Vorsitzende des Auswärtigen Ausschusses, Karl-Heinz Hornhues, eine klare Präferenz für die angloamerikanische Welt. Wichtigster Kontaktmann der Union für Frankreich war bisher der Bundestagsabgeordnete Karl Lamers, der diese Rolle wohl mangels Konkurrenz in den eigenen Reihen beibehalten wird. Der Fraktionsvorsitzende Wolfgang Schäuble gehört ebenfalls zur kleinen Gruppe von Außenpolitikern in der Union mit sehr guten Kontakten zu Frankreich, aber auch in die anderen westlichen Hauptstädte.

Schäuble war während seiner Zeit als Bundesinnenminister auf das engste mit seinem französischen Amtskollegen Joxe befreundet, eine absolute Seltenheit. Außerhalb der Union und des Parlaments sind die
neuen Aktivitäten von Schäubles Stellvertreter, dem ehemaligen Bundesinnenminister Rudolf Seiters, kaum bekannt. Seiters hat ähnlich wie
Rudolf Scharping in der SPD während der letzten Jahre den Versuch
unternommen, eine außenpolitische Gesamtkompetenz zu erlangen.
Als außenpolitische Schwergewichte sind in der Unionsfraktion ferner
die Bundesminister Jürgen Rüttgers sowie Theo Waigel und Carl-Diet-
rich Spranger von der CSU zu erwähnen, sicherlich auch die Parla-
mentspräsidentin Rita Süssmuth, die sich aber nicht nur innerparteilich
isoliert hat, sondern auch in unzähligen Aktivitäten verzettelte. Schließlich ist noch der Abgeordnete Friedbert Pflüger, der frühere Sprecher
von Bundespräsident Richard von Weizsäcker, zu erwähnen, der sich
vor allem als Vorsitzender der Deutsch-Polnischen Gesellschaft einen
Namen gemacht hat. Weitere Parlamentarier mit außenpolitischen Interessen sind die CDU-Schatzmeisterin Brigitte Baumeister, die CSU-
Abgeordnete Michaela Geiger, die auch Vizepräsidentin des Parlaments
ist, der frühere Bundesminister Christian Schwarz-Schilling, ein stu-
dierter Sinologe, sowie die Abgeordneten Jochen Feilcke und Christian
Schockenhoff. Außerhalb des Parlaments nehmen eine Sonderrolle als
international geachtete Außenpolitiker der sächsische Ministerpräsident Kurt Biedenkopf ein, der vor einem amerikanischen oder britischen Auditorium als deutscher Politiker die mit Abstand beste Figur
macht, sowie der Vorsitzende der Atlantik-Brücke, der ehemalige CDU-
Schatzmeister Walter Leisler Kiep. Aber weder beim Kanzler noch in der
Bundestagsfraktion war ihr Rat sonderlich gefragt. Die Beschreibung
dieser außenpolitisch versierten Personengruppe in der CDU/CSU
macht deutlich, von welchen Zufällen zunächst die Hinwendung zur
Außenpolitik abhängt. Ferner wird deutlich, daß es weder im Parlament
noch andernorts Möglichkeiten gibt, das Wissen und den Kenntnis-
stand dieser Gruppe zusammenzufassen und ihm Wirkung in der Öffentlichkeit zu verleihen. Außenpolitische Darstellung bleibt eine Ein-
mannschau.

Daher haftet auch allen Aktivitäten der außenpolitischen Akteure
etwas Hausbackenes, Provinzielles an. Daran ändert auch die Tatsache
nichts, daß das Budget des Parlaments für Auslandsreisen nach wie vor
großzügig bemessen ist. Man kommt, wenn man möchte, um die Welt,
auch dank zahlreicher internationaler Konferenzen. Aber die meisten

reisen offenbar folgenlos. Dies hängt damit zusammen, daß die Biographien der Abgeordneten in der Zeit nach Kohl immer uniformer geworden sind, daß der Berufspolitiker sich durchgesetzt hat und eine frühzeitige außenpolitische Sozialisation nicht zustande kommt. Volker Rühe hat einmal gesagt, daß man, um Außenpolitiker zu werden, einen Vorlauf von zehn Jahren braucht. Wenn man den Ausbildungsweg eines angehenden deutschen Jungakademikers und eines aufstrebenden Jungpolitikers heutzutage vergleicht, wird die Kluft zwischen beiden noch deutlicher. Ein Auslandsstudium ist für beinahe jede qualifizierte berufliche Tätigkeit mittlerweile eine Selbstverständlichkeit. Ein deutscher Politiker aber kann sich einen derartigen Luxus kaum leisten. Typisch für den jüngeren CDU-Politiker ist das Itinerar des amtierenden Regierungssprechers Otto Hauser, der nur ganz kurz als Journalist arbeitete, um schon mit 30 Jahren Berufspolitiker zu werden.

Wenn der Eindruck nicht täuscht, nimmt der Stellenwert der Innenpolitik in Deutschland, auch unter dem Einfluß der elektronischen Medien, weiter zu. Deutschland und Europa vollziehen damit eine Entwicklung, die in den USA schon längst eingesetzt hat. Das Ende des Kalten Krieges, der europäische Einigungsprozeß, der sich weltweit orientierende Tourismus suggerieren den meisten Menschen ein Gefühl von Weltinnenpolitik. Krisen in unmittelbarer Nähe Deutschlands wie im Kosovo werden verdrängt, die große politische Erdbebenzone, die östlich von Polen beginnt, wird ignoriert. Noch nie hat in einem deutschen Wahlkampf die Außenpolitik eine so geringe Rolle gespielt. Dies kann nicht ohne Folgen für die Abgeordneten bleiben, die sich unter den Augen einer kritischen Öffentlichkeit im Wahlkreis und in den regionalen Parteigliederungen behaupten müssen. Über eine außenpolitische Kompetenz, über ein herausragendes außenpolitisches Profil, können sie sich nicht länger legitimieren. Auch dies reduziert den Kreis von außenpolitischen Fachleuten in der Union. Es bleibt daher abzuwarten, ob die kürzliche Präsentation eines Gemeinschaftswerks von 21 jungen CDU-Bundestagsabgeordneten mit dem Titel: »Außenpolitik im 21. Jahrhundert« mehr war als ein Mediencoup und ob sich hier allmählich Substanz herausbildet.

Aufgrund der deutschen Wiedervereinigung und der damit verbundenen leichten Gewichtsverschiebung des Landes nach Osten und nach Norden ist zu erwarten, daß sich die Bundesrepublik nach dem Umzug von Regierung und Parlament am Ende doch neu positioniert. Frankreich bleibt ein enger Partner, aber neue treten hinzu. Großbritannien

wird wichtiger werden – zum einen, weil es sich unter der neuen La-
bour-Regierung von Tony Blair Europa wieder annähert, zum anderen,
weil es in seiner gesellschaftlichen Entwicklung schmerzliche Anpas-
sungsprozesse bereits hinter sich gebracht hat, von denen in Deutschland und Frankreich viele meinen, daß auch diese Ländern ihrer
bedürften. Aber auch die neue Nähe zu Polen, das von der alten Bundesrepublik weit entfernt lag, wird sich ebenso bemerkbar machen wie der
Blick, den Deutschland notwendigerweise für die baltischen Staaten,
Südostmitteleuropa und am Ende für die große Staatengruppe gewinnen muß, die unter Führung Rußlands aus dem riesigen Gebiet der
Sowjetunion hervorgegangen ist. Auch die skandinavischen Staaten
rücken näher, nachdem Brücken und Tunnels aus dem Verbindungs-
land Dänemark mit seinen zahlreichen Inseln ein zusammenhängendes
Gebilde gemacht haben. Nicht von ungefähr spricht man von einem
neuen Zeitalter der Hanse. Die Politik in Berlin wird sich somit notwendigerweise multiperspektivisch verändern müssen und Frankreich
nicht mehr die Priorität geben können. Zu lange haben die Akteure in
beiden Ländern symbolischen Handlungen wie dem berühmten Hän-
dedruck zwischen Kohl und Mitterrand in Verdun Priorität gegeben,
anstatt ausreichende Impulse für ein Zusammenleben und Zusammen-
rücken der Gesellschaften beider Länder zu geben. Vor allem in der Bildungspolitik wird das Dilemma deutlich: Immer weniger Deutsche und
Franzosen sprechen die Sprache des Nachbarn. In der französischen
Kultur dominiert das Leitbild der Oberschicht, in der deutschen das der
Mittelschicht. Mit einer gezielten Personalpolitik befindet sich Frankreich mittlerweile auf gutem Weg, die europäischen Institutionen eines
Tages wenn nicht zu dominieren, dann doch zu kontrollieren. Die Kri-
senzonen für beide Staaten liegen darüber hinaus in entgegengesetzten
Richtungen. Frankreich schaut auf den südlichen Rand des Mittelmeer-
beckens, Deutschland nach Osten. Nur wenn es gelingt, im Partnerland
Unterstützung für ein übergreifendes Krisenmanagement zu erreichen,
kann der enge Schulterschluß beibehalten werden, der ansatzweise mit
der Bildung der deutsch-französischen Brigade und dem Eurokorps gelang. Ein entscheidender Indikator, daß dies nicht klappt, ist die Be-
handlung der Krisenregion auf dem Balkan und das Management der
Flüchtlingsströme. Deutschland bleibt hier weitgehend auf sich allein
gestellt und wird allenfalls unterstützt von Österreich.

   Sicher ist, daß es nach Kohl keinen deutschen Europapolitiker mit der
gleichen Emphase geben wird. In vielen ausländischen Leitartikeln und

Kommentaren ist schon heute der große Seufzer zu verspüren: Was kommt nach Kohl? Vermutlich wird sich Deutschland aufgrund der innenpolitischen Schwierigkeiten in Europa nicht mehr so großzügig verhalten, wie dies unter Kohl der Fall war. Abzuwarten bleibt auch, mit welchen Folgen der oder die Nachfolger Kohls eines Tages angesichts der Konzessionen zu kämpfen haben, die die Bundesregierung den Ländern bei den Verfassungsänderungen während der neunziger Jahre gemacht hat. Die außenpolitische Kompetenz des Bundes ist dadurch auf eine gefährliche Weise eingeschränkt worden. Während andere europäische Staaten in wichtigen Fragen von einem Minister oder einer überschaubaren Zahl von Experten vertreten werden, reisen aus Deutschland Politiker und Beamte in unübersehbarer Zahl an, hat sich in Brüssel ein deutsches Lobbyistenwesen herausgebildet, das in fataler Weise an die deutsche Kleinstaaterei vor Napoleon I. erinnert. Kohl gelang es, aufgrund seiner persönlichen Kontakte in die Europäische Kommission und in das Europa-Parlament, die hochkomplizierte Euro-Maschinerie einigermaßen zu kontrollieren und zu steuern. Aber das könnte sich unter einem Nachfolger ändern.

Für die künftige außenpolitische Elite der Union gilt am Ende in Abwandlung der Bemerkung von Volker Rühe, daß sie die relativ ruhige gegenwärtige Phase nutzen sollte, um sich auf künftige außenpolitische Aufgaben vorzubereiten. Große Modelle für eine künftige Weltordnung sind im Augenblick nicht en vogue. Zu viele Fachleute haben sich während der letzten Jahre geirrt, und zu viele Spezialgebiete wie die Kenntnis von Raketen und ihren Sprengköpfen sind den Expertenrunden abhanden gekommen. Aber das Wetterleuchten auf dem Balkan verheißt schon heute, daß Außenpolitik nicht an ihr Ende gekommen ist. Spätestens in Berlin wird das Land die Grundbedingungen seiner Existenz zur Kenntnis nehmen müssen: die europäische Mittellage, der es nicht entfliehen kann. Historische Kenntnis, diplomatisches Geschick, eine Vielzahl von Kontakten und Mut und Phantasie sind gefragt, um die Fehler der Vorgänger zu vermeiden und der Außenpolitik zu einer Bedeutung und einem Stellenwert zu verhelfen, auf den Deutschland auch in Zukunft angewiesen bleibt.

Robert Misik

Die Integration frißt ihre Eltern
Über die Europapolitik der CDU ohne Kohl

I

Der Moment hatte etwas Tragisches. Etwas Wehmütiges auch, und nicht zuletzt etwas Grausames. Es war spät nachts, schon nach eins im Brüsseler EU-Ratsgebäude. Da saß, in der Nacht vom 2. auf den 3. Mai 1998, Helmut Kohl, flankiert von seinem Finanzminister Theo Waigel und Regierungssprecher Peter Hausmann. Gerade war der Euro, die europäische Einheitswährung, aus der Taufe gehoben worden, nach elf Stunden unschönen Gezerres zwischen Kohl, Jacques Chirac, Tony Blair und Wim Kok. Überschattet von der Streitfrage, wer erster Präsident der Europäischen Zentralbank werden solle, geriet der geschichtsträchtige Euro-Beschluß beinahe zur Fußnote.

»Herr Bundeskanzler«, mußte sich der Architekt der deutschen wie der europäischen Einheit fragen lassen, »sie haben viele historische Augenblicke in ihrer Karriere erlebt. Fühlen Sie sich um einen großen Moment gebracht?« Der Subtext war klar – »*um ihren letzten* großen Augenblick betrogen« hatte der Fragesteller insinuiert. Entsprechend gereizt war die Reaktion des Kanzlers. »Sagen Sie doch, was hätten Sie denn getan?«, gab er die Frage zurück, als ließen sich im politischen Setting so leicht die Rollen vertauschen. Dann erst hub Kohl doch an zur großen Rede von der europäischen Einheit, daß die Enkel sich an die hektischen Stunden nicht mehr erinnern werden, doch das historische Ereignis der Währungsunion überdauern werde.

»Das war«, sagte einer hinterher, »eine Abschiedsrede.«

Eine Epoche der deutschen Christdemokratie war in diesem Moment zu Ende gegangen. Helmut Kohl, der mit soviel Verve den europäischen Einigungsprozeß vorangetrieben hatte, mit einem guten Schuß politischen Voluntarismus einen praktischen Schritt nach dem anderen tat, seine europäischen Kollegen nötigte, sie mitzugehen, in der Hoffnung, dies würde intendierte und auch nichtintendierte Folgen zeitigen, die aufs neue europäischen Integrationszwang auslösten – dieser Helmut Kohl war da schon seit gut einem Jahr außer Tritt. Vieles hatte man ihm

und seiner Partei in den achtziger und neunziger Jahren vorwerfen können, doch eines nicht: daß sie als Bremser der europäischen Staatswer-
dung gewirkt hätten. Für den Beobachter aus der Nähe konnte es den
Anschein haben, der Bau der Europäischen Union sei eine Angelegen-
heit praktischer, kleiner, unbeholfener Schritte, eine Sache der Mühsal,
nicht der Rasanz. Doch wenn man die nicht einmal zwölf Jahre, die zwischen der Verabschiedung der »Einheitlichen Europäischen Akte«, also
der Absichtserklärung, einen europäischen Binnenmarkt zu etablieren,
und diesem 2./3. Mai 1998 lagen, Revue passieren ließ, dann bot sich –
retrospektiv – das Bild atemberaubender Geschwindigkeit, mit der da
aus einer Zwölfergemeinschaft von Nationalstaaten ein in manchen Bereichen sehr weitgehend integrierter westeuropäischer supranationaler
Staat sui generis gewachsen war. Und Helmut Kohl hat hierbei den
Löwenanteil geleistet. So hatte man bis in das Jahr 1997 im Grunde immer angenommen, daß Kohl bis zu seinem Abgang der immerwährende
Impulsgeber der Integration sein würde.

Um so größer der Schock, als sich beim Gipfel in Amsterdam, wo der
Maastricht-II-Vertrag zur Verabschiedung anstand, ein völlig neuer
Kohl seinen europäischen Kollegen präsentierte. Ein Kohl, der – ge-
bremst vom Regionalismus seiner bayrischen und sächsischen Freunde
– weitere Integrationsschritte mit dem deutschen Veto zu blockieren
drohte; ein Kohl, der den Versuch, Beschäftigungspolitik als EU-Ziel zu
etablieren, so lange zu verhindern versuchte, bis er sein Land isoliert 14
anderen EU-Staaten gegenübersah.

Als dann im November 1997 der – weitgehend gegen den Willen der
deutschen Regierung, doch auf Drängen der französischen einberufene
– EU-Beschäftigungsgipfel zusammentrat, war das Kabinett Kohl schon
kein Mitspieler, kein Akteur mehr, der die Entscheidungen der 14 anderen zu beeinflussen vermochte. Mehr als Verschleppen und Behindern
war nicht drin. Als die engsten Berater des Kanzlers, Joachim Bitterlich
und Sighart Nehring, die internationalen Berichterstatter zum obligato-
rischen Pressebriefing luden (hier entstehen dann jene Meldungen, die,
mit den Worten »aus deutschen Delegationskreisen verlautete« verse-
hen, ihren Weg in die Tagespresse finden), begannen sie ihre Ausführun-
gen mit den Worten: »Wir wollen, daß dieser Gipfel ein Erfolg wird...«
In diesem Augenblick setzte höhnisches Gelächter ein, der europäischen
Presse galten die deutschen Politikplaner mit einemmal als Lachnum-
mern. Man sah den beiden an, daß sie so etwas noch nie erlebt hatten.

Historische Meriten sind ein schwaches Argument in der europäischen Politik. Die Monate begannen, in denen viele der europäischen Staatsmänner die Ablösung der Regierung Kohl mit ähnlicher Sehnsucht erwarteten wie ein Jahr davor die der britischen Regierung John Majors. Nichts geht mehr, war der allgemeine Tenor, Kohl blieb in Europa isoliert. Insofern sollte er seinem Kollegen Jacques Chirac eigentlich dankbar sein, daß dieser den Brüsseler Euro-Gipfel versaute, indem er den Streit um den Präsidenten der Europäischen Zentralbank eskalieren ließ. Nur deshalb sprach niemand mehr vom deutschen – vor allem Waigelschen – Stabilitätspakt-Radikalismus, der nicht nur Italienern, Belgiern und Franzosen längst gehörig auf die Nerven gefallen war; nur darum war das ewige Lamento der deutschen Unionschristen vergessen, Beschäftigungspolitik sei allein nationale Aufgabe.

II

Die Europapolitik der CDU ohne Kohl wird sich im Fluchtpunkt dieser letzten Monate entwickeln. Und sie wird, da sie CDU-Europapolitik nach der Kohl-*Regierung* ist, nicht jene Eigenständigkeit des Agenda-Settings aufweisen wie die des großen Exvorsitzenden. Sie wird, mit anderen Worten, viel mehr als die im Grundsätzlichen entschiedene, teils auch voluntaristische Europapolitik Kohls von ihrem Kontext abhängen – und dieser wird viel mehr als bisher durch die Europapolitik des innenpolitischen Konkurrenten, der SPD, geprägt sein. Hinzu kommt, daß das genuin christdemokratische europäische Integrationsziel weitgehend erreicht ist. Der europäische Binnenmarkt ist etabliert, die politische Union gerade so weit gebaut, daß die Politik aus dem wirtschaftlichen europäischen Spiel draußen bleibt. Genau dieses Programm ist mit der radikal politik- und staatsfernen Konstruktion der Europäischen Zentralbank erfüllt. Weitere wirtschaftspolitische Integration ist mit der CDU nicht zu machen, auch wenn ihr außenpolitischer Vordenker Karl Lamers einmal meinte, man habe die französische Idee einer europäischen Wirtschaftsregierung »vorschnell abgelehnt«.[1]

Bedenkt man, daß die nächsten Schritte der europäischen Einigung auf wirtschafts- und sozialpolitischem Terrain getan werden, dann wird deutlich, daß dies im wesentlichen wohlfahrtsstaatliche Maßnahmen sein werden: Eine Steuerharmonisierung, um Sozialdumping zu unterbinden, die schrittweise Durchsetzung eines einheitlicheren Sozialregimes (wenn nicht durch die Politik, dann beispielsweise durch den

Europäischen Gerichtshof) und die, wenn auch symbolische, so doch bedeutsame Etablierung von Beschäftigungspolitik als Unionsziel – denn, das wird oft vergessen, auch Symbole haben faktische Wirksamkeit, Relevanz für die Realität.

Nun ist gerade dies nicht die Agenda der jungen Generation der Union. Diesen Dreißig- bis Vierzigjährigen geht es, wie vielen ihrer Altersgenossen, darum, »den Standort Deutschland mit einem wirtschaftsfreundlichen Steuerrecht für die Zukunft fit zu machen«, wie Georg Paul Hefty einmal für die *FAZ* beobachtete. Die sogenannten jungen Wilden in der CDU sind demnach »dem neuen Geist in der CDU entsprechend Wirtschaftsliberale«.[2] Solchen jungen Wirtschaftsliberalen muß aber europäische Marktregulierung zwangsläufig gegen den Strich gehen – und zwar nicht deshalb, weil sie antieuropäisch sind, sondern weil sie Deregulierer sind.

III

So weit also wird ein antieuropäischer Vorbehalt in der Union nach Kohl gehen – doch auch nicht sehr viel weiter. Für eine Renationalisierung fehlt weitgehend die Grundlage: junge Wirtschaftsliberale haben kein Vaterland, das sie lieben, sondern allenfalls einen Standort, den sie fit machen wollen; auch der Versuch Wolfgang Schäubles in der ersten Hälfte der neunziger Jahre, das Nachdenken darüber zu befördern, wie sich denn nach dem Fall der Mauer und der Wiedergewinnung der vollen Souveränität deutsche »nationale Interessen« wirksam vertreten ließen, sorgte allenfalls einen Sommer lang für mediale Aufregung und gelangte nicht einmal bis zu jenem Punkt, an dem Klarheit bestanden hätte, was »deutsche nationale Interessen« in einer immer interdependenteren europäischen – und internationalen – Struktur überhaupt sein könnten. Ohnehin paßt die mehr auf Ausgleich und Moderieren angelegte Art, in Europa »Führung« – im Sinne des amerikanischen »Leadership« – zu übernehmen, zu den historisch und aktuell gewachsenen deutschen Vorbehalten gegen allzu lautes Pochen auf nationale Interessenlage: »Wir haben schon geführt. Wir wollen jetzt nicht mehr«, sagte schon 1994 der CDU-Außenpolitiker Karl-Heinz Hornhues.[3] Ein Vorbehalt, der auch die Grundstimmung der jüngeren Generation trifft, wenn auch aus anderen Gründen: In der globalen Welt zählen nicht Truppenstärken, sondern Standortvorteile. Martialisches Getöse versaut nur das Geschäft. Und mag auch das Gelöbnis von Jungmännern vor dem Brandenburger Tor da und dort für patriotische Aufwallungen sorgen – relevanter ist doch allemal, wenn deutsche Eurokorps-Soldaten auf den Champs-Élysées paradieren.

Andererseits sieht sich heute, wer auf eine euroskeptische Volksstimmung vertraut und sich aus dem europäischen Feld zurückzieht, schnell isoliert. John Major hat diesen Preis bezahlt, und die CDU wird sich hüten, den traurigen Tory zum Vorbild zu nehmen. Zudem ist Patriotismus in Deutschland allenfalls, und vor allem dort, wo er noch einigermaßen lebendig ist, Regionalismus. Der entschiedene Europäismus der Kohl-Generation wird, neben dem »Deregulierungs-Vorbehalt« der Jungen, vor allem aus dieser Richtung herausgefordert werden. Diese Tendenz, für die der bayerische und sächsische Populismus bereits manchen Vorgeschmack geboten hat, wird nach dem Ende der Ära Kohl gleichsam institutionell gestärkt: Die regionalen Parteifürstentümer stehen nicht mehr einer machtvollen Zentrale gegenüber, in der das Schwergewicht der Partei liegt – der Gravitationspol der Partei wird als solcher dezentriert und in die Regionen verlagert. Die Unions-Ministerpräsidenten der Länder werden dieses Gewicht desto mehr hinter ihre antieuropäischen Ressentiments legen, je mehr sie damit einem SPD-Kanzler Schaden zufügen können.

IV

Grosso modo ist eine gemäßigte Distanzierung vom europäischen Projekt für eine geschlagene Union zwingend – und dennoch wird eine solche Distanz nichts weiter sein als eine Zelebrierung eben dieser Niederlage. Dieser Prozeß ist freilich nicht ohne innere Logik – erleben wir doch ohnehin einen Paradigmenwechsel auf der europäischen Bühne: Hatten ursprünglich die europäischen Christdemokraten den Einigungsprozeß forciert (auch, um politische Vorteile zu erlangen, etwa indem klassisch sozialdemokratisch-keynesianische Politik unmöglich gemacht wird), so sind es jetzt die Sozialdemokraten, die von ihm profitieren; war der Aufbau des Binnenmarktes ein Deregulierungsprojekt, so ist der einmal etablierte europäische Markt notgedrungen ein Reregulierungsprojekt.

Insofern ist die Ära Kohl eine in jedem Wortsinn vollendete.

Mechtild Jansen

Vom Ende einer Hegemonie
Die CDU und die »Frauenpolitik«

Das verborgene Zentrum der Wende: Frauenpolitik als Gesellschaftspolitik

Die Ära Kohl hat die Bundesrepublik verändert. Die wirtschaftlichen, sozialen und politischen Strukturen des Landes hat sie nach vorn hin entfesselt, seine geistig-moralischen Werte an die Vergangenheit zurückgebunden. Die Wende hat tatsächlich stattgefunden – schleichend, verhältnismäßig sanft und nachgiebig. Sie wurde ausgesessen, übrigens von den Führungen beider Volksparteien. Die durchaus notwendige Modernisierung der Gesellschaft betrieb die Regierung, indem sie gesellschaftlich-staatliche Verpflichtungen und aus diesen bezahlte Arbeit privatisierte, den gesellschaftlichen Verkehr zusehends ökonomisierte und die Konkurrenz über den Markt radikalisierte. Diese Politik staatlichen Rückzugs und wirtschaftlichen Machenlassens sah – jenseits bloß moralischer Gebote – nie vor, demokratische gesellschaftliche Übereinkünfte zeitgemäß zu ersetzen und Bürger und Bürgerinnen für veränderte gesellschaftliche Anforderungen neu auszubilden. Sie war deshalb eine heimliche Herrschaftspolitik und führte zu einer sozialen Rehierarchisierung der Gesellschaft. Sie nahm die notwendigerweise damit einhergehenden gesellschaftlichen Zerstörungen in Kauf, die sie heute allenthalben bejammert.

Die Frauenpolitik stand im verborgenen Zentrum sowohl der Entfesselung gewachsener Strukturen als auch der Rückbindung an traditionelle Werte. Den unaufhaltsamen Drang der Frauen in die ökonomisch und politisch machtrelevanten Sphären der Erwerbsarbeit, Öffentlichkeit, Wirtschaft und Politik nutzte die konservative Politik dazu, die Normen und Strukturen dieser Sphären auszuhebeln – um statt dessen die traditionelle »Uneigennützigkeitsvorschrift« für die Frau so zu verallgemeinern, daß alle Bürger – abgesehen von den neuen Eliten – sich anzupassen hatten an die bisher ausschließlich den Frauen vorbehaltenen Lebenslagen. Diese Frauenpolitik war zentral für die Hegemoniefähigkeit konservativer Politik wie für die Wende über-

haupt.* Die CDU erlangte diese Hegemonie zunächst durch eine –
durchaus demokratisierende – Modernisierung ihrer »Frauenpolitik«,
mit der sie die traditionelle Linke, namentlich SPD und Gewerkschaften, überholte. 1989/90 jedoch ergriff sie die Gelegenheit, die
Hinterlassenschaft der DDR in ihr eigenes, traditionell konservatives
Weltbild einzufügen, womit ihr nun wiederum eine entdemokratisie-
rende, repressive Umdeutung ihrer eigenen Modernisierung nach
rechts gelang. Es trafen sich dabei zwei herrschaftliche Patriarchate:
ein parlamentarisch-luxuriös-familien-mütterideologisches aus dem
Westen und ein autoritär-arm-doppelarbeitig-mutti-ideologisches aus
dem Osten. Über die nationale deutsche Einheit war die Wende geschafft und mit ihr das bisherige Top-Thema Frauenpolitik auf die
unteren Ränge verwiesen.

Der Einschnitt, vor dem die Bundesrepublik nun steht, kann insgesamt gar nicht tief genug gedacht werden. Ein dreifacher Wandel fließt
zusammen: *Erstens* wird der soziale Wandel Arbeit und Familie weiter
umwälzen. Er wird die herkömmliche Geschlechterpolarität auflösen
und mit ihr die herkömmliche bipolare Paarbeziehung, die Kleinfamilie
und viele traditionelle gesellschaftliche Beziehungsmuster überhaupt.
Die Spaltung in männlich und weiblich wird sich für die Gesellschaft
aufs Ganze als kontraproduktiv erweisen. Schon längst ist die Individu-
alisierung Ausgangspunkt der gesellschaftlich-kollektiven Neugestaltung. Die zu hohen Kosten sozialer Spaltung werden dabei eine Neu-
bestimmung des Sozialen verlangen. *Zweitens* wird sich die bisherige
nationale Gesellschaft transformieren müssen zu einer, die an ein gemeinsames Europa unter den Bedingungen der einen, globalen Welt
anschlußfähig ist. Und *drittens* ist die wirtschaftliche Krise durch die
Politik unter Helmut Kohl nicht überwunden, das Ende seiner Wende
jedoch erreicht. Zehn Jahre nach dem Beginn von staatlicher Einheit
und mentalem Ost-West-Konflikt beginnt die Bundesrepublik, langsam
eine wirkliche, in sich freilich vielfältig zerfallende, gespaltene oder aus-
fransende politische Einheit zu werden.

Die CDU ist, nachdem sie der »alten« BRD die Krone aufgesetzt hat,
heute auch deren politisches Symbol. Sie ist damit Symbol des Glaubens
an Wirtschaftswachstum, der Demokratie per Wohlstandsbefriedigung,
des »Politikmachen-und-Laufenlassen« sowie der Unfähigkeit, Konflikte zivil auszutragen. Die SPD hat sich dem anverwandelt. Doch die-

---

* Siehe dazu ausführlich: Mechtild Jansen, Das Claudia-Nolte-Phänomen, Bonn 1997.

ses Modell wird künftig nicht mehr tragen – und hinterläßt zudem das Erbe einer Rekorderwerbslosigkeit, zerrütteter Staatsfinanzen, wachsender sozialer Probleme, zunehmender Gewalt, von Demokratieverlust ohne neue Problemlösungskompetenz. Auf dieser Basis müssen die neuen Herausforderungen bewältigt werden: die wirtschaftliche Belebung, die Demokratie ohne Geldgeschenke, die Neudefinition von Wohlstand und Wohlergehen, von Individuum und Gesellschaft, Selbstbestimmung und Verantwortung, die Neudefinition des Sozialen, der Arbeit, der Generationen und der Kultur sowie des verfassungsmäßigen republikanischen Selbstverständnisses in einem Einwanderungsland. Zuallererst wäre dafür ein Begriff von Politik als demokratischer Gestaltung wiederzugewinnen.

Was unter »Frauenpolitik« verstanden wird, aber spätestens jetzt als verheimlichte Männer-, Geschlechter- und Gesellschaftspolitik wahrzunehmen wäre, bleibt dabei zentral fürs Ganze. Die Position der Frau berührt unmittelbar und zuallererst Arbeit, Leben, Familie im Umbruch, den Umgang mit dem »anderen« und die Demokratie in ihrem politischen und sozialen Fundament.

Die Integrationsleistung der Ära Kohl ist erschöpft

Die Vorgeschichte

Ihr Fundament als größte, insbesondere überproportional auch die Wählerinnen integrierende Volkspartei legte die CDU bald nach dem Krieg mit ihrer pro-westlichen und pro-marktwirtschaftlichen Politik, ihrer konservativen Familienpolitik, die die Frau auf ihre Rolle als Mutter und Ehefrau festlegte, und parallel dazu mit ihrer aus der katholischen Soziallehre begründeten subsidiären und karitativen Fürsorgepolitik. Sie verlor von dieser Integrationfähigkeit bereits in den sechziger und siebziger Jahren, gewann sie in den achtziger Jahren weithin zurück – und verlor sie dann Ende der neunziger Jahre mehr als je zuvor. Die so sichere, beinahe symbiotische Verbindung zwischen Frau und CDU, bei der die Frau das Konservativ-Christliche schlechthin zu sein schien, ist definitiv vorbei. Sie hatte ihre Grundlage in der Erbschaft des Mutterkultes der Nazis und der Erschöpfung der Frauen nach dem Krieg. Das ermöglichte ihre Verdrängung vom Arbeitsmarkt zugunsten der heimkehrenden und haltlosen Männer und machte in einer Wirtschaftswunderzeit die christlich-konservative Familienideologie mit

ihrem Versprechen privater Idylle tragfähig. Mit zunehmendem Wohlstand, dem wachsenden Bedarf an qualifizierten Arbeitskräften und der
zunehmenden Berufstätigkeit von Frauen wurde es für die CDU schwieriger. Gerade auch für die führenden Schichten der Gesellschaft, die sie
repräsentierte, waren die alten politischen Modelle unzureichend und
überholt. Die Wählerinnen begannen, sich abzuwenden. Der Erfolg der
SPD in der sozialliberalen Ära stützte sich namentlich auf die Frauen.
Die Sozialdemokraten versprachen ihnen Gleichberechtigung in Bildung und Beruf und eine Entspannungs- und Friedenspolitik, die die
Wählerinnen geradezu entflammen ließ. Damit waren Frauen in den
allgemeinpolitischen Raum eingetreten.

Nach und nach brachte die Frauenbewegung die ganze Bandbreite
und Tragweite der personalen, strukturellen und kulturellen Unterdrückung der Frau ans Tageslicht, die gleichzeitig die Konstruktion der
ganzen Gesellschaft betraf. Sie stellte die Beseitigung dieser Unterdrückung meist noch unbewußt, aber doch logischerweise als umwäl-
zende allgemeinpolitische Herausforderung auf die Tagesordnung. Die
Frauenbewegung war der absolute Aufstand gegen jene traditionelle
Frauenrolle, die von niemandem so verkörpert wurde wie von der CDU
und der katholischen Kirche. Daran änderte auch die Tatsache nichts,
daß sie sich zunächst an den Männern innerhalb der Linken entzündete
und somit auch gegen die SPD richtete, die sie gerade noch begünstigt
hatte. Diese Frauenbewegung war die größte politische Herausforderung überhaupt, vor die sich die Konservativen gestellt sahen. In der
CDU kursierte denn auch die große Angst vor der – mit vielen Umfra-
gen belegten – Abkehr der Frauen von der »freiheitlich-demokratischen
Grundordnung«, die die besten Geister der Partei zum Nachdenken
trieb. Die Produkte jenes Nachdenkens führten zu einem Integrations-
angebot, das sich noch innerhalb dieser Grundordnung bewegen und so
eine Neuordnung der geschlechtlichen und gesellschaftlichen Verhält-
nisse vertagen sollte.

Die Antwort der Regierung Kohl auf die Frauenbewegung

Nach dem Regierungsantritt Helmut Kohls wurde die Parole des Sozial-
ministers Norbert Blüm von der »sanften Mütterlichkeit« ganz schnell
eingepackt. Doch bei ihrer Verordnung als Mittel zur Krisenlösung blieb
es – und zwar gleich für die ganze Gesellschaft. Es begann die große
Modernisierung der »Frauen«-Politik der CDU, die den Anschluß an die
gesellschaftliche Entwicklung zum Ziel hatte. Daß es eine Reform von

oben war, war ihre Stärke und ihr Handicap zugleich. Diese Reform versprach in ihrer besten Version, eine tatsächliche bürgerliche Gleichstellung von Frau und Mann bis zum Ende des Jahrhunderts zu verwirklichen. Das war letztlich wohl ein unmögliches Unterfangen. Mit der Reform wurden im Laufe der Zeit Frau und Mann relativ stärker gleichgestellt, freilich unter Angleichung der Frau an die geltenden männlich-wirtschaftlich-herrschaftlichen Normen und Strukturen sowie innerhalb einer gleichzeitig zunehmend ungleichen Gesellschaft. Währenddessen verschwanden diskriminierende Strukturen im Anonymen; als Mütter oder Fürsorgearbeiterinnen für andere indessen werden die Frauen von ihnen wieder eingeholt. Im Resultat stiegen die Belastungen für Frauen noch weiter: Sie durften den traditionellen Mann und die traditionelle Frau gleichzeitig spielen.

Die modernisierte Frauenpolitik bestand aus folgenden Elementen: Der Frau wurde *erstens* eine Doppel-, nämlich eine Berufs- und Familienrolle eingeräumt, die miteinander vereinbar sein sollten. Das Verhältnis zwischen bezahlter Erwerbsarbeit und unbezahlter Haus-, Familien- oder Gemeinschaftsarbeit wurde *zweitens* zugunsten letzterer neu bestimmt und sollte Arbeit, Familie und Leben (wieder) miteinander versöhnen. *Drittens* konnte und sollte die Wirtschaft auf die Qualifikationen der Frau, besonders ihre sozialen Kompetenzen in einer Zeit des verstärkten Bedarfs daran, zurückgreifen und gleichzeitig kostengünstige Teilzeitarbeit sowie die Deregulierung arbeits- und sozialrechtlicher Regelungen ausweiten, so daß auf diesem Wege Löhne gedrückt und gesellschaftlicher Reichtum umverteilt werden konnten. Die zerstückelte Lebensart im Spagat sollte *viertens* nicht mehr nur Schicksal der meisten Frauen, sondern auch der Männer werden – jedenfalls der »schwächeren« unter ihnen. Am weiblichen Maßstab also sollte hier die männliche Welt genesen. Im Gewande der Glücksverheißung des einen oder der Wohlstandsverheißung des anderen wurde die Familie zum Ort der (Unterwerfung der) Schwachen und der Markt zum Ort der (Freiheit der) Starken. Schließlich bekam die Frau *fünftens* endlich Anerkennung aus eigenem Recht – eine partiell eigenständige soziale Existenz, einen Quasi-Mindestlohn für Familienarbeit in Gestalt des Erziehungsgeldes, öffentliche Aufwertung von kostenloser Mütterarbeit, ohne die kein Staat zu machen sei, die Veränderung der Männerwelt aus Frauenperspektive sowie eine eigene machtpolitische Mindestrolle wie Gleichstellungsstellen, -ministerien und -gesetze, Quoten und Quoren sowie politische Akteurinnen in eigener Sache.

Das Ergebnis dieser Politik lag zunächst einmal in einer lang anhaltenden Verwirrung über den Zustand und die Entwicklung der Gleichberechtigung. Die CDU gewann zudem erheblich an Ansehen und eroberte frauenpolitisches Profil zurück. Dennoch hat sie die Frauen nicht wirklich zurückgewinnen können. Die CDU zehrt von vergehenden Loyalitäten ihrer Milieus, besonders jener der alten und östlichen Wählerinnen, ohne neue zu gewinnen. Das Verhältnis der Frauen insgesamt zu ihr blieb – bei aller (Wieder-)Annäherung – distanziert, labil und kritisch.

Verluste und ihre Ursachen

Die fortschreitenden Verluste der Union haben mehrere Ursachen. Die Familien- und Mütterideologie »Frau« gibt es nicht mehr. Ihre soziale Basis, die patriarchale Kleinfamilie als Reproduktionsinstanz der CDU, stirbt aus. Neunzig Prozent der Frauen sind heute im Laufe ihres Lebens erwerbstätig, nach einem Kind kehren sie immer früher in den Beruf zurück. Die neuen pluralen und disparaten Lebenslagen der Frauen ergeben (bisher) keinen Grund für eine eindeutige Parteienbindung. Und das Modernisierungsangebot der CDU, das vor allem auf junge Frauen setzte und ihnen eine einstweilige sinnstiftende Erklärung ihrer fragilen Lebenslage bot, trägt materiell und politisch für die Zukunft nicht mehr. Auf die Ehe kann keine Frau mehr bauen, ein Kind muß sie sich leisten können, ohne Beruf hat sie kein eigenes Standing im Leben. Mehr Arbeit bei gleichzeitig geringerem Einkommen werden Frauen sich kaum ewig gefallen lassen. Es bricht sich auch am gewachsenen individuellen Selbstbewußtsein junger Frauen, in dem die Frauenbewegung fortwirkt, auch wenn diese als kollektiv handelndes Subjekt weniger auftaucht als einst.

Daneben gibt es Brüche auch innerhalb der CDU und ihrem Funktionärskörper. Die CDU ist in ihrem Denken und Fühlen noch bei ihren Frauen eine Männerpartei wie keine andere, weil sie sich stets vor allem der Wirtschaft, den Starken, den Machthabenden (und insofern der Tradition) verschrieben hat. Dies ist historisch untrennbar mit dem »Männlichen« als dem »Nicht-Weiblichen« verschmolzen. Die Modernisierungspolitik war immer eine von Männern gemachte, die ihrerseits auch die Frauen »machte«, die deren Protagonistinnen sein durften. Ihr fehlte also der aktive, selbständige weibliche Unterbau. Obendrein zerfiel sie in eine mehrheitliche taktisch-machtpolitische Anpassung und eine minderheitliche wirkliche Reformbereitschaft, und sie mußte zudem gegen die fortwährende Abwehr der alten Herren in den eigenen Reihen durchgesetzt werden. Die minoritäre Gruppe der Funktionärinnen der Union besteht zwar fast durchweg aus modernen und professionellen Frauen. Aber sie spiegeln nicht nur das grundsätzliche Denken dieser Partei, sondern sie sind auch in rechts und links gespalten. Autoritären Haltungen stehen eher demokratische gegenüber, die Ablehnung der Frauenbewegung kontrastiert mit einem Bezug auf sie, konservative Karrieristinnen treffen auf konservative Feministinnen. Je länger die CDU an der Macht blieb und je tiefer die Krisen waren, desto mehr gewannen bei (altmodischen) Männern und (modernen) Frauen die Rechten an Einfluß. Und um so mehr wurde aus dem Inneren der Partei die Modernisierung nach rechts hin interpretiert.

Das Kernproblem der CDU-Politik aber liegt im Widerspruch zwischen der von ihr gewollten und forcierten Markt-Radikalisierung und ihrer im Kern unverändert konservativen Familienideologie. Das eine nämlich schlägt das andere tot. Der Markt sprengt die Familie, abhängig machende Teilzeitarbeit läßt Frauen noch weiter aus ihr entfliehen, ihr Festhalten an der Familie aber würde sie und mit ihnen die Männer marktuntauglich machen. Frauen sehen sich mit beidem festgebunden, und sie machen nicht oder nur begrenzt mit. Umgekehrt sehen sie ihre neuen experimentellen Arbeits- und Lebensformen zwischen den Polen Mann/Frau durch die konservative Politik nur ausgenutzt. Erschwerend kommt hinzu, daß mit der anhaltenden Wirtschaftskrise die CDU nicht einmal die Ressourcen freizumachen vermochte, die zur Erfüllung ihres eigenen Programms nötig gewesen wären. Während die Inanspruchnahme etwa des Erziehungsgeldes wegen der nicht mehr angepaßten Einkommenssätze zurückging, gelang nicht einmal die Eindämmung der Explosion der 620/580-Mark-Jobs, mit denen vor allem Frauen ihr erwerbstätiges Dasein fristen, oder der Ausbau öffentlicher Kinderbetreuung. So ist das Politikangebot der CDU nur noch für eine Elite nützlich, während die Mittel- und allemal die Unterschichten mit seinen repressiv-regressiven Folgen zu leben haben.

Das Ganze wird noch durch die machtpolitische Inkonsequenz der CDU und die Demontage der Politik überhaupt komplettiert. Die starken Männer, die noch über alles und jedes entscheiden, haben die Unglaubwürdigkeit der CDU durch ein abenteuerliches Hü- und Hott-Theater um letztlich unverbindliche und von ihrer Größenordnung her kaum revolutionäre 30-Prozent-Quoren auf die Spitze getrieben. Am Ende stehen die Frauen unverändert ohne eigenständige Macht da.

Diese Unglaubwürdigkeit trifft auch viele CDU-Frauen selbst. Doch wähnen sich manche von ihnen – als vergleichsweise privilegierte Leistungsträgerinnen der Gesellschaft – auserlesen genug, besondere Förderung von sich abweisen zu müssen, und gehen damit ihrer eigenen Stärksten-Ideologie auf den Leim. Noch wichtiger ist, daß die CDU Frauen nicht für das politische System hat (zurück-)gewinnen können. Deren Distanz ist am Ende sogar noch gewachsen. Die Rekorde unter jenen, die nicht wählen, Mitgliedschaften ablehnen und Parteien die Kompetenz absprechen, halten Frauen.

Im Vorlauf der Bundestagswahl 1998 hat die CDU ihre Kandidatinnenlage nicht aufgebessert, die Frauen im Osten nicht gebunden, sogar viele Rentnerinnen noch vertrieben, kündigten das katholische Milieu und die Familienverbände ihre Loyalität zunehmend auf. Gleichzeitig war es mit den Wohltaten ganz vorbei, Eingemachtes stand zur Disposition und erforderte ganz neue Strukturen der Existenzsicherung in Arbeit, Familie und Gesellschaft. Während die inneren Flügelkämpfe aufbrechen, verfängt die CDU sich vollends im Widerspruch zwischen Markt- und Wirtschaftsgläubigkeit auf der einen Seite und traditioneller Familienideologie auf der anderen. Der Markt bietet – außer im elitären Einzelfall – keine Lösung für die Familie, nicht einmal für die Arbeit. Und während der Markt neue gesellschaftliche Hierarchien produziert, sind diese nicht mehr an die Polarität der Geschlechter gebunden.

Welche Optionen bleiben?

In dieser Lage ist die Haltbarkeit der Kohlschen Frauenpolitik schon überschritten. Eine weitere Modernisierung wäre – in drei denkbaren Varianten – nur noch rückwärts beziehungsweise unter Verlusten zu betreiben: Die *erste* Option läge in der offen nationalen Politik, die Individuen, Familien und Gesellschaft unterwirft und politisch ausschaltet. Für sie stehen nicht nur Claudia Nolte oder die Vertriebenen-Sprecherin Erika Steinbach als (gegenüber Männern überzeugendere) Repräsentantinnen bereit. Die *zweite* Option wäre diejenige nach Art des Kurt Biedenkopf, der Frauen zumindest für die Familienzeit aus der Erwerbsarbeit ausgrenzen, für die Familienarbeit dafür aber deutlich höher bezahlen möchte. Für die Mittel- und Unterschichten wäre dies mit einem Zwang zur un- oder unterbezahlten Gemeinschaftsarbeit zur

Vermeidung von Erwerbslosigkeit verbunden. Es wäre das Modell ex-
klusiver Erwerbsarbeit, kombiniert mit Erziehungsgehalt und Kommu-
nitarismus von rechts, in einer männlich definierten Hierarchie. Die
dritte Option führte wohl zu einer Abspaltung aus der CDU und würde
so deren volksparteiliche Kraft mindern. Sie läge in einem um das Soziale erweiterten demokratischen Konservatismus und insofern in einer
politischen Verschmelzung mit den heute dominierenden Kräften der
SPD. Diese Option würde einen Ausgleich über familienfördende Maßnahmen und gleichzeitig über mehr Elemente einer Neugestaltung bezahlter und unbezahlter Arbeiten für beide Geschlechter bedeuten.
Ernsthafte Anhaltspunkte dafür finden sich freilich allenfalls bei Heiner
Geißler und Rita Süssmuth.

Die national-autoritäre Variante fiele um eine ganze historische Epoche zurück, sie wäre welt- und wirtschaftsfremd, wenngleich sie wohl
nie vollends auszuschließen ist. Dagegen wären für ein Biedenkopf-
Modell wohl die konservativeren Teile der Wirtschaft zu gewinnen, zumal mit ihm soziale Ungleichheit offen relegitimiert und gleichzeitig
früher oder später auftretende neue soziale Konflikte unter Kontrolle
gehalten oder gemildert werden könnten. Die Variante eines historisch
neuen sozial-demokratischen Konservatismus dagegen erscheint derzeit als die relativ aufgeklärteste und realistischste, und sie gewinnt in
Europa bereits erheblich an Zulauf.

Fazit

Gleichwohl: Ein konsistentes politisches Modell, das der Integrationskraft der Kohlschen Modernisierung gleichkäme, ist kaum zu erwarten.
Zudem müßten zur Verwirklichung der vergleichsweise autoritären Modelle à la Nolte oder Biedenkopf die Frauen mehrheitlich spürbar stärker
diszipliniert werden als die Männer. Selbst wenn auch Frauen teilweise
nach autoritärer Politik rufen, so tun sie dies doch in deutlich geringerem Maße als Männer. Und obendrein bricht sich dieser Anspruch an
ihren gleichzeitig egalitären und sozialen Ansprüchen. Für politisch interessierte, aktive Frauen sind offenkundige Männerparteien zudem nur
wenig anziehend. Im übrigen ist nicht anzunehmen, daß Frauen ihre
(historisch wachsende) Hinwendung zu öffentlichen Angelegenheiten
wieder aufgeben werden. Im Gegenteil: Frauen sind – jenseits der Brille
herkömmlicher Wahrnehmung – oft politischer als Männer.

In der Konsequenz bedeutet dies, daß die CDU auf diesem für sie und für jede Volkspartei zentralen Sektor der geschlechtlich-gesellschaftlichen Basisbeziehungen den Zenit ihrer Hegemoniefähigkeit überschritten hat und damit an Modernität verliert. Frauen, so die These, »müssen« – schon aufgrund ihrer sozialen Lage – sehr oft reformorientierter, sozialer und demokratischer sein. Hier liegt die Ursache eines *gender gap* unter anderem auch im Wahlverhalten. Die CDU hätte also nur dann eine Chance, wenn sie ihre christlich-sozialen Tugenden wieder ernst nähme, belebte und zeitgemäß auslegte. Insofern läuft die Zustimmung von Wählerinnen des gesellschaftlichen Mainstreams, wenn überhaupt, einstweilen eher auf die SPD zu, weil sie noch das Label »Sozial« trägt. Wenn die SPD jedoch keinen neuen Ansatz zur Einlösung dieses Anspruchs findet, ist auch denkbar, daß sich als neue Mitte eine große Koalition auf der Basis Biedenkopfscher Ideen einpendelt.

Wolfgang Schroeder

Das katholische Milieu auf dem Rückzug
Der Arbeitnehmerflügel der CDU nach der Ära Kohl

Die 1945 als interkonfessionelle und klassenübergreifende Volkspartei gegründete CDU gilt als die wichtigste Innovation des bundesdeutschen Parteiensystems. Über Jahrzehnte hinweg ist es ihr gelungen, gegensätzliche soziale Interessen, Ideologien, Lebensstile und Milieus unter einem Dach zu vereinen. In der Vergangenheit basierte der CDU-Konsens auf einem Politikmodell, das auf antisozialistische Polarisierung, ökonomisches Wachstum, technologischen Fortschritt und sozialstaatliche Beteiligung setzte. Mit dem Ende des Kalten Krieges und dem forcierten Umbau der wirtschaftlichen und sozialen Grundstrukturen scheint die Integrationskraft des fordistisch-christlichen Pragmatismus, der sich auf ein Minimum an Programmatik beschränkte, dramatisch angeschlagen zu sein. Hinzu kommt, daß die Kluft zur SPD geschrumpft ist, während die Konflikte im eigenen Lager stark zugenommen haben. Welche Rolle spielt vor diesem Hintergrund der Arbeitnehmerflügel der CDU?

Als Volkspartei ist die CDU darauf angewiesen, daß sie von einem größeren Teil der Arbeitnehmer gewählt wird. Deshalb muß sie glaubhaft die sozialen Interessen der Beschäftigten vertreten können. Dabei scheint es nicht ausreichend zu sein, daß sich einzelne Politiker innerhalb der Union – gewissermaßen advokatorisch – für die sozialen Interessen der Arbeitnehmer einsetzen; es bedarf dafür eines eigenen handlungsfähigen Arbeitnehmerflügels – eines Flügels, der die Interessen seiner Klientel authentisch vertreten kann, der in der Auseinandersetzung mit den Repräsentanten des Unternehmertums Flagge zeigt, der konflikt- und durchsetzungsfähig ist. Wie hat sich dieser Arbeitnehmerflügel in der Union entwickelt? Welche Rolle spielt er inner- und außerhalb der CDU? Worin bestehen seine zentralen Probleme, um inner- und außerhalb der Partei weiterhin Gehör zu finden? Wie geht es weiter, wenn Kohl, Blüm und Geißler nicht mehr ihre schützende Hand über den Arbeitnehmerflügel halten?

Der CDU-Arbeitnehmerflügel in strukturellen Zwängen

Gegenwärtig sind wir Zeugen des Umbaus der CDU-internen Machtarchitektur: Die Konflikte zwischen einzelnen Regionalfürsten und dem Kanzler stießen immer schon auf ein breites öffentliches Interesse. Weniger greifbar, weil nicht so stark personalisiert, sind die Spaltungslinien zwischen Modernisierern und Traditionalisten sowie jene zwischen den Verfechtern deutsch-nationaler und europäisch-zivilgesellschaftlicher Ideen.[1] Diese beiden Konfliktlinien standen in den letzten 15 Jahren im Zentrum der öffentlichen Debatten über den Weg der CDU. Seit einiger Zeit scheint sich nun die alte soziale Frage wieder stärker in den Vordergrund zu schieben. Sie besitzt viele Überschneidungen und Verbindungen zu den beiden zuvor genannten Bruchlinien. Mitunter ist es aber auch die soziale Frage an sich, die innerhalb der Union Konflikte verursacht.

Der soziale Konflikt läßt sich nicht auf die aktuellen Verteilungskonflikte reduzieren, es geht dabei um die grundsätzliche Frage nach der Zukunft des deutschen Sozialstaatsmodells, insbesondere das Mischungsverhältnis von Staat und Markt, von *shareholder* und *stakeholder* – und schließlich die Rolle der Gewerkschaften. Wie muß das deutsche Sozialstaatsmodell umgebaut werden, um mehr Beschäftigung zu schaffen? Entsprechend der Praxis des amerikanischen Niedriglohnsektors (wie große Teile des Arbeitgeberlagers dies wollen) oder eingebettet in die etablierten, gleichwohl reformierten Strukturen des deutschen Arbeitsmarktsystems (wie dies die Gewerkschaften anstreben)? Der Kampf zwischen den Befürwortern eines starken Sozialstaates und seinen Kritikern läßt sich nicht auf die Konfliktlinie zwischen SPD und CDU reduzieren; er geht mitten durch beide Parteien. Über Jahrzehnte hinweg ist es der Union so gut wie keiner anderen deutschen Partei gelungen, Modernisierungsverlierer und -gewinner gleichermaßen zu binden. Wird dies auch zukünftig möglich sein? Zweifel sind angebracht: Erstens, weil die Idee eines nachhaltigen Abbaus von Sozialstaatlichkeit in der Union nicht nur bei den CDU-Unternehmern starken Anklang findet, sondern auch bei wichtigen Strömungen der jungen, christdemokratischen Führungsgeneration. Zweitens, weil nach dem Abgang von Kohl und Blüm entscheidende Integrationsgaranten in der großen deutschen Volkspartei fehlen.

Klar ist, daß die führenden Politiker mit der Integration divergierender Interessen heillos überfordert wären, wenn es keinen organisierten

Interessenpluralismus innerhalb der CDU mehr gäbe, der die Konflikte sortiert, entschärft und im Vorfeld ausbalanciert. Doch wie lange funktioniert dies noch? Im parteiinternen Kampf um die gesellschaftliche Machtarchitektur sind die Vereinigungen[2] neben den Landesverbänden wichtige innerparteiliche Instanzen der Machtverteilung.[3] Dabei stehen sich auf dem Feld der sozialen und ökonomischen Interessen die Mittelstands- bzw. Wirtschaftsvereinigung[4] und die christlich-demokratische Arbeitnehmerschaft (CDA) gegenüber. Während die Mittelstandsvereinigung seit Jahren an innerparteilicher Stärke gewinnt, die sich in einer Zunahme von Mitgliedern und wirtschaftsfreundlichen Parlamentariern niederschlägt, haben die Sozialausschüsse an Einfluß verloren. Will die Union aber weiterhin Volkspartei bleiben, dann muß zu den Baumeistern eines neuen CDU-Politikmodells auch der Arbeitnehmerflügel gehören. Um die divergierenden Interessengruppen innerhalb der Partei in einer Balance zu halten, ist nicht nur die Parteispitze gefordert und politischer Druck von außen, sondern auch ein gewisses Kräftegleichgewicht der Gruppen innerhalb der CDU. Zukünftig könnte die Schwäche des Arbeitnehmerflügels das Kräftegleichgewicht nachhaltig stören.

Zu dieser Schwäche trägt auch eine zuweilen kaum noch überschaubare Fragmentierung des christlich-sozialen Arbeitnehmerlagers bei. Als wichtigste CDU-Arbeitnehmergruppe neben der CDA wirkt die »Arbeitnehmergruppe der Bundestagsfraktion«,[5] die sich an die Fraktionsdisziplin gebunden sieht und alles daran setzt, die vergleichsweise unabhängige CDA für ihre Politik zu gewinnen. Meist sind es also nicht die Beschlüsse und Positionen der CDA-Führung in Königswinter, die den Takt angeben, sondern die faktischen Vorgaben der Arbeitnehmergruppe. Innerhalb der Union muß sich der Arbeitnehmerflügel nicht nur gegenüber den Interessenvertretern der Unternehmer behaupten, sondern auch im permanenten Kampf untereinander. Damit sind die Konflikte zwischen denen gemeint, die sich an den taktischen Erwägungen der Parteiführung orientieren, und denjenigen, die sich für die sozialen Interessen der Beschäftigten einsetzen, wie sie durch die Gewerkschaften artikuliert werden.

Die CDA ist einerseits eine relativ unabhängige Organisation,[6] andererseits ist sie eng mit der Partei verflochten. Diese Janusköpfigkeit ist eine wichtige Bedingung, um als Vorfeld- und Brückenorganisation zwischen Gesellschaft und Partei zu vermitteln. Sie selbst hat es sich zur Aufgabe gemacht, die Interessen der abhängig Beschäftigten in der CDU zur Geltung zu bringen und die Union in der Arbeitnehmerschaft zu vertreten. Dabei kann es (bei zuweilen gegenläufigen Zielen) zu einer Polarisierung zwischen Partei- und Gewerkschaftsflügel innerhalb der CDA kommen, wie 1996, als der gesetzliche Kündigungsschutz und die Lohnfortzahlung im Krankheitsfall verschlechtert wurden. Auch wenn viele Akteure sich weder gegenüber der Partei noch der Einheitsgewerkschaft zur Loyalität verpflichtet fühlen, gehen in solchen Entscheidungssituationen die Sogkräfte von den beiden maßgeblichen Kraftzentren aus. In der Adenauer-Ära existierte noch eine dritte Kraft: der arbeitnehmerorientierte Kirchenflügel, der eigenständig und in enger Bindung an den organisierten Katholizismus agierte.[7] Die Führung der CDA wird seit jeher stark beeinflußt von der Arbeitnehmergruppe der Bundestagsfraktion. Dagegen gelingt es dem Gewerkschaftsflügel in Entscheidungssituationen nur selten, sich mit eigenen Themen durchzusetzen – ihm fehlt die parlamentarische Gestaltungskraft.

Die meisten Beobachter sind sich darüber einig, daß die Sozialausschüsse eine stilbildende Kraft hinsichtlich des Charakters der CDU als Volkspartei besitzen. Erst seit einigen Jahren mehren sich die Stimmen, die von einem baldigen Ende des Arbeitnehmerflügels in der CDU sprechen. Trotz aller grundsätzlichen Probleme, die näher beleuchtet werden müssen, zeigt ein Blick auf die Geschichte der CDA, daß ihr baldiges Ende ebenso unwahrscheinlich ist wie die ihnen zugesprochene Dominanz. Denn der Arbeitnehmerflügel war immer eine strukturelle Minderheit in Union und Gewerkschaften und sah sich dabei häufig in mehr oder weniger existentielle Konflikte verwickelt. In ihrer Geschichte mußte die CDA bereits tiefgreifende Krisen durchleben, die bis zur existentiellen Selbstgefährdung reichten. Gerade in der Ära Kohl wurde der Totenschein gleich mehrfach voreilig ausgestellt. Wie haben also die vergangenen 16 Jahre die Sozialausschüsse verändert, welche personellen, organisatorischen und ideellen Ressourcen besitzen sie noch? Können sie in der CDU nach Kohl noch einen nachhaltigen Einfluß auf die politische Entwicklung ausüben?

Entstehung und Entwicklung der CDA

Die Sozialausschüsse haben sich selbst als Teil der Arbeiterbewegung wie auch als Teil einer klassenübergreifenden Volkspartei verstanden, als Kraft des sozialen Ausgleichs zwischen den fortschrittlichen Kräften des

Bürgertums und den gemäßigten Kräften der sozialistischen Arbeiterschaft. Beide Lager, die klassische Arbeiterbewegung und die fortschrittlichen Kräfte des Bürgertums, existieren nicht mehr. Und auch eine weitere, dritte Existenzbedingung der Sozialausschüsse löst sich auf: das katholische Arbeiter- und Gewerkschaftsmilieu. Daraus folgt bis zum heutigen Tage eine sehr ungleiche regionale Verankerung der CDA. Ihr Zentrum liegt seit 1945 in Nordrhein-Westfalen, wo ungefähr die Hälfte aller CDA-Mitglieder zu Hause sind. Die konfessionelle Komponente spielte auch in den Konflikten mit den Vertretern des Wirtschaftsflügels eine nicht unbedeutende Rolle. Da dieser im individualistisch-besitzbürgerlichen Milieu des Protestantismus ideenpolitisch verankert war und die Majorität der Sozialausschüsse im katholisch-sozialen Milieu verwurzelt, besaßen die sozialen Spannungen in der Union über viele Jahre hinweg auch eine konfessionelle Komponente.[8] Die Geschichte der Sozialausschüsse läßt sich, unter politischen Gesichtspunkten, in vier Phasen unterteilen.

Gründungsmythos (1945–1949):
Garanten einer neuen Institutionen- und Sozialordnung

Die Gründer der Sozialausschüsse orientierten sich an den Ideen der katholischen Soziallehre. Vor 1933 wirkten sie als Funktionäre der christlichen Gewerkschaften, der katholischen Arbeiterbewegung, und bildeten den Arbeiterflügel der Zentrumspartei und des Katholizismus. Als Initiatoren der Sozialausschüsse gehörten sie zugleich auch zu den Gründern von CDU und Einheitsgewerkschaft. Mit den Sozialausschüssen wollten sie das Vakuum ausfüllen, das 1945 durch den Wegfall der christlichen Gewerkschaften entstanden war, um als Machtfaktor auf Einheitsgewerkschaft und CDU Einfluß nehmen zu können.[9] Die weit über die Grenzen des eigenen Milieus hinausreichende Reputation der ehemaligen christlichen Gewerkschafter bildete eine wichtige Basis, um den Charakter der CDU als Volkspartei glaubwürdig nach außen zu vermitteln.

Innerhalb der CDU wurde die Konstituierung der Sozialausschüsse zu einer relativ eigenständigen Organisation mit Skepsis betrachtet. Konrad Adenauer und Vertreter des Wirtschaftsflügels vertraten die Auffassung, daß eine Gruppe mit einem derart starken Eigenleben (»Partei in der Partei«) und einer aus ihrer Sicht überzogenen politischen Ausrichtung (»christlicher Sozialismus«) mit einer Volkspartei nicht vereinbar sei. Deshalb versuchten die CDU-Führer, die Sozialausschüsse überflüssig zu machen und alle sozialpolitischen Fragen in den

sogenannten »wirtschafts- und sozialpolitischen Ausschüssen« zu behandeln, in denen Arbeitnehmer und Arbeitgeber auf allen Ebenen der
Partei vereinigt waren.

In den ersten Nachkriegsjahren stimmten die programmatischen
Neuordnungsvorstellungen von Sozialausschüssen und DGB-Gewerkschaften überein. Am Anfang stand das Plädoyer für eine »neue soziale
und politische Ordnung«, die durch »Mitlenkung, Mitgestaltung, Mit-
beteiligung und Demokratisierung der Wirtschaft durch die breiten
Schichten des Volkes« geschaffen werden sollte. Offen waren die Neuordnungsvorstellungen der Sozialausschüsse auch für Teil-Sozialisie-
rungen, speziell in den Grundstoffindustrien. Diese Forderungen wurden mit der katholischen Soziallehre und mit den Erfahrungen des Nationalsozialismus begründet. Dahinter stand die Überzeugung, daß eine
zu große ökonomische und politische Machtkonzentration Gefahren
für die demokratische Entwicklung in sich berge. Das »machtvertei-
lende Prinzip« gehört deshalb bis zum heutigen Tag zur programmatischen Identität der Sozialausschüsse. In den Jahren 1945 bis 1947 gelang
es ihnen, einen relativ starken programmatischen und personellen Einfluß in der CDU der britischen Zone zu gewinnen. Das bekannteste
Zeugnis aus dieser Zeit ist das »Ahlener Programm« (1947). Bis heute ist
die Gründungszeit für die Sozialausschüsse sehr wichtig, um ihren Forderungen gegenüber Union und DGB-Gewerkschaften Legitimität zu
verschaffen.

Kalter Krieg und Katholisierung (1949–1963):
Innerkatholische Fragmentierung und antisozialistische
Konsolidierungspolitik

In der zweiten Entwicklungsphase der Sozialausschüsse, die in etwa mit
der Ära Adenauer identisch ist, gelang es, die organisatorischen Strukturen der Sozialausschüsse zu konsolidieren. Prägend wirkten die Auseinandersetzungen mit linkssozialistischen Kräften in den Betrieben
und Gewerkschaften. In der KPD sah man den Hauptgegner, dessen
offene oder versteckte Arbeit die Sozialausschüsse überwachten und
öffentlich anprangerten. Da sich die politische und programmatische
Kluft zwischen Sozialausschüssen und Gewerkschaften in dieser Phase
erheblich weitete, waren Konflikte an der Tagesordnung, die den Zusammenhalt der CDA permanent belasteten. Während deren Gewerkschaftsflügel loyal in den Gewerkschaften arbeitete, forderte die Königs-
winterer CDA-Zentrale einen nachhaltigen Kurswechsel des DGB, an-

dernfalls werde man selbst eine christliche Gegengewerkschaft gründen. Als schließlich eine solche Gewerkschaft (1955) von der katholischen Arbeitnehmerbewegung ins Leben gerufen wurde, sprach sich die CDA aber dagegen aus, da die politische Erfolglosigkeit der Neugründung absehbar war. In der Ära Adenauer kam die CDA sowohl durch die Gewerkschaften unter Druck wie auch durch die katholische Arbeitnehmerbewegung (KAB), die christlich-soziale Kollegenschaft und die christlichen Gewerkschaften. Die Auseinandersetzungen innerhalb des pluralistisch organisierten katholischen Arbeitnehmermilieus führten zu einem Einflußverlust in der CDU und damit zu einer dramatischen Schwächung der gesamten katholischen Arbeiterpolitik, die letztlich sogar die Basis für den Aufstieg der Sozialdemokratie im katholisch-sozialen Musterland Nordrhein-Westfalen schuf. In der Adenauer-Ära waren zwar so viele Funktionäre der CDA in herausgehobenen Positionen von Regierung und Partei wie nie zuvor oder danach[10], gleichwohl kann vermutet werden, daß dies nicht nur dazu beigetragen hat, die Sozialausschüsse zu stärken. Nach dem Prinzip *divide et impera* schwächte es sie auch.

Reformorientierte Bündnispolitik (1963–1989): Modernisierung der Partei und gesellschaftliche Reformpolitik

In der partei- und gesellschaftspolitischen Reformphase, die von der Mitte der sechziger Jahre bis Anfang der neunziger Jahre reichte, entwickelte die CDA das Bündnis mit der Frauenunion (seit 1975) und der Jungen Union (1973–1994), das ein wichtiger Eckpfeiler für die Modernisierung der Union war. Das Bündnis mit der Frauenunion schuf die Grundlage dafür, daß im Hinblick auf dieses Wählersegment eine effizientere Sozialstaatspolitik betrieben wurde. Wichtige Bündnispartner waren auch die Generalsekretäre Biedenkopf und Geißler, die als Parteimodernisierer mit Hilfe der Sozialausschüsse ihre eigenen Ziele durchsetzen wollten.

Im Anschluß an das II. Vatikanische Konzil (1962–1965), das Ende des politischen Katholizismus in Deutschland, und in dem Bewußtsein, daß die »katholisch-soziale Bewegung eines sanften Todes«[11] gestorben sei, bemühten sich die Sozialausschüsse stärker um eine programmatische Orientierung, die über das katholische Milieu hinausging, ohne sich aber von diesen Wurzeln zu entfernen. Den ersten Höhepunkt dieser Phase bildete die »Offenburger Erklärung« (1967), mit der das programmatische Leitbild einer offenen und solidarischen Gesellschaft herausgestellt wurde. Das Verhältnis zu den Gewerkschaften verbesserte sich, gleichwohl blieben Auseinandersetzungen nicht aus. Am brisantesten war wohl die dramatische Krise, die sich im Anschluß an die Veränderung des §AFG 116 (1986) einstellte, mit der die Streikfähigkeit der Gewerkschaften eingeschränkt werden sollte.[12]

In der Falle des Kohlismus (1989–1998): Sozialstaatliche Kontinuität, neoliberaler Gegenwind und innere Zerrissenheit

Mit Heiner Geißlers Abwahl als Generalsekretär verlor die CDA ihren wichtigsten Bündispartner in der Partei. Zwar konnte Geißler weiterhin als republikanischer Stichwortgeber inhaltliche Impulse für die CDA liefern, dem Arbeitnehmerflügel fehlte nun aber ein Ansprechpartner im Spinnennetz der Macht. Nach der Bundestagswahl 1994 schränkte die knappe Mehrheit, mit der die Union nun regierte, den Handlungsspielraum der CDA-Führung zusätzlich ein: Jede wichtige parlamentarische Entscheidung wurde zur Existenzfrage für den Kanzler stilisiert. Mehr noch: Seit der Abwahl des CDA-Vorsitzenden Ulf Fink im Jahr 1993 funktionierte die CDA-Führung als Teil des Systems Kohl.

Die Rolle der CDA innerhalb der Union hat sich auch deshalb stark verändert, weil der Begriff der Reform mittlerweile durch den neoliberalen Flügel okkupiert worden ist. Symptomatisch für diesen Wandel ist die Veränderung an der Spitze der Jungen Union. Seit dem Führungswechsel von Gröhe zu Escher steht die JU im Bündnis mit der Mittelstandsvereinigung und dem Wirtschaftsflügel, sie plädiert für eine dezidiert neoliberale Entwicklung.[13] Biedenkopf und Geißler waren offen für eine Weiterentwicklung des Sozialstaates; die selbsternannten Modernisierer der neunziger Jahre, die im Rampenlicht der Öffentlichkeit stehenden »jungen Wilden«, die Junge Union und die CDU-Unternehmer sind dagegen ausgesprochene Gegner jeder sozialstaatlichen Weiterentwicklung. Diese Gruppe wird gestützt durch Wolfgang Schäuble, der zeitweilig zu einem der Hauptkritiker der Sozialausschüsse avancierte. Mittlerweile scheint sich ihr Verhältnis zu Schäuble wieder entspannt zu haben. Insofern spricht einiges dafür, daß Schäuble die Sozialausschüsse, ebenso wie Kohl und Blüm, gegen ihre neoliberalen Kritiker verteidigen wird.

CDA in der Krise

Seit Anfang der neunziger Jahre sind die Sozialausschüsse starken Zerreißproben ausgesetzt: polarisierte Kämpfe zwischen den Flügeln, abnehmende Bindung in den Betrieben und Schwächung der Führungsebene. Innerhalb von zwei Jahren (1993/1994) standen drei Vorsitzende an der Spitze der Sozialausschüsse. Keiner von ihnen hat es vermocht, die Stellung der CDA in der Gesamtpartei zu konsolidieren. Die wichtigsten Bündnispartner sind seither Norbert Blüm und Heiner Geißler. Während Blüm in seiner Funktion als Arbeitsminister nicht nur gegen die neoliberalen Strömungen in der Partei kämpfte, sondern mit der Pflegeversicherung auch ein perspektivenreiches Projekt verankern konnte, betrieb Heiner Geißler die identitätspolitische Abgrenzung der CDU gegenüber der FDP und den rechten Türöffnern. Eine entscheidende Hypothek für die weitere Entwicklung ist, daß es den Sozialausschüssen bisher nicht gelang, eine stärkere innere Geschlossenheit herzustellen – und das in einer Zeit, in der die etablierten Strukturen des Sozialstaates stärker als je zuvor in der bundesrepublikanischen Geschichte in Frage gestellt werden. Hin- und hergeworfen zwischen dem Partei- und dem Gewerkschaftsflügel unternehmen die Sozialausschüsse in den neunziger Jahren eine Achterbahnreise, an deren Ende eine sichtlich destabilisierte Organisation steht – erschüttert und irritiert durch die überlange Regierungszeit Kohls und den fehlenden inneren Konsens darüber, wie auf die Herausforderungen der permanenten Standortdebatte zu reagieren sei.

Auf dem Weg von der Bonner zur Berliner Republik haben die Sozialausschüsse auf wichtigen Feldern an Handlungs- und Durchsetzungsfähigkeit eingebüßt. Zum Teil sind die neuen Restriktionen das Ergebnis veränderter Kräfteverhältnisse, fehlender Ressourcen, zum Teil aber auch das Resultat selbstverschuldeter Fehler.

Organisationsprobleme

Deutlichster Ausdruck der Organisationskrise ist der drastische Mitgliederschwund. Zwischen 1980 und 1997 hat sich die Zahl der Mitglieder von 40 000 auf 24 782 nahezu halbiert, allein seit 1991 ging die Mitgliederzahl um 21 Prozent zurück. Dieser Rückgang ist drastischer als in der CDU selbst, die in diesem Zeitraum auch fast 16 Prozent ihrer Mitglieder verloren hat.[14]

Die CDA ist mit 17 Landesverbänden zwar bundesweit präsent, gleichwohl ist es ihr bisher nicht gelungen, den asymmetrischen Föderalismus rheinischer Prägung zu überwinden und eine gleichmäßigere Verteilung ihrer Mitgliedschaft über die verschiedenen Bundesländer zu erreichen. Nach wie vor dominiert innerhalb der CDA der Landesverband Nordrhein-Westfalen mit etwa 40 Prozent aller CDA-Mitglieder; gefolgt von Baden-Württemberg, Hessen und dem Landesverband Rheinland-Pfalz, die jeweils neun Prozent in ihren Reihen haben. Die Schlußlichter sind Brandenburg und Mecklenburg-Vorpommern mit jeweils nur einem Prozent aller CDA-Mitglieder. Die CDA ist zwar dank der finanziellen Unterstützung der CDU in jedem neuen Bundesland mit hauptamtlichen Funktionären präsent, trotzdem hat sie dort insgesamt nicht mehr als 1000 Mitglieder gewinnen können. Dies ist oberflächlich betrachtet erstaunlich, weil die meisten Arbeitnehmer in den neuen Bundesländern bei den ersten Wahlen der CDU ihre Stimme gaben. Zudem kommt Rainer Eppelmann, der Vorsitzende der Sozialausschüsse, aus Ostdeutschland und spielte zu DDR-Zeiten eine wichtige Rolle in der Bürgerbewegung. Die Entwicklung in Ostdeutschland bestätigt aber die These, daß nur dort ein fruchtbarer Boden für die Sozialausschüsse besteht, wo ein sozial-katholisches Milieu existiert.[15] Gerade deshalb kommen aus Nordrhein-Westfalen nicht nur die meisten Mitglieder, sondern dort wird auch die Politik der Sozialausschüsse gemacht. Von zentraler Bedeutung ist der sogenannte Kölner Klüngel, der in den letzten Jahren vom stellvertretenden CDA-Bundesvorsitzenden Hermann-Josef Arentz, dem Vorsitzenden der CDU-Arbeitnehmergruppe des Bundestages Wolfgang Vogt und dem ehemaligen CDA-Bundesschatzmeister Heinz Soenius geprägt wurde. Mit dem altersbedingten Ausscheiden der beiden Letztgenannten besteht die Chance für einen personellen Neuanfang, der über die Enge des Kölner Raumes hinausführen könnte.

Auch in der Mitgliederstruktur drückt sich die Traditionsverankerung der CDA aus:[16] Überalterung, Mitgliederrückgang, regionale Lücken insbesondere dort, wo der lange Schatten des Kirchturms nicht hinfällt, sind die Konsequenzen. Die alten Mittelschichten dominieren, aus den modernen Industrie- oder Dienstleistungssektoren sind bisher kaum neue Mitglieder hinzugewonnen worden. Auch die Vertreter der jungen Generation, die mit der »jungen Arbeitnehmerschaft in der CDA« eine eigene Arbeitsgemeinschaft besitzen (etwa 2500 Mitglieder), finden nur selten den Weg zur CDA.[17] Trotz dieser Mitgliederstruktur verfügen die Sozialausschüsse nach wie vor über eine gewisse Verankerung in den Betriebs- und Personalräten, wenngleich ihre Zahl in den letzten Jahren deutlich kleiner geworden ist. Neue Vertretungseliten sind schwer zu gewinnen. So muß die CDA organisatorisch aufgrund der Mitgliederentwicklung eine grundlegende Krise verkraften, was freilich kein Sonderproblem der Sozialausschüsse ist. Gewerkschaften und Parteien leiden unter einer ähnlich starken Ausdünnung ihrer Basis.

Stellung in der CDU

Bisher ist es der CDA gelungen, die Mehrheit des christlich-sozialen Restmilieus an die CDU zu binden; zugleich hat sie aber auch dazu beigetragen, daß die Partei sich politisch und programmatisch gegen eine rechte Öffnungspolitik ausspricht und für neue Themen und soziale Zielgruppen öffnet. Die Abwahl Heiner Geißlers, die neoliberale Umorientierung der Jungen Union und die innere Führungskrise haben die Position der Sozialausschüsse in der Union nachhaltig geschwächt.

Offensichtlich wurde dies im September 1996, als die Regierung nach dem gescheiterten »Bündnis für Arbeit« die Kürzung der Lohnfortzahlung bei Krankheit und die Einschränkung des Kündigungsschutzes durchsetzte. Diese Politik führte dazu, daß auf der betrieblichen Ebene ein enormer Druck auf die Funktionäre der Sozialausschüsse ausgeübt wurde, worauf einige mit dem Austritt aus der CDA reagierten: Der 13. September 1996 ist seitdem ein festes Datum in der CDA-Krisengeschichte.

Politische Erfolge sind den Sozialausschüssen in der CDU oft nur beschieden gewesen, wenn sich neben den organischen Bündnispartnern ein Teil des Wirtschaftsflügels auf ihre Seite schlug oder sich der Kanzler direkt für ihre Interessen einsetzte. Nach dem Auseinanderbrechen des Reformblockes mit der Jungen Union und der Frauenunion ist es zu einer neuen Bündniskonstellation mit der Senioren-Union gekommen, die allerdings keine vergleichbare Wirkung entfalten kann. Die Mehrheit der CDA-Spitzenfunktionäre war Teil des Systems Kohl und verweigerte sich deshalb allen Initiativen, die auf eine stärkere Mobilisierung der eigenen Mitgliederbasis, der Öffentlichkeit oder gar auf eine partielle Bündnispolitik mit den Sozialdemokraten setzte.

Mit welchen Mitteln die Sozialausschüsse ihre Stellung in der Union verbessern können, ist immer wieder ein Konfliktthema zwischen dem Partei- und dem Gewerkschaftsflügel. Diese Frage spitzte sich zu, als mit Ulf Fink erstmals ein Politiker Vorsitzender der CDA wurde, der nicht im organisierten Katholizismus sozialisiert war. Neu war aber auch, daß der Vorsitzende der CDA zugleich stellvertretender Vorsitzender des

DGB wurde. Diesen Kontinuitätsbruch vertiefte Fink noch durch seine persönliche Gegnerschaft zum Kanzler. Kohl sorgte deshalb dafür, daß der CDA-Bundesvorsitzende nicht in den CDU-Bundesvorstand gewählt wurde – ein Novum in der Geschichte der Sozialausschüsse. Dagegen band sich der amtierende CDA-Vorsitzende Rainer Eppelmann eng an Kohl und widersetzte sich allen Bemühungen, die Durchsetzungsfähigkeit der CDA in der CDU-Parteiführung zu verstärken. Im engen Bündnis mit der Arbeitnehmergruppe der CDU im Bundestag suchte Eppelmann den Ausgleich mit dem Kanzler. Seine Unsicherheit im Umgang mit dem westdeutschen Gewerkschaftssystem erschwerte eine konstruktive Zusammenarbeit; statt dessen verteidigte er gegenüber den Gewerkschaften lediglich die Politik der Regierung.

Die Stellung der CDA in der Union ist also auch von der Gesamtkonstellation abhängig – ob es der CDU nützt, den Arbeitnehmerflügel stärker zum Zuge kommen zu lassen, um die eigene Akzeptanz in der Wählerschaft zu erhöhen bzw. konkrete politische Etappenziele zu realisieren. Bedingungen für die Aufwertung der CDA in der Union könnten sein: ein Reformklima, das durch inhaltliche Projekte wie ein für beide Seiten gleichermaßen profitables »Bündnis für Arbeit« (ein sogenanntes »win-win-Bündnis«) erzeugt wird, Führungskräfte, die unbefangener zwischen den Machtblöcken agieren können, und eigene konzeptionelle Anstöße aus den Reihen der CDA. Ein von den maßgeblichen Kräften der Republik getragenes »Bündnis für Arbeit« wäre eine gute Basis, um die Stellung der CDA in der Union zu verbessern. In diesem Sinne müßte ein an innerparteilicher Stabilität interessierter Wolfgang Schäuble dafür Sorge tragen, daß die Sozialausschüsse zu einem wichtigen Pfeiler der CDU in der Zeit nach Kohl werden.

Eine weitere Schwächung der CDA wird jedoch dadurch wahrscheinlich, daß sich das sozial-katholische Verbändewesen mittlerweile von der Union emanzipiert hat. Die jüngeren Verbandspolitiker neigen heute eher dem sozialdemokratischen oder grünen Lager zu, während die Nachwuchskräfte der CDU bekanntlich dem sozialen Ideenhaushalt der katholischen Soziallehre den Kampf angesagt haben.

Führungskrisen

In der Ära Kohl standen an der Spitze der Sozialausschüsse vier verschiedene Vorsitzende und fünf Hauptgeschäftsführer, was bereits auf Unruhe und Diskontinuität hinweist.[18] Alle Vorsitzenden waren auf ihre Weise ein Problem für die Organisation. Blüm vereinigte als Minister und NRW-Landesvorsitzender zu viele Ämter und zu viele Loyalitäten auf sich, um als authentischer Anwalt einer veränderungsorientierten Perspektive der Sozialausschüsse auftreten zu können. Eine Zuspitzung erfuhr die Führungsproblematik in der CDA durch Ulf Fink, Werner Schreiber und Rainer Eppelmann, die in unterschiedlicher Weise die Handlungsfähigkeit der Sozialausschüsse in Frage stellten und stellen. Von Jakob Kaiser bis Norbert Blüm wurde den Vorsitzenden der Sozialausschüsse immer vorgeworfen, daß sie zu wenig für die eigene Organisation täten und zuviel für die eigene politische Karriere. Der entscheidende Unterschied zwischen Fink und seinen Vorgängern bestand allerdings darin, daß Fink innerhalb der CDU-Führung keinen Einfluß und keinen gewichtigen Förderer besaß. Der Vorsitzende der Sozialausschüsse sah sich deshalb dem Vorwurf ausgesetzt, er habe den Einfluß der CDA in der CDU derart geschwächt, daß in der Folge auch ihre innere Zerrissenheit forciert worden sei. Als Reaktion auf die Unzufriedenheit mit Ulf Fink baute der parteiorientierte Führungsflügel der Sozialausschüsse mit Werner Schreiber einen im katholisch-sozialen Milieu verankerten Sozialpolitiker auf, der eng mit Kohl liiert war. Da er als Sozialminister in Sachsen-Anhalt den Hut nehmen mußte, weil ihm persönliche Bereicherung vorgeworfen wurde, war er auch für die Führung der Sozialausschüsse nicht mehr tragbar. Nach dieser Führungskrise folgte die Wahl von Rainer Eppelmann, der an die gesamtdeutsche Tradition der Sozialausschüsse unter Jakob Kaiser anzuknüpfen versuchte. Doch auch Eppelmann ist bisher nicht in der Lage, die Schwächung der Sozialausschüsse aufzuhalten. Statt zwischen Regierung und Gewerkschaften zu vermitteln, verteidigte er in der Öffentlichkeit die Politik sozialer Kürzungen, ohne wenigstens durch symbolische Gesten den Versuch zu unternehmen, alternative Optionen ins Spiel zu bringen.

Eine derart enge Anbindung an eine konkrete Regierungspolitik hatte es in der Führung der Sozialausschüsse zuvor nicht gegeben, so daß in der Konsequenz die Vermittlungsfunktion zu den betrieblichen und gewerkschaftlichen Funktionären erschwert und die Zersplitterung innerhalb der eigenen Reihen gefördert wurde.

Programmatisches Profil: Die selbstverschuldete Unmündigkeit

Die krisengeschüttelten Sozialausschüsse befinden sich in einem Zustand selbstverschuldeter Unmündigkeit, den sie nach dem Ende der Ära Kohl nur mit einer unabhängigeren Gangart überwinden können. Das konzeptionelle Potential dafür haben sie zur Verfügung. Mit ihrer gesellschaftsgestaltenden und gesellschaftsverändernden Perspektive besitzen die Sozialausschüsse innerhalb der CDU eine Sonderstellung. Sie verstehen sich sowohl als »sozialer Motor« wie auch als Modernisierer in der CDU. Dabei haben sie ihre inhaltliche Arbeit nicht nur auf die klassischen Themen der deutschen Gewerkschaften (Mitbestimmung, entgeltorientierte Tarifpolitik) konzentriert. Aufgrund der Konkurrenz zu den Gewerkschaften und der SPD bearbeiteten sie immer auch sozialpolitische Themen und Interessen, die von diesen eher stiefmütterlich behandelt wurden. Dazu gehören vor allem familienpolitische Themen und die Beteiligung der Arbeitnehmer am Produktivkapital in Form eines Investivlohnes. Mit ihrem auf Solidarität und Gerechtigkeit zielenden Engagement in den Feldern Entwicklungs-, Frauen- und Ausländerpolitik suchten die Sozialausschüsse auch darauf hinzuwirken, daß Themen, die im kirchlichen Umfeld stark bearbeitet wurden, in der CDU ihren Platz fanden. Damit besaßen die Sozialausschüsse immer auch das Image eines linken Flügels in der Union, womit deutschnationale Positionen in der CDA bisher keine politische Profilierungschance erhielten.

Auf dem Magdeburger Bundeskongreß im Mai 1997 versuchte die parteiorientierte CDA-Führungsspitze, die Organisation auf eine Umbaustrategie des Sozialstaates zu verpflichten, die mit den politischen Zielen der wirtschaftsliberalen Kräfte in der CDU korrespondierte. Vorgeschlagen wurde eine Beschäftigungsstrategie, die auf einer Flexibilisierung des Arbeitsmarktes aufbauen sollte und wonach »sozial ist, was Beschäftigung schafft«. In einer zugespitzten Debatte wurde diese Initiative schließlich von den gewerkschaftsorientierten Kräften neutralisiert und durch die Formel »Vorrang für Beschäftigung« ersetzt. Darin drückte sich der angestaute Unmut über den Umgang der Partei mit dem »Bündnis für Arbeit« und den Vormarsch neoliberaler Kräfte und Ideen in der Union aus; zugleich wurde in dieser Situation auch die Unfähigkeit der CDA deutlich, auf die Sozialstaatsdebatte mit einer Gegenstrategie zu antworten, die nicht nur reaktiv war.

Ausblick

In der Ära Kohl ist die CDA in Akzeptanz- und Führungskrisen hineingeschlittert, die sich in einem dramatischen Mitgliederrückgang und Kämpfen zwischen dem Partei- und Gewerkschaftsflügel niederschlugen. Welche Möglichkeiten ergeben sich nach der Ära Kohl?

Offensichtlich ist, daß mit dem Ende der Systemkonkurrenz und der Bedeutungslosigkeit der katholisch-sozialen Bewegung die Möglichkeit einer antisozialistisch-katholischen Re-Traditionalisierung der Sozialausschüsse ausscheidet. Mit dem programmatischen Wandel der DGB-Gewerkschaften und der SPD, die beide stärker als in den vergangenen Jahrzehnten auf eine positive Bewertung sozialpartnerschaftlicher Konsensprozesse, marktwirtschaftlicher Regulierungsprojekte und einer Koordination zwischen Staat und Markt aufbauen, wird es schwieriger, die Identität der Sozialausschüsse durch eine Abgrenzung nach links herzustellen. Damit ändert sich auch ihr programmatisches Profil. Die Sozialausschüsse werden zukünftig stärker gefordert, sich in der Union und in der Gesellschaft gegen rechtsautoritäre und neoliberale Politikprojekte zur Wehr zu setzen. Um diese Herausforderungen bestehen zu können, muß die CDA die eigenen Politikangebote offensiver darstellen und sich in der eigenen Partei konfliktfreudiger für diese Projekte einsetzen. Vermutlich sind es so betrachtet nicht die Neoliberalen, die die Einheit der Union in Frage stellen, sondern ein zu schwacher Arbeitnehmerflügel in der CDU. Alle drei im folgenden skizzierten Szenarien haben Auswirkungen auf den Charakter der CDU als Volkspartei. Darüber hinaus wird die Entwicklung der CDA exemplarisch zeigen, ob eine soziale Bündnispolitik zum nachhaltigen Abbau der Massenarbeitslosigkeit und zum solidarischen Umbau des Sozialstaates beitragen kann.

Das *erste* und dramatischste Szenario könnte darauf hinauslaufen, daß die CDA bedeutungslos wird. Sie verliert derart stark an Mitgliedern, daß ihr organisatorischer Bestand als bundesweite Mitgliederorganisation gefährdet ist. Ihr gelingt es weder auf der parlamentarischen noch auf der gewerkschaftlich-betrieblichen Ebene, als ernsthafter Konkurrent oder Kooperationspartner in Erscheinung zu treten. Die Führung der CDU hat kein Interesse, die Sozialausschüsse zu stützen. Sie setzt darauf, daß die Akzeptanz der Partei im Arbeitnehmerbereich durch die Spitzen der Union selbst hergestellt wird. Die Schwäche der Sozialausschüsse kommt ihr gerade recht, um das leidige Vereinigungswesen abzubauen und bei der Amerikanisierung der CDU einen Schritt voranzukommen. Schließlich liegt die Zukunft einer modernen Partei – so wie sie im Adenauer-Haus konzipiert wird – nicht in einem ausufernden und kaum noch kontrollierbaren Interessenpluralismus. Viel wichtiger wäre danach der Aufbau einer ausstrahlungsfähigen Führungsspitze, die im Bündnis mit den Medien flexibel auf die Stimmungen in der Gesellschaft reagieren könnte.

Dieses Szenario ist mittelfristig unwahrscheinlich, weil es dem kooperativen Integrations- und Verhandlungstypus des deutschen Parteien- und Verbändewesens widerspricht. Wahrscheinlicher ist ein *zweites* Szenario: Die CDA dümpelt vor sich hin und verliert weiter Mitglieder. Es wird ihr weder gelingen, neue Mitgliederbereiche zu erschließen, noch ihr eigenes ideenpolitisches Repertoire zu revitalisieren oder gar zu erweitern. Die CDA muß sich auf ihr angestammtes Mitgliederpotential konzentrieren. Ohne die tatkräftige Unterstützung des immer größer werdenden Rentneranteils läßt sich das Verbandsleben nicht mehr aufrechterhalten. Trotzdem schafft sie es, ihre Legitimationsfunktion für die CDU als Volkspartei wahrzunehmen. Sie kann diese Funktion ausfüllen, ohne bedeutende eigene Initiativen zu ergreifen. Innerhalb der Partei wird sie versuchen, den Neoliberalen und Konservativen Paroli zu bieten. Sie wird aber immer häufiger zum Nachgeben gezwungen sein, weil ihr die starken innerparteilichen Bündnispartner sowie die konzeptionelle und personelle Basis zur Gegenwehr fehlen. Trotz mancher sozialer Verschlechterungen und unzureichender neuer sozialer Regulierungen erreicht sie auch kleinere Erfolge: im Rahmen eines »Bündnisses für Arbeit«, im Bereich der Vermögensbildung und Bildungspolitik sowie bei der Verankerung sozialer Rechte auf europäischer Ebene. Es gibt also keine Kapitulation. Auch die Parteiführung hat keine Alternative zu den Sozialausschüssen: Sie will weiter mit der CDA kooperieren, weil ohne das Vereinigungswesen eine wichtige gesellschaftliche Vermittlungsinstanz fehlt und eine nur an Personen orientierte Amerikanisierung aus grundsätzlichen Erwägungen abgelehnt wird. Dieses Szenario kann als das mittelfristig wahrscheinlichste betrachtet werden.

Denkbar ist aber auch ein etwas positiveres *drittes* Szenario: Ein wichtiger Vorteil der CDA ist ihre programmatische Substanz. Ein zentrales Problem hingegen ist ihre Handlungs- und Durchsetzungsfähigkeit, die verbunden ist mit der Frage nach neuen Trägern für ihre Politik. Eine wichtige Grundlage für mehr Einfluß besteht darin, daß es ihr gelingt, in den Bereich der neuen Dienstleistungs- und Industriearbeit einzudringen. Sie gewinnt neue Gruppen, so daß sie in der Lage ist, sich auch außerhalb des sozialkatholischen Milieus und des öffentlichen Dienstes zu verankern. Die neuen Aktivisten sind wieder bereit, sich in die Gewerkschafts-, Partei- und Gemeinwesenarbeit einzumischen. Zugleich entsteht eine europäische Vernetzung, die auch innerhalb der CDU für eine neue Dynamik sorgt, welche das von Kohl forcierte Projekt der

Europäisierung sozial absichert. Noch wichtiger aber ist, daß es der CDA gelingt, bei den neu installierten »Bündnissen für Arbeit« zu einer innovativen Kraft zu werden. Zwischen den konkurrierenden Flügeln des christlich-sozialen Arbeitnehmerlagers entwickelt sich ein konstruktiver Streit, der zu einer besseren Handlungs- und Kampagnenfähigkeit gegenüber den neoliberalen und rechten Kräften führt.

Severin Weiland

Das Problem mit dem »C«

Die CDU und die Türken

Das Mitglied der Türkischen Gemeinde zu Berlin ist erbost: »Ihr Deutschen tut so, als ob wir automatisch links sein müßten, nur weil die Ausländerpolitik nicht so läuft, wie auch wir es gerne hätten.« Die Aussage des jungen Türken mit deutschem Paß ist symptomatisch. Seit einigen Jahren vollzieht sich ein von der deutschen Öffentlichkeit kaum wahrgenommener Wandlungsprozeß. Die Generation der in den sechziger und siebziger Jahren in Deutschland geborenen und sozialisierten Ausländer folgt nicht mehr den klassischen Mustern ihrer Eltern. Diese sahen ihre Interessen weitgehend bei der Sozialdemokratie aufgehoben. Die zweite Generation bricht mit diesem Stereotyp. Es gehört zum Klischee der deutschen Mehrheitsgesellschaft, daß die Gruppe der türkischen Immigranten vorwiegend aus Industriearbeitern, Ungelernten oder dem gerne zitierten »Gemüsehändler um die Ecke« besteht. Aber mit der Zeit hat sich ein kleiner, aber doch nicht unbedeutender Anteil von jungen Akademikern, Geschäftsleuten etc. herausgebildet. Viele von ihnen sind politisch und gesellschaftlich aktiv. Mehr noch: Manche fühlen sich als Teil der bürgerlichen Mittelschicht. Doch welche Angebote wurden ihnen gemacht? Die Union und die FDP verschliefen schlichtweg die Ankunft der aufstrebenden Klientel. Erst nach und nach sickerte bis in die Parteispitzen durch, daß hier langfristig neue Mitglieder und über sie auch neue Wähler zu gewinnen sind. Die Notwendigkeit, eine eigene Interessengruppe für Türken zu bilden, erkannten 1994 als erste Mitglieder der FDP. Zusammen mit türkischstämmigen Parteifreunden schufen sie die FDP-nahe Liberale Türkisch Deutsche Vereinigung.[1]

Das Berliner Beispiel

Es war eine illustre Runde, die da am 23. März 1996 in den vornehmen Räumlichkeiten des Berliner Hotels Esplanade zusammenkam. Rund 50 Berliner Christdemokraten feierten eine Premiere: Die Gründung der

Deutsch-Türkischen Union (DTU). Unter den neuen Mitgliedern fanden sich Konservative wie der ehemalige Berliner Innensenator Dieter Heckelmann und liberale Christdemokraten wie Peter Kurth, Staatssekretär für Finanzen im Berliner Senat.[2]

Bis zum Ende des Jahres 1996 hatte die DTU rund 110 Mitglieder in ihren Reihen. Entsprechend realistisch schätzte Kurth deren Rolle im innerparteilichen Kräfteverhältnis denn auch ein. Die DTU solle die CDU vor allem für Themen der türkischen Minderheit sensibilisieren: »Ich freue mich, daß meine Partei erkannt hat, daß man für einen vernünftigen Dialog einen organisatorischen Unterbau braucht.«[3]

Die Freude Kurths über seine Partei hielt sich allerdings in Grenzen. Denn die Gründung der DTU in Berlin war keinesfalls unumstritten. Trotz des gediegenen Ambientes und der Beschwörungen deutsch-türkischer Freundschaft war es den Initiatoren nicht gelungen, die Deutsch-Türkische Union (DTU) als offizielle Gliederung der CDU zu etablieren. Dies war vor allem der Wunsch von Ertugrul Uzun, des ersten Vorsitzenden. Doch die Spitze der Partei reagierte von Anbeginn äußerst zurückhaltend. Vor allem Mitglieder des rechten Flügels um den parlamentarischen Geschäftsführer Dieter Hapel und den Staatssekretär Ingo Schmitt hatten das Vorhaben Uzuns und Kurths mißtrauisch beäugt. Erfolgreich – und mit der stillschweigenden Unterstützung der Mehrheit in der Berliner CDU – hatten sie gegen eine Anerkennung der DTU als offizielle Parteigliederung opponiert. Nicht zuletzt fürchteten sie um eine Machtverschiebung: Eine DTU innerhalb der CDU hätte auf Landesparteitagen das Recht gehabt, eigene Anträge einzubringen – und damit Themen zu setzen. Das wollten Hapel und Schmitt auf alle Fälle verhindern, auch wenn sie eher formale Kritik an dem Vorhaben äußerten. Die CDU, erklärte Hapel, sei »erfreut, daß immer mehr Deutschtürken Mitglied werden wollen. Wer bewußt als Muslim in die CDU eintritt, das ›C‹ im Parteinamen und unser Wertesystem akzeptiert, ist willkommen. Wir bezweifeln aber den Sinn eines Sondervereins innerhalb der CDU, der letztlich nur türkische Sonderinteressen vertritt.«[4]

Der CDU-Landesvorstand rang sich schließlich zu einem Kompromiß durch: Die Deutsch-Türkische Union sei ein »eigenständiger Verein«, dessen Aktivitäten die Berliner CDU mit »Wohlwollen« zur Kenntnis nehme. Auch der Generalsekretär der Bundes-CDU Peter Hintze verpaßte Uzuns Hoffnung auf Eingliederung seiner Vereinigung in die Union einen gehörigen Dämpfer. Einen derartigen Schritt, stellte Hintze klar, »sehe ich nicht und halte ich auch nicht für richtig«.

Die interne Aufregung, die die DTU ausgelöst hatte, war unverständlich. Die Initiatoren der DTU hatten darauf geachtet, die Berliner Union nicht zu überfordern. Personell waren der linke und rechte Flügel im Vorstand der DTU berücksichtigt worden. Das DTU-Grundsatzpapier bekannte sich zu Werten wie Familie, Solidarität und Privatinitiative und blieb damit im Rahmen des CDU-Grundsatzprogramms. Zentrales Ziel der DTU sei es, »das Interesse der türkischen Bevölkerung an der CDU zu wecken, und zugleich Sichtweisen und Anliegen der türkischen Mitbürger sowohl der Basis wie der Führung der CDU aktiv zu kommunizieren«.[5]

Die Schwäche der DTU wurde vom ersten Moment an offenbar. Sie war eine politische heterogene Vereinigung, sowohl personell wie auch inhaltlich. Wofür sollte sie stehen, wessen Interessen vertreten? Die Unschärfe wurde durch Äußerungen ihres Vorsitzenden Uzun noch verstärkt. Über eine Mitgliedschaft von Bundesinnenminister Manfred Kanther in der DTU, erklärte er öffentlich, würde er sich freuen. »Kein Zweifel«, so Uzun, »in den CDU-regierten Bundesländern leben die Türken am sichersten. Das hat mit dem härteren Vorgehen gegen extremistische Gruppen wie die (kurdische – S.W.) PKK zu tun.«[6] Angesichts derart nationalistischer Äußerungen – die allerdings innerhalb der türkischen Bevölkerung weit verbreitet sind – verwundert nicht die Haltung, die die DTU gegenüber ihren kurdischen Mitgliedern einnimmt. Nur diejenigen arbeiteten mit, die ihre kurdischen Wurzeln mit der türkischen Identität vereinbaren können, erklärte Uzun.[7]

Nicht die Tatsache, daß die DTU gegründet wurde, sondern daß sie so spät gegründet wurde, ist erstaunlich. Immerhin leben in Berlin 140 000 Türken – soviel wie in keiner anderen deutschen Großstadt. Bei den Wahlen zum Abgeordnetenhaus im Herbst 1995 war mit Riza Bahran erstmals ein kurdisch-türkischer Direktkandidat aus Kreuzberg ins Parlament eingezogen – allerdings kein Christdemokrat, sondern ein Bündnisgrüner. Im selben Jahr war auf einer Tagung der CDU-nahen Konrad-Adenauer-Stiftung in Ankara über neue Wählerpotentiale gesprochen worden. Da sich in naher Zukunft Zehntausende Türken in Deutschland einbürgern lassen würden, dürfe die Union diese potentiellen Neuwähler nicht links liegenlassen.[8]

DTU-Vize Kurth begründete das verspätete Aufwachen seiner Partei folgendermaßen: »Bisher war es das Engagement einzelner (türkischer CDU-Mitglieder – S.W.).« Die »Offenheit der CDU« treffe nun mit dem Interesse der türkischen Seite zusammen. Dies war allerdings eine höfliche Übertreibung. Die Berliner CDU hatte die Türken bei ihrem Aufstieg zur Regierungspartei weitgehend unbeachtet gelassen. Dem Landesvorsitzenden Diepgen und dem Fraktionschef Landowsky war es zwar Ende der siebziger Jahre gelungen, die sozialdemokratische Hochburg zu schleifen. Doch so sehr sich die CDU öffnete und in ihrem Erscheinungsbild modernisierte, so traditionell blieb ihre Haltung in der Ausländerpolitik. Sie blieb eine Domäne des konservativen Flügels. Ob Dieter Heckelmann oder Jörg Schönbohm – alle CDU-Innensenatoren behandelten und behandeln das Thema weitgehend unter dem administrativ-rechtlichen Aspekt des Ausländergesetzes. Die Partei sah sich als Interessenwahrerin der deutschen Mehrheitsgesellschaft. Entsprechend populistisch nahm sich das Repertoire aus, das die CDU in der Ausländerpolitik präsentierte. Anfang der achtziger Jahre wurde in der Berliner Union öffentlich über Zuzugsbeschränkungen für Ausländer nachgedacht, in den Neunzigern war dann die Abschiebung der Vietnamesen und die Rückführung der bosnischen Kriegsflüchtlinge das beherrschende Thema. Im Sommer 1998 sprach Innensenator Jörg Schönbohm von Ghettos, die es langfristig aufzulösen gelte. Seine Äußerungen führten zu Verstimmungen mit türkischen Interessenverbänden. Von der DTU hingegen war interessanterweise dazu nichts zu hören.

Das Ausblenden der neuen Wirklichkeit war keine Besonderheit der Berliner CDU. Überraschend für Außenstehende war aber die Hartnäckigkeit, mit der in Berlin an alten Weltbildern festgehalten wurde. In der Ausländerpolitik, aber nicht nur hier, wirkt bis in diese Tage in den Reihen der Berliner CDU die Mentalität der einstigen Frontstadt West-Berlin weiter. Abschottung, Mißtrauen, Mauscheleien und die alles überragende Macht der Bezirkspolitiker sind ihre Markenzeichen. Liberale Christdemokraten, die über den Mauerrand hinausschauten, hatten und haben es bis heute schwer. Hinzu kommt die Angst, den rechten Rand der CDU-Wähler zu verlieren. Das Trauma von 1989, als die rechtsextremen Republikaner ins Abgeordnetenhaus einzogen und damit indirekt den Weg für eine rot-grüne Koalition ebneten, sitzt innerhalb der Berliner Christdemokraten tief, auch unter ihren liberalen Vertretern. Bis heute hält sich die spezifische Arbeitsteilung der Berliner Union. Liberalität, so das geheime Motto von Diepgen und Landowsky, ist stets gut als Aushängeschild, als Bekenntnis zur weltoffenen Metropole. In der Praxis aber gelten die restriktiven Regeln des Ausländerrechts, für deren Durchsetzung die CDU-Innensenatoren sorgen.

Ab Ende der siebziger Jahre wurde deutlich, daß Berlin einem tiefgreifenden Wandel unterlag. Die Zahl der Ausländer wuchs, besonders die der Türken. Die ethnische Pluralität wurde mehr und mehr zur Realität. Während Türken, Kurden, Iraner zur SPD, zur FDP, zu den Grünen und nach dem Mauerfall auch zur PDS stießen, dort mitarbeiteten, in die Bezirksparlamente und ins Abgeordnetenhaus einzogen, blieb die Berliner CDU ein ethnisch weitgehend geschlossener Verein. Ihre Spitzen taten so, als werde die neue Wirklichkeit nur von vorübergehender Dauer sein. Dabei eignet sich kaum eine andere Stadt so sehr als Laboratorium für einen Kurswechsel. In den Berliner Bezirken wie Kreuzberg, Wedding, Moabit und Neukölln wuchs die Zahl der Ausländer beständig an, wurden Jahr für Jahr mehr und mehr Kinder der zweiten Generation eingeschult. Es war abzusehen, daß diese neue Generation im Lande bleiben würde. Mit der Zeit hatte die CDU ein Problem – nur schien sie davon nichts wissen zu wollen. Es waren andere, die vorpreschten. Vorschläge für die Änderung des Staatsbürgerschaftsrechts kamen aus dem Westen der Republik. Ende der achtziger Jahre und mehr noch in den Neunzigern bewegte sich die CDU der Bonner Republik – wenn auch zugegebenermaßen vorsichtig und begleitet von heftigen internen Streitigkeiten. Der frühere CDU-Generalsekretär Heiner Geißler, der einst die Grünen polemisch attackiert hatte, bekannte sich zur »multikulturellen Gesellschaft«, trat für die doppelte Staatsbürgerschaft ein und befürwortete ein Einwanderungsgesetz.

In Berlin dagegen herrschte Funkstille. Das war keine Ausnahme, sondern Tradition. Daß 1982 die Stelle einer Ausländerbeauftragten – ein Novum in der Geschichte der Bundesrepublik – geschaffen wurde, war nicht der Herzenswunsch der Berliner CDU gewesen. Es war vielmehr der Weitsicht eines »CDU-Westimports«, des damaligen Regierenden Bürgermeisters Richard von Weizsäcker, zu verdanken, daß die Stadt in diesem Punkt der Entwicklung voraus war. Nur widerwillig beugte sich die Partei. Symptomatisch war und ist das Verhalten gegenüber der Amtsinhaberin Barbara John, selbst Christdemokratin. In den 16 Jahren als Ausländerbeauftragte blieb sie ein Fremdkörper in der Union, mehr geduldet als wirklich anerkannt. Den Respekt zollten ihr andere: Die Immigranten und jene Angehörigen der zweiten Generation.

Ausnahmeerscheinungen wie Barbara John konnten am festgefahrenen Kurs der Berliner CDU freilich nichts ändern. Die ausländerpolitischen Sprecher in der Fraktion überließen das Feld weitgehend der SPD und den Grünen. Dabei läge es durchaus im Interesse der Berliner CDU, Vorsorge zu treffen. Es ist nur eine Frage der Zeit, bis die doppelte

Staatsbürgerschaft eingeführt wird. Innerhalb der Bundes-Union hat sich – um die Bundestagsabgeordneten Peter Altmaier, Norbert Röttgen und Heiner Geißler – eine Gruppe etabliert, die auf eine Abkehr vom derzeitigen Recht drängt. Sie weiß: Die Union muß programmatisch und personell auf den Tag vorbereitet sein, da die ethnische Heterogenität der bundesdeutschen Gesellschaft auch juristisch festgeschrieben wird.

Bis zur Gründung der DTU schien es, als versuche sich die Berliner CDU den neuen Realitäten mit einer Mischung aus Arroganz, Halsstarrigkeit und Realitätsblindheit zu verweigern. Dabei stand schon zum damaligen Zeitpunkt fest: Viele der hierzulande geborenen Kinder von Immigranten waren (und sind) es leid, auf ein Bonner Wunder zu warten. Sie vollziehen das, was ihnen die CDU rät: Sie werden deutsche Staatsbürger. Seit Jahren geht die Kurve der Einbürgerungen in Berlin nach oben, nicht zuletzt deshalb, weil die türkischen Immigrantenorganisationen massiv dafür werben.[9]

Von Berlin lernen

Das Terrain ist eng, und die Konkurrenz ist hart. SPD, Bündnisgrüne und die FDP gelten noch immer als natürliche Anwälte der Immigranten – auch aus ihrer eigenen Sicht. Nach einer Umfrage des Zentrums für Türkeistudien in Essen hätten 1994 nur sechs Prozent der befragten Türken die Partei Helmut Kohls gewählt. Damit lag sie noch hinter der FDP mit zehn Prozent und deutlich hinter der SPD mit 49 Prozent.

Erst durch die Gründung der DTU, so reserviert sich die offizielle Partei ihr gegenüber zeigte, begann eine langsame Annäherung. Wie auch immer die Rolle der DTU und ihres eigensinnigen Vorsitzenden Ertugrul Uzun eingeschätzt wird – es gibt nicht wenige CDU-interne Kritiker: ihr bleibt doch das Verdienst, den ersten Stein ins Rollen gebracht zu haben. Führende Köpfe der Bundes-Union folgten ihrem Beispiel. Sie hatten erkannt, daß die Partei den jungen Türken Angebote machen muß. Am 11. Dezember 1997 gründeten rund 100 deutsche und türkischstämmige Christdemokraten in Bonn das Deutsch-Türkische Forum (DTF), ein Ereignis, das auf ein großes Medienecho stieß. In Nordrhein-Westfalen, dem größten aller Bundesländer, leben rund 700 000 Türken – ihr Gesamtanteil an den Ausländern liegt dort bei 35 Prozent. Im Unterschied zur Gründung der DTU konnte die DTF von

Anbeginn mit der Unterstützung der (liberalen) Parteispitze rechnen. Zu ihren Mitgliedern zählen der CDU-Landesvorsitzende Norbert Blüm, der auch die Eröffnungsrede hielt, der Bundesminister Jürgen Rüttgers, der außenpolitische Sprecher der CDU/CSU-Bundestagsfraktion Karl Lamers und der nordrhein-westfälische CDU-Generalsekretär Herbert Reul.

Die DTF hatte aus den Fehlern der DTU gelernt. Von vornherein sicherte sie sich die Unterstützung der Parteispitze, vermied jedoch jeden Anspruch auf einen offiziellen Parteistatus. Lieber leise als laut – so hätte das Motto der DTF lauten können. Der DTU-Programmpunkt, sich innerhalb der CDU für die außenpolitischen Belange zwischen der Bundesrepublik und der Türkei einzusetzen, fehlt im Aufruf der DTF.[10]

Möglicherweise wurde mit der Ausklammerung der Außenpolitik eine weise Entscheidung getroffen. Bekanntlich sind die deutsch-türkischen Beziehungen in der Frage der Vollmitgliedschaft der Türkei in der Europäischen Union seit längerem gestört. Die Haltung zu Menschenrechten und zum Problem der kurdischen Minderheit verlangen von deutschen Politikern Fingerspitzengefühl. Die DTF war durch abschreckende Beispiele gewarnt: Als der niedersächsische Ministerpräsident Gerhard Schröder Mitte der neunziger Jahre das Vorgehen der türkischen Regierung gegen die Kurden als Völkermord bezeichnete, hagelte es massive Proteste von türkischen SPD-Mitgliedern. Der sozialdemokratische Fraktionschef Rudolf Scharping sah sich gezwungen, einzugreifen und die Gemüter zu beruhigen.

Ähnlich wie die DTU sieht sich die DTF in der Rolle eines Mittlers zwischen der deutschen und der in der Bundesrepublik bestehenden türkischen Gesellschaft: »Die türkische Bevölkerung hat sich (...) in Deutschland zu einer eigenständigen Kulturgemeinschaft entwickelt, die zu den Basiswerten aus der Türkei weitere Grundwerte aus ihrem langen Aufenthalt in Deutschland hinzugefügt hat.« Bedauernd wird in dem Gründungsaufruf zur Kenntnis genommen, daß der »Anteil der aktiven Mitglieder türkischer Herkunft in der CDU verschwindend gering (ist)«. Die »Volkspartei CDU« müsse sich daher »stärker den Türken öffnen«.

Im Kern liegen DTF und DTU nicht weit voneinander entfernt. Beide haben vor allem den türkischen Mittelstand im Auge – eine Gruppe, die nach Ansicht des DTF-Vorsitzenden Bülent Arslan für die Union zu gewinnen ist. Arslan, der in Viersen aufwuchs und dort dem Ausländer-

beirat vorsteht, 1991 CDU-Mitglied wurde und in Duisburg Volkswirt-
schaft studierte, ist überzeugt: »Die große Mehrheit der Türken verfolgt
eine liberal-konservative Einstellung.« 1996 habe die Zahl der selbständigen Türken bundesweit 40 000 betragen, bis zum Jahr 2010 werde sie
auf 100 000 ansteigen. Ähnlich argumentiert der stellvertretende DTU-
Vorsitzende Peter Kurth: »Wir haben in Berlin weit über 10 000 türkische
Selbständige und Unternehmer. Daß sich deren spezielle Interessen in
der Politik wiederfinden, das ist eine Hoffnung, die ich mit der Arbeit
der DTU verbinde.«[11]

Integration auf der Basis gemeinsamer Werte, ohne Verneinung der
Differenzen – so läßt sich das gesellschaftspolitische Ziel des DTF zu-
sammenfassen. Nicht von ungefähr wird das von den Grünen propa-
gierte Modell einer »multikulturellen Gesellschaft« abgelehnt, weil es,
so der Gründungsaufruf, ein Nebeneinanderher-Leben mehrerer Kulturen bedeute. Drei Elemente hält die DTF dem Multi-Kulti-Konzept entgegen: Integration als Anpassung an die deutsche Gesellschaft, gleichzeitige Wahrung der eigenen kulturellen Identität und Anerkennung der
gesellschaftlichen Werte des Grundgesetzes.

Das Problem mit dem »C«

Es mag überraschen, daß sich Türken mit deutscher Staatsangehörigkeit
zur CDU hingezogen fühlen. Immerhin ist die Union schon dem Namen nach die einzige Partei, die sich explizit auf christliche Werte be-
ruft. Auf derartige Vorhaltungen reagieren die türkischstämmigen
CDU-Mitglieder mit erstaunlicher Gelassenheit. Der Vorsitzende der
DTF, der 22jährige Bülent Arslan, läßt sich ganz von pragmatischen
Überlegungen leiten: »Wir Türken sehen das ›C‹ im Parteinamen dabei
nicht als Hindernis, vielmehr haben Islam und Christentum gemeinsame Wurzeln. Wir müssen das Gemeinsame, nicht das Trennende suchen.« Ganz in diesem Sinne fordert denn auch der DTF-Gründungs-
aufruf einen Austausch zwischen Christen und Moslems. Er sei für die
Integration »von höchster Bedeutung«.

Es ist ohnehin fraglich, ob der Bezug zum Christentum noch eine bedeutsame Rolle spielt. Die Berufung auf christliche Werte wird angesichts des schleichenden Auszehrungsprozesses der religiösen Bindungen in der Bundesrepublik auf die Dauer von sekundärer Bedeutung
sein. Das »C« bezeichnet heute allenfalls die historischen Wurzeln der

CDU. Von Ausnahmen abgesehen – man denke nur an den Streit um das Anbringen von Kruzifixen in Schulen – bleibt die Stärke der Union ihr Pragmatismus. Das unterscheidet sie von Vorgängern wie dem katholisch orientierten Zentrum der Weimarer Republik – und auch von der SPD und den Grünen, die im weitaus stärkeren Maße Programm-Parteien sind. Und gerade dieser christdemokratische Pragmatismus ist es, der die Partei für türkische Mitglieder attraktiv macht. Hinzu kommt, daß sich ihre Repräsentanten als Vertreter eines modernen, säkularen Islam sehen. In ihren Augen überlappen sich bestimmte christliche und islamische Werte durchaus. Dazu zählen sie in erster Linie den Schutz von Ehe und Familie. »Hunderttausende Bürger türkischer Herkunft fühlen sich den von der CDU vertretenen Positionen in puncto Familie, Ehe, Religion und Staat verbunden«, erklärt Ertugrul Uzun.

Trotz schillernder Persönlichkeiten, trotz der DTU und dem DTF: In der öffentlichen Meinung sind türkische CDU-Mitglieder bis heute Paradiesvögel – ähnlich wie Polizisten oder Bundeswehroffiziere bei den Grünen. Auch die Bildung parteinaher Organisationen hat an dem Dilemma, eine einflußlose Minderheit zu sein, nichts ändern können. Die Vorgehensweise Uzuns, sein egozentrischer Stil, seine politischen Eskapaden (1996 gab er der rechtslastigen Wochenzeitung *Junge Freiheit* ein Interview) waren bislang kaum dazu angetan, die Basis der DTU zu verbreitern. Der Vorsitzende der Türkischen Gemeinde zu Berlin, Mustafa Çakmakoglu, selbst Christdemokrat, trat der neugeschaffenen Organisation gar nicht erst bei. Ähnlich wie innerhalb der türkischen Interessensvertretungen verhält es sich auch mit vielen türkischen Mitgliedern innerhalb der CDU: Sie sind untereinander heillos zerstritten. Nicht selten spielen dabei weniger politische als vielmehr persönliche Eitelkeiten eine ausschlaggebende Rolle.

Ausblick: Die verordnete Selbstbeschränkung

Welche Rolle werden DTU und DTF für die CDU in der Zukunft spielen? Sind sie eine Antwort auf die Versäumnisse der Vergangenheit? Das strategische Interesse ist klar und, aus Sicht der Union, verständlich. Die Realisten in der CDU haben begriffen, daß eine bürgerliche Volkspartei, so sie sich selbst ernst nimmt, die »neuen Deutschen« nicht vom Prozeß der politischen Willensbildung ausschließen kann. Auch steht dahinter die Sorge, bei Vernachlässigung der Türken könnte sich ihr Blick in der

Zukunft verstärkt auf die Türkei richten. Für den CDU-Außenpolitiker Karl Lamers verbindet sich mit der DTF auch die Hoffnung, daß sich türkischstämmige Bürger nicht länger an der Politik ihres Heimatlandes orientieren. Die Konkurrenz ist in der Tat gegeben. Die Türkei sieht sich als Pate ihrer »Auslandstürken«, mehr oder weniger offen nimmt Ankara auf sie Einfluß über die Botschaft in Bonn beziehungsweise Konsulate in den Bundesländern.

Die Mehrheit der CDU-Mitglieder ist noch weit davon entfernt, die neuen Bundesgenossen als Bereicherung zu empfinden. Daran ändern auch Gründungsaufrufe nichts, in denen die Beiträge der Türken für das kulturelle und wirtschaftliche Leben in der Bundesrepublik beschworen werden. Oder, wie es der DTF-Vorsitzende Arslan sagt: »Die CDU muß sich an ihrem Volksparteicharakter messen lassen und sich stärker für Ausländer öffnen.«

Die Angst mancher CDU-Mitglieder, DTU und DTF seien der Beginn einer ethnischen Aufspaltung und liefen dem Gedanken der Integration zuwider – der Berliner Abgeordnete Hapel befürchtete gar eine Deutsch-Griechische und Deutsch-Spanische Union –, ist nicht von der Hand zu weisen. Aber was wäre, käme es wirklich dazu, daran verwerflich? Politik wird bekanntlich von Interessen geleitet. Tatsache ist: Bislang waren die »neuen Deutschen« kaum in der Lage, politisch mit einer Stimme zu sprechen. Die neue Generation der Jungen aber will eingreifen, verändern. Bis vor kurzem blieb denjenigen, die sich dem konservativen Lager zurechneten, nur die »Ochsentour« innerhalb des Apparates, also der Weg vom Orts- über den Kreisverband in höhere Sphären. Die neuen Vereinigungen bedeuten, auch wenn Teile der CDU dies nicht so sehen, einen Modernisierungsschub. Sie werden die Union verändern – und sei es zunächst nur auf der symbolischen Ebene. »Ein sogenanntes ausländerstämmiges Mitglied in einer CDU-Fraktion«, sagt Oliver Wittke, CDU-Landtagsabgeordneter in Nordrhein-Westfalen und einer von drei DTF-Stellvertretern, »und es wird bei bestimmten Themen ganz anders diskutiert«.

Die neuen parteinahen CDU-Vereinigungen sind Spiegelbild der Bundesrepublik, wie sie sich im kommenden Jahrtausend immer mehr herausschälen wird. Die doppelte Staatsbürgerschaft wird kommen, ein Einwanderungsgesetz mit festgeschriebenen Quoten könnte schon bald folgen. Der Zwang zum Interessensausgleich wird in einer neuen, multiethnischen Gesellschaft zunehmen. Allein der in einigen Städten aufbrechende Streit über die Errichtung von Moscheen zeigt, mit welchen

Schwierigkeiten zu rechnen ist. In die Union hineinzuwirken und dabei
als Mediator zu wirken, dies könnte eine Rolle der CDU-nahen Vereinigungen sein.[12]

Daß die Vereinigungen dabei explizit türkische Interessen vertreten,
wird von ihnen geradezu erwartet. Wozu sonst wären sie auch gegründet worden? In den Vereinigten Staaten käme niemand auf die Idee, das
Gemeinwesen werde zerbrechen, nur weil sich unterschiedliche ethnische Interessen innerhalb der Republikanischen oder Demokratischen
Partei artikulieren. Ethnische Lobbygruppen sind dort – das beweist
nicht zuletzt der Einfluß der kubanischen Exilgemeinde oder der iri-
schen Minderheit auf die Regierung – selbstverständlicher Teil der nationalen Interessenfindung.

Die Rolle der parteinahen Vereinigungen wird in Zukunft wachsen.
Sie bilden die Klammer zur deutschen Mehrheitsgesellschaft und sind
allemal besser als ethnisch reine Parteien. Sie könnten das Abdriften zu
politischen Extremen, zur selbstgewählten Isolation im türkischen
Ghetto verhindern. Andere Alternativen als die Mitarbeit in den deutschen Parteien gibt es nicht. Nichts wäre für die bundesdeutsche Gesellschaft – und die türkische Community – schlimmer als eine rein türkische Partei. Sie könnte in der Tat einen Rechtsrutsch bewirken. Der
DTF-Vorsitzende Bülent Arslan will »das gesellschaftliche Bewußtsein
auf beiden Seiten, vor allem bei den Türken, schaffen, daß die bewußte
und selbstgewählte Isolation in ihrer eigenen türkischen Welt für das gesellschaftliche Zusammenleben nicht positiv ist«.

Noch spielen die neuen Deutschen in der Wahlarithmetik der CDU
keine große Rolle – anders als etwa die Grünen, die türkischstämmige
Kandidaten geradezu als Beweis dafür sehen, wie ernst es ihnen mit der
Integration der neuen Inländer ist. Vorerst scheint die Union weit davon
entfernt, ein prominentes türkisches Parteimitglied an herausgehobe-
ner Stelle auf eine ihrer Wahllisten zu setzen. Wenn es hart auf hart
kommt, hat die CDU noch immer den rechten Rand ihrer (deutschen)
Wählerschaft im Blick. Dies wird sich mit der Zeit ändern. Gerade in
den Ballungsräumen, im Ruhrgebiet, in Frankfurt oder Berlin, wird sich
in manchen Stadtteilen die ethnische Zusammensetzung dramatisch
verschieben. Über kurz oder lang muß die CDU dort, wie andere Parteien im übrigen auch, darüber entscheiden, ob es ratsam ist, Wahlkämpfe allein mit »deutschen« Kandidaten zu bestreiten. Insbesondere
bei Kommunalwahlen wird die türkische Minderheit mit deutschem
Paß das Zünglein an der Waage spielen.

Die parteinahen Vereinigungen wie DTF und DTU – und andere, die sich in ihrer Folge gründen – könnten dabei als »Personalreservoir« eine Rolle spielen. Zugleich besteht aber die Gefahr, daß sie zu mehr oder weniger paternalistischen Organisationen mutieren. Wie der Blick auf die Entwicklung der Berliner DTU zeigt, sind Tendenzen zum unter Türken verbreiteten Patronagewesen dabei nicht auszuschließen.

Auch wenn bislang nur die halbe Strecke zurückgelegt wurde, einige in der CDU haben sich auf den Weg gemacht. Denn das Grundproblem der parteinahen Vereinigungen bleibt: Sie stehen außerhalb der Union. Das wird wohl noch einige Zeit so bleiben, wie auch Oliver Wittke glaubt. »Die Partei war auf die Türken nicht vorbereitet. Wir müssen sie erst sensibilisieren.«[13]

Die verordnete Selbstbeschränkung mag taktisch verständlich sein. Außerhalb der Partei aber sind DTU und DTF auf die Rolle bloßer Debattiervereine zurechtgestutzt. Die Hoffnung, ihre Vorschläge mögen über ihre Mitglieder in der Partei, der Fraktion und auf Regierungsebene Gehör finden, ist auf Dauer zu wenig, um Interessen wirksam durchzusetzen. So paradox es klingt: Im Grunde hat sich durch die DTU und DTF für türkischstämmige CDU-Mitglieder wenig geändert. Innerhalb des Apparates der Union bleiben sie weiterhin in der Rolle der Einzelkämpfer. Insofern ergibt das Ziel der Berliner DTU einen Sinn, eines Tages als offizielle Gliederung der Union anerkannt zu werden. Es sei dahingestellt, ob selbst ein derartiger Status im Machtgefüge der Union wirklich etwas bewirken kann. Das Beispiel der Jungen Union zeigt, wie wenig selbst offizielle Gliederungen auf Bundesparteitagen ausrichten können. Trotzdem: Man halte sich nur einmal das Bild vor Augen, wenn eine mit allen Rechten ausgestattete Deutsch-Türkische Union einen bundesweiten Wahlkongreß abhalten würde. Das Medienecho wäre gewaltig, die Wirkung in der Gesellschaft – und zwar über die traditionelle CDU-Wählerschaft hinaus – nicht zu unterschätzen.

Bis dahin ist es ein weiter Weg. Im Ansatz sind DTU und DTF nur partielle, auf ihre Bundesländer beschränkte Vereinigungen. Eine Zusammenarbeit auf Bundesebene ist nicht zu erkennen. Sie wäre die Voraussetzung, um den Druck auf die Partei zu erhöhen. Doch solange die DTF gar keinen offiziellen Status in der Union anstrebt, solange die DTU sich noch nicht einmal im Berliner Raum als wichtige Kraft für die türkischstämmigen Deutschen etablieren kann, solange bleibt eine bundesweite Vereinigung Zukunftsmusik.

Es ist wohl auch kein Zufall, wie zurückhaltend DTU und DTF seit ihrer Gründung agiert haben. Abgesehen von dem Medieninteresse vor und kurz nach ihrer Gründung, fiel die DTU weitgehend der Vergessenheit anheim. Die DTF meidet geradezu die »klassischen Ausländerthemen« – wohl aus Rücksicht auf die Stimmung in der CDU. Fehlende Kindergarten- und Ausbildungsplätze sowie Schwierigkeiten mit der deutschen Sprache beschäftigen die türkische Bevölkerung weitaus stärker als die Frage, ob nun die doppelte Staatsbürgerschaft komme, faßte der DTF-Vorsitzende Arslan die Prioritäten zusammen. Sein Stellvertreter Oliver Wittke macht sich keine Illusionen: »Wir fangen ganz unten an, machen praktische Integrationsarbeit vor Ort. Wenn wir darüber ein paar neue Wähler bekommen, ist das eine angenehme Begleiterscheinung.«[14]

Susanne Gaschke

»Bestandsaufnahme«
Die Linke und die CDU am Ende des ewigen Übergangs

Kohl und Kapital

Für die trotzkistische Fraktion der deutschen Linken in den achtziger Jahren hatte Helmut Kohl vor allem den Vorzug, schön zu alliterieren: *Gegen Kohl und Kapital!* Wie oft zierte diese Schlagzeile die Flugblätter auf den Mensa-Tischen, wie oft ließen achtlose Kommilitonen (wahrscheinlich erste Mitglieder der Erben-Generation) Quarkspeise darauf kleckern; wie häufig erklang dieser Schlachtruf auf umfunktionierten Bildungsnotstands-Demonstrationen und vom Rande der Maikundgebungen her.

Das waren freilich die eher irren Teile der Linken; aber mancher hat doch einige Lebenszeit damit verbracht, sich mit deren Auffassungen auseinanderzusetzen. Ihre Gleichsetzung von »Staat« mit »Büttel des Kapitals« und »Büttel des Kapitals« mit »Bundeskanzler« (Demokratie hin oder her) hätte auch vor keinem SPD-Regierungschef haltgemacht. Chlodwig Poth hat derartige Gedankenwindungen schon vor Jahrzehnten abschließend karikiert: Ob Willy Brandt denn offen gegen das Kapital regieren solle, schreit ein langhaariger, schlabberig gezeichneter, verzweifelter Studienrat seiner Frau entgegen, und sie kontert: »Du widerliche, schleimige Günter-Grass-Schnecke, du!« Ehekrach? Ach nein, nur die übliche Selbstzerfleischung der deutschen Linken.

Dennoch, nach sechzehn Jahren CDU-FDP-Regierung kann man (auch ohne angestrengtes revolutionäres Pathos) feststellen, daß Helmut Kohl tatsächlich relativ offen im Interesse des »Kapitals« regiert hat, und das, ohne sich dabei als Automann oder Genosse der Bosse inszeniert zu haben. Die Neuverteilung gesellschaftlichen Reichtums ging in seiner Amtszeit mit solch selbstverständlicher Gelassenheit vonstatten, daß die aktuellen Pläne der SPD zur Wiedereinführung der Vermögenssteuer geradezu als Aufbegehren gegen ein Naturgesetz erscheinen.

In Deutschland sind die Gewinne der Unternehmen seit 1979 real um 90 Prozent gewachsen, die Löhne um sechs Prozent. Zwischen 1980 und 1995 hat sich das Vermögen privater Haushalte – Sparbücher, Versicherungen, Termingelder, Aktien – verdreifacht: auf über 4,5 Billionen Mark. Zwei Millionen Haushalte verfügen über mehr als eine Million Mark Gesamtvermögen (soweit sich dies statistisch überhaupt erfassen läßt). Von 80 Millionen Bewohnern der Bundesrepublik leben also sechs bis sieben Millionen Menschen in Millionärshaushalten oder um diese herum (etwa studierende Kinder mit eigener Wohnung). Dagegen haben nach der letzten Vermögensstatistik nur 130 000 Steuerpflichtige ein Vermögen von über einer Million tatsächlich versteuert.

Die Steuerpolitik der Kohl-Regierung hat beharrlich die Arbeit belastet und das Kapital belohnt: Arbeitseinkommen werden zu 90 Prozent steuerlich erfaßt, Einkommen aus Gewerbe und Vermögen nur zu 55 Prozent. Während der Anteil der Lohnsteuer am gesamten Steueraufkommen zwischen 1970 und 1995 von 23 auf 35 Prozent stieg, sank der Anteil der veranlagten Einkommens- und Körperschaftssteuer von 16 auf vier Prozent.

Die Frage, ob eine derartige Begünstigung der Besserverdienenden und Vermögenden – ohne erkennbaren Beschäftigungseffekt – langfristig gut für den Zusammenhalt einer Gesellschaft ist, läßt sich immer noch mit Berechtigung stellen. Selbstverständlich hat die SPD das stets getan, und sie verbreitete in ihrem Wahlkampf 1998 die oben angeführten Zahlen auf ihren Argumentationskärtchen; selbstverständlich forderte der DGB auf seinen Kundgebungen Verteilungsgerechtigkeit, Arbeitszeitverkürzung, die Wiederherstellung der Lohnfortzahlung im Krankheitsfall.

Doch als Hauptvorwurf gegen Helmut Kohl als politische Person schien die kapitalfreundliche Politik der vergangenen Regierungsjahre nicht sonderlich zu taugen – weshalb er auch eher lustlos und pflichtgemäß erhoben wurde. Das mag daran liegen, daß die Protagonisten der Linken selbst durchaus nicht zu den Benachteiligten der Ära Kohl gehörten: »Wir haben keinen Grund, uns wirklich zu beklagen / der Sozialismus täte uns ein bißchen weh«, gab Heinz Rudolf Kunze schon 1983 in seiner »Bestandsaufnahme« zu bedenken. Kritik an den neuen, kapitalismuskompatiblen Lebensstilen paßt nicht mehr recht zu den gereiften linken Biographien; und in Ehren ergraute Kämpfer von Joschka Fischer bis Heidemarie Wieczorek-Zeul hüten sich heute wohlweislich vor der Nähe zu sektiererischen Stamokap-Positionen – egal, welche abstruse Form von Kapitalismuskritik sie selbst früher einmal vertreten haben.

Für die »Neue Mitte« als Zielgruppe wäre ein Herumhacken auf Kohl als dem großen Umverteiler wenig attraktiv, hat sie doch schon von eben jener Umverteilung profitiert oder erwartet noch ein erkleckliches Erbe. Die eigentlichen Verlierer, jene zehn bis fünfzehn hoffnungslosen Prozent am unteren Ende der gesellschaftlichen Skala, sind keine Klientel, mit der die Linke Wahlen gewinnen könnte, ja nicht einmal eine, als deren Sachwalter sie (die PDS vielleicht einmal ausgenommen) gerne auftreten möchte: jene Arbeitslosen, Alleinerziehenden, im Sozialhilfebezug Erstarrten, Unartikulierten gelten nicht einmal mehr als Bildungsreserve, in die man romantische Vorstellungen der Systemüberwindung hineinschauen könnte. Sozialdemokratische Regierungspolitik wird sie irgendwie versorgen wollen – und möglichst wenig darüber sprechen. Insofern folgten die Anklagen, die gegen Helmut Kohl erhoben wurden, im Wahljahr 1998 einer anderen Mode: Medien und Opposition apostrophierten ihn als Kanzler des Stillstands, der Bewegungsunfähigkeit, des Reformstaus, als Verkörperung des Anti-Ruck.

Kohl als Symbol

Es ist die Figur des Dicken, des Dickfelligen, breithintrigen Aussitzers, die das linke Öffentlichkeitsbild von Kohl bestimmte, seit er der Kanzler der »Bunzreblik« Deutschland war. »Birne muß Kanzler bleiben!« forderte das Satiremagazin *Titanic* in der Kampagne für die erste Wiederwahl des Schmidt-Nachfolgers 1983.

Kohl eignete sich nie dazu, als gefährlicher rechter Demagoge (wie Strauß) bekämpft zu werden. Er war kein Revisionist oder Revanchist, kein Militarist und kein Deutschnationaler. Sein Bekenntnis zu Europa und seine entschiedene europäische Integrationspolitik wiesen ihn eher als Internationalisten aus. Er war auch kein Reaktionär oder Wirtschaftsliberaler, dem die Lebensumstände der arbeitenden Menschen völlig egal gewesen wären.

Der Vorsitzende der geborenen Mehrheitspartei CDU, die er selbst in seiner Amtszeit zur mitgliederstarken Volkspartei ausbaute, schaute immer auf die Mehrheit. Er hat den Sozialstaat nicht ruiniert, sondern im Konsens mit der SPD neben der Kranken-, Invaliden-, Arbeitslosen- und Rentenversicherung noch eine fünfte Säule der sozialen Sicherheit aufgebaut, die Pflegeversicherung.

Und auch für die Demokratie war Kohl kein Schaden. Er hat ja die Opposition nie daran gehindert zu opponieren. Nur an die Regierung wollte er »diese Leute« nicht lassen. Daß er 1983, 1987, 1990 und 1994, wenn auch mit immer schwächeren Ergebnissen, viermal wiederge- wählt wurde, ist Kohl schwer vorzuwerfen. Bei Wahlen stand ja stets eine Regierungsalternative auf dem Stimmzettel – aber der Volkssouverän hielt sechzehn Jahre lang zum Kohl-Regiment.

Da nun Frieden, Sozialstaat und Demokratie durch die christdemo- kratisch-liberale Dauerregierung nicht gefährdet waren, mußte die linke Kohl-Kritik andere Gefahren finden, wenn sie sich nicht im lang- weiligen politischen Alltagsdiskurs über Angebots- und Nachfrage- orientierung, Staatsverschuldung und Steuersätze erschöpfen wollte. Ralf Dahrendorf hatte ja recht: Im sozialdemokratischen Zeitalter wa- ren alle Institutionen der Gesellschaft irgendwie sozialdemokratisiert worden, auch, nein: gerade die CDU des modernistischen Parteirefor- mators Helmut Kohl. In den westdeutschen Wahlkämpfen der Ära Kohl ging es eben nicht mehr um Scharf-Rechts oder Scharf-Links, Marktra- dikalismus oder Kommandowirtschaft, kalte Freiheit oder glühenden Sozialismus, sondern um die Tagespolitik einer mehr oder weniger ge- bändigten Marktwirtschaft. Währungsreform jetzt oder später? Welcher Umtauschkurs für die Zonenmark? Wie wird der Euro hart? Und außer- halb der Wahlkämpfe zeigt sich längst, daß die CDU keine im klassi- schen Sinne konservative Partei mehr ist: Die »jungen Wilden«, von den linksliberalen Medien so geliebt, sind unter dem vereinnahmenden Ein- fluß fortschrittlicher gesellschaftlicher Kräfte so sanft geraten, sind so engagiert für Umweltschutz, Ausländerintegration, einfühlsame Dro- genpolitik und Toleranz gegenüber Schwulen und Lesben, daß ihren politischen Gegnern jedes Feindbild abhanden zu kommen droht.

Sanft immerhin war Kohl nicht; die Linken werden noch merken, was sie an ihm verloren haben, wenn sie versuchen müssen, sich mit Chri- stian Wulff oder Ole von Beust zu streiten. Für die Inszenierung von Politik aber ist die Unterscheidbarkeit wesentlich; daß er sie in der CDU verkommen ließ, daraus wäre Kohl vielleicht der größte Vorwurf hin- sichtlich seiner Nachwuchspflege zu machen.

Aber links, wo die guten Menschen sind, interessiert man sich nicht besonders für die Fragen politischer Symmetrie, und nur noch wenig für die politische Ökonomie, sondern, wie es sich in der Mediendemo- kratie gehört, für Leute, Lifestyle, Symbole, Bilder. Und als Bildermann war Kohl unglaublich stark: Da teilte er das politische Universum. Die einen fürchteten seinen Dialekt, seinen Provinzialismus, der sich im täg- lichen Verzehr von Pfälzer Sau(!)magen manifestiere, seinen Augenaufschlag, die linkischen Gesten, mit denen der Zu-groß-Geratene Deutschland vor aller Welt blamiere. Die anderen faßten Zutrauen in einen, der ein bißchen so spricht wie sie, der trotz seiner riesigen Gestalt nicht bedrohlich wirkt, sondern eher gemütlich (einmal im Jahr Tiere streicheln am Wolfgangsee), der dafür zu stehen scheint, daß alles, was gut ist, bleibt, und daß man guten Gewissens über alles, was schlecht ist, schimpfen darf. Der Lifestyle des Dr. Helmut Kohl, wie er ist, was er ißt, wie er sich gibt, polarisiert. Aber im Unterschied zu dem einen oder anderen Spitzenmann der Konkurrenz (Engholm, Schröder) macht er seine persönlichen Lebensverhältnisse nicht selbst zum Thema. Vielleicht ist das listig – um so mehr reden bei einem wie ihm die anderen drüber. Die linke Alternative heißt: Wein, Weib und gute Musik, Betroffenheit und Befindlichkeit, Internet-Modernität, Diskurs und Einerseits-Andererseits, kurz: Toskana.

Der ewige Übergangskanzler

Den erträgt man am längsten, von dem man glaubt, daß man ihn jederzeit wieder abschütteln kann. Das Kabarett, die Fernsehsatire, der *Spiegel* und die nationale Hamburger Journaille, SPD und CSU hielten den Mißtrauensvotum-Gewinner vom 1. Oktober 1982 zunächst für eine Art Unfall – kein schreckliches Unglück, aber doch ein Mißgeschick, das schnellstmöglich zu korrigieren sei. Kanzler Kohl – das klang schon hohl.

Manche Linken mochten sogar klammheimliche Freude empfunden haben, daß auf diese Weise der sozialdemokratische Atom- und Nachrüstungskanzler Schmidt aus dem Amt gewählt wurde. Wo alles seine Ordnung haben muß, ist die gute Sozialdemokratie meist sowieso besser in der Opposition aufgehoben. Auf Helmut Schmidt, den Kanzler der »Sekundärtugenden«, mit denen man auch ein KZ betreiben konnte (Oskar Lafontaine), folgte eben der Übergangskanzler Kohl – und dann, so hoffte man, schnell wieder eine richtige SPD-Regierung, diesmal wohl ohne FDP, statt dessen mit den Grünen. Nur gab es für das »rotgrüne Projekt« bei Wahlen ein ums andere Mal keine Mehrheit.

Dieser Umstand hat die Sozialdemokraten auf faszinierende Weise unerschüttert gelassen: Es gehört ja durchaus Entschlossenheit dazu, dauerhaft an einem Politikangebot festzuhalten, dem die Menschen immer wieder die Kohl-Regierungen vorzogen. Weder in der Bildungspolitik noch in Fragen zum Beispiel der inneren Sicherheit ließ sich die Enkel-SPD von den Bedürfnissen ihrer potentiellen Wähler irritieren. In Wirklichkeit waren die meinungsführenden Achtundsechziger (in der Gesellschaft wie im Subsystem SPD) einfach ein wenig beleidigt: Just zu dem Zeitpunkt, als sich die Definitionsmacht ihrer Generation höchst befriedigend über die Institutionen der Republik zu legen schien, wurde ein Kanzler gewählt, der für alles stand, was man in der Studentenbewegung und in der GEW gemeinsam bekämpft hatte: Spießigkeit, Mainstream, Normalität. Nichts aber war (bis zur Entdeckung der »Neuen Mitte«) dem Linken so zuwider wie der Spießer: Daß er in Wahlen triumphieren konnte, durfte eigentlich gar nicht sein. Davor mußte man, schon zum Schutz vor Traumatisierung, dringend die Augen verschließen.

Auch in der SPD waren die Protagonisten der neuen Linie (Atomausstieg, Kritik an der NATO, ökologische Modernisierung, Feminismus, Vulgärliberalismus) als Parteiführer noch nicht gleich durchsetzbar. So zogen der ehemalige Schmidt-Minister Vogel (1983) und der Ministerpräsident Rau (1987) in die Wahlkämpfe, bis das neue sozialdemokratische Establishment von der Peripherie aus das Zentrum erobert hatte. Nun kamen die rebellischen Brandt-»Enkel«, allesamt inzwischen Regierungschefs in ihren Bundesländern, an die Reihe, einer nach dem anderen: Lafontaine (1990), Engholm (1993 zurückgetreten), Scharping (1994, danach abgewählt), Schröder (1998). Und je länger sie erfolglos waren, desto größer wurden ihre Chancen. Sie wurden, während der Übergangskanzler die Geschäfte führte, Deutschlands Einheit organisierte, Europa ausbaute, seine innerparteilichen Gegner bannte (Albrecht, Biedenkopf, Geißler, Späth) und zum Kanzler der höchsten Arbeitslosigkeit, der höchsten Staatsverschuldung und der höchsten Unternehmensgewinne und Aktienkurse wurde, älter und klüger. Inzwischen selbst im Großväteralter, Anfang, Mitte Fünfzig, scheint die »Enkel«-SPD wieder da anzuknüpfen, wo sie 1982 Helmut Schmidt verlassen hat. Der kann vor aller Öffentlichkeit nun Gerhard Schröder für sein neues Amt »Tapferkeit« wünschen. Und der Parteivorsitzende Lafontaine fordert in seinem neuesten Buch, daß die Kinder in der Schule bitte wieder »Anstand, Benehmen und Takt«, »Zuverlässigkeit und Disziplin« lernen sollten.

Kohl hat, so gesehen, freundlicherweise die Lücke gefüllt – weil das Land ja nun einmal nicht unregiert bleiben konnte. Kohl hat Geschichte gemacht. Das war sein Job. Aber neben den grauen Seiten in den

Büchern der »Gechichte« werden uns, vor allem uns Linken, von ihm einige lustige Bilder im Kopf bleiben, und wir werden so gern an ihn zurückdenken wie an Dieter Thomas Heck oder an Rudi Carrell. Das Deutschlandlied, mehrstimmig gesungen auf dem Balkon des Schöneberger Rathauses, seine Abkanzelungsmasche gegenüber den ach so kritischen Fernsehjournalisten (»Wo leben Sie eigentlich?«). Oder doch wenigstens diese eine Szene mit dem Eierwerfer in Halle/Ost, als der Schwarze Riese den Staatsmann Staatsmann sein ließ und in großer Erregung losstürmte, um den jugendlichen Tunichtgut persönlich zu ergreifen. Die Begleiter konnten ihn gerade noch am Mantel packen – am Mantel der Geschichte.

Anmerkungen

Tanja Busse: Sechzehn Jahre sind kein Leben

1 *Greenpeace* 2/97, S. 16–30, *Die Woche* vom 27. 6. 1997, S. 1.
2 »Nevermind« ist der Titel der Erfolgs-CD der bis dahin unbekannten Grunge-Band Nirvana, die Anfang der Neunziger gewissermaßen über Nacht zu einer der beliebtesten Bands in Amerika und Europa wurde. Zur Idee einer Nevermind-Generation vgl. Elizabeth Wurtzel, Das macht mir alles nichts aus, in: *Transit* 11 (1996), S. 109: »›Nevermind‹ ist das Codewort dieses Lebens, nichts ausmachen ist alles, was wir je tun – es macht mir nichts aus, daß es mir nichts ausmacht, daß es uns nichts ausmacht, weil es nichts mehr gibt, für das wir uns je einsetzen könnten.«
3 Douglas Coupland, Generation X, Tales for an Accelerated Culture, New York 1991; Christoph Clermont/Johannes Goebel, Die Tugend der Orientierungslosigkeit, Berlin 1997.
4 Vgl. Jugendwerk der Deutschen Shell (Hrsg.), Jugend '97, Opladen 1997, S. 35.
5 Die Soziologen sind sich da nicht einig. »Friede, Freude, Eierkuchen« und »One Love, One Nation« als Mottos der Love Parades von 1996 und 1998 deuten jedenfalls auf eine Art Naivität dritten Grades oder fröhlichen Zynismus beim Ignorieren von Krisen.
6 Ulrich Beck, Kinder der Freiheit: Wider das Lamento über den Werteverfall, in: Ders. (Hrsg.), Kinder der Freiheit, Frankfurt am Main 1997, S. 12.
7 Shell-Jugendstudie 1997, S. 34 f. Vgl. auch ebd., S. 304: Das politische Interesse der Jugendlichen ist in den Jahren von 1991 bis 1996 von 57 auf 47 Prozent (Ja-Antworten) gesunken. Gleichzeitig stellen die Mediennutzungsforscher fest, daß sich bei den unter 30jährigen der Trend verstärkt, Medien vorwiegend zur Unterhaltung zu nutzen und sich von politischer Information abzuwenden (Klaus Berg/Marie-Luise Kiefer [Hrsg.], Massenkommunikation V, Baden Baden 1996).
8 Vgl. dazu die große Divergenz zwischen hoher Befürwortung und tatsächlichem Ausüben von politischen Verhaltensweisen (Shell-Jugendstudie 1997, S. 334 f.).
9 Quellen: JU-Mitgliederstatistik, Stand 31. 7. 1997; Jusos: Stand Ende 1997; Junge Liberale: Schätzung der Bundesgeschäftsstelle nach der Gesamtmitgliederzahl von 7500 bis 35 Jahren; GAJB: Stand April 1998. Das GAJB gibt es seit 1994, viele Jugendliche sind Mitglied bei den Grünen, ohne im GAJB zu sein.
10 Quelle: Greenpeace: Altersgruppen-Hochrechnung nach einer Fördermitglieder-Befragung.
11 Website der JU Stormarn (http://www.geocities.com/CapitolHill/2011ju_.html, Stand Januar 1998).
12 Daniel, 21, über die JU-Mitglieder, die die Hälfte seiner ehemaligen Schulklasse am Gymnasium an der Schweizer Allee in Dortmund-Aplerbeck ausmachten.
13 In der JU kann übrigens kaum jemand etwas mit der Schlingensief-Provokation (»Tötet Helmut Kohl!«) anfangen. »Vielleicht ist das eine Eigenschaft der Generation

Kohl«, sagt Jan-Gernot Wichert, »eine gewisse Gelassenheit, die er uns mitgegeben hat ...«

14 Tobias Dürr, »Havin' a party«, in: *die tageszeitung* vom 12. 12. 1997.

Hans Monath: Zeitgeistsurfing als Karrierestrategie

1 CDU-Pressesprecher Rolf Kiefer anläßlich Pflügers Buchvorstellung: »Die Rechtsruck-Warnungen des Abgeordneten Pflüger sind abwegig. Sie sind nichts anderes als ein öffentlichkeitsheischender PR-Beitrag zur Förderung seines neuen Buches. Daß er dies gegen bekannte Tatsachen und zu Lasten der eigenen Partei tut, spricht Bände.« Ebenfalls Bände sprach es, daß kein hochrangiger Partei- oder Fraktionsvertreter, sondern nur der sonst meist im Hintergrund wirkende Presseprecher der Partei den Parlamentarier in die Schranken wies.

2 Jürgen Rüttgers, Dinosaurier der Demokratie: Wege aus Parteienkrise und Politikverdrossenheit, Hamburg 1993, S. 240; Heiner Geißler, Gefährlicher Sieg, Köln 1995; Wolfgang Schäuble, Und der Zukunft zugewandt, Berlin 1994, S. 169. Daten in Wilhelm P. Bürklin/Viola Neu/Hans-Joachim Veen, Die Mitglieder der CDU, St. Augustin 1997, S. 22f.

3 Die Junge Gruppe umfaßte in der Legislaturperiode 1994–98 zwanzig Abgeordnete (einschließlich der hier nicht berücksichtigten CSU-Abgeordneten).

4 »Wir dürfen nicht übermütig werden«, in: *Der Tagesspiegel* vom 12. 10. 1997.

5 Die politischen Karrieren der JU-Chefs der vergangen Jahrzehnte: Hermann Gröhe (JU-Vorsitzender 1989–1994, Bundestagsabgeordneter und Sprecher der Jungen Gruppe), Christoph Böhr (1983–1989, Fraktionsvorsitzender), Matthias Wissmann (1973–1983, Bundesverkehrsminister), Jürgen Echternach (1969–1973, Landesvorsitzender in Hamburg und Staatssekretär im Bundesfinanzministerium), Gerhard Stoltenberg (1955–1961, Bundesfinanzminister und Verteidigungsminister). Zu den bekannteren früheren stellvertretenden Bundesvorsitzenden und früheren Mitgliedern des Bundesvorstandes gehören unter anderem Roland Koch, Peter Müller, Friedbert Pflüger, Christian Wulff, Ursula Männle, Volker Rühe, Wulf Schönbohm, Rudolf Seiters, Heinz Riesenhuber.

6 Ulrich von Alemann/Rolf G. Heinze/Josef Schmid, Parteien im Modernisierungsprozeß: Zur politischen Logik der Unbeweglichkeit, in: *Aus Politik und Zeitgeschichte*, B 1–2/98, S. 29–36, hier 34f.

7 Weiterhin gibt es unter den Jungen aber auch Politiker, die stark geprägt sind von ihrer Herkunft aus christlichen Gemeinschaften. Hermann Gröhe, Sprecher der Jungen Gruppe, ist Mitglied im Rat der Evangelischen Kirche Deutschlands (EKD) und baut auf Erfahrungen auf, die er in der kirchlichen Jugendarbeit machte. Die 1955 geborene Annette Schavan, Kultusministerin in Stuttgart, ist ausgebildete Theologin und war Geschäftsführerin des katholischen Cusanus-Werkes. Der junge Abgeordnete Thomas Rachel ist Vorsitzender des Evangelischen Arbeitskreises Nordrhein-Westfalen.

8 »Die CDU muß Realitäten zur Kenntnis nehmen«, Interview mit Peter Müller, *Das Sonntagsblatt* vom 18. 10. 1996.

9 »Kein soziologisches Handbuch deckt die gesellschaftliche Palette der Bundesrepublik flächiger ab als die CDU«, schreibt treffend, aber in kritischer Absicht Dirk Schümer im Feuilleton der *Frankfurter Allgemeinen* vom 20. 5. 1998.

10 Bei der Bildung von Kabinetten und bei der Suche nach Kandidaten für das Amt des Bundespräsidenten hat Helmut Kohl als Kanzler immer wieder auf Köpfe außerhalb

des engeren Parteizirkels zurückgegriffen, man denke etwa an Rita Süssmuth, Roman Herzog oder Klaus Töpfer. Auch Bundestagsmitglieder hat die Partei aus der Wirtschaft rekrutiert, etwa Richard von Weizsäcker. In Hamburg trat im Bundestagswahlkampf 1998 der frühere Vorstandsvorsitzende eines Tabakkonzerns, Ludger W. Staby, für die CDU an.

Peter Lösche: Kanzlerwahlverein?

1 *Die Woche* vom 15. 5. 1998.

2 Warnfried Dettling, Das Erbe Kohls: Bilanz einer Ära, Frankfurt am Main 1994, S. 110.

3 Claus Leggewie, Der neue Kanzlerwahlverein, in: *Vorgänge* 106 (August 1990), S. 70–78.

4 Karlheinz Nicklauß, Kanzlerdemokratie: Bonner Regierungspraxis von Konrad Adenauer bis Helmut Kohl, Stuttgart u. a. 1988.

5 So Gordon Smith, The Resources of the German Chancellor, in: *West European Politics* 14 (1991), No. 2, S. 57.

6 Wulf Schönbohm, Die CDU wird moderne Volkspartei: Selbstverständnis, Mitglieder, Organisation und Apparat 1950 bis 1980, Stuttgart 1985, S. 39.

7 Frank Bösch / Franz Walter, Lebensfragen einer Volkspartei: Ist die Zeit des Erfolgs der CDU abgelaufen?, in: *Frankfurter Allgemeine* vom 14. 5. 1998.

8 Ute Schmidt, Die Christlich-Demokratische Union Deutschlands, in: Richard Stöss (Hrsg.), Parteienhandbuch: Die Parteien der Bundesrepublik Deutschland 1945 bis 1980, Opladen 1983, S. 493.

9 Schmidt (Anm. 8), S. 601.

10 Schönbohm (Anm. 6), S. 39.

11 Schönbohm (Anm. 6), S. 39.

12 Schmidt (Anm. 8), S. 601.

13 Schönbohm (Anm. 6), S. 40.

14 Schönbohm (Anm. 6), S. 40.

15 Hermann Scheer, Die nachgeholte Parteibildung und die politische Säkularisierung der CDU, in: Wolf-Dieter Narr (Hrsg.), Auf dem Weg zum Einparteienstaat, Opladen 1977, S. 149 ff.

16 Peter Haungs, Die CDU: Prototyp einer Volkspartei, in: Alf Mintzel / Heinrich Oberreuter (Hrsg.), Parteien in der Bundesrepublik Deutschland, Bonn 1992, S. 176, 191; Schmidt (Anm. 8), S. 604.

17 Vgl. für die Zitate Schönbohm (Anm. 6), S. 295, 297f., 300; vgl. auch S. 94, 137, 269, 275f.

18 Josef Schmid, Die CDU: Organisationsstrukturen, Politiken und Funktionsweisen einer Partei im Föderalismus, Opladen 1990, S. 148.

19 Peter Grafe, Schwarze Visionen: Die Modernisierung der CDU, Reinbek 1986.

20 Haungs, in: Mintzel / Oberreuter (Anm. 16), S. 194, 198; Peter Haungs, Bundesrepublik Deutschland, in: Hans-Joachim Veen (Hrsg.), Christlich-demokratische und konservative Parteien in Westeuropa 1, Paderborn u. a. 1983, S. 50; Schmid (Anm. 18), S. 142ff.

21 Schmid (Anm. 18), S. 125, 130f.

22 Schmid (Anm. 18), S. 59.

23 Haungs, in: Veen (Anm. 20), S. 45.

24 Haungs, in: Veen (Anm. 20), S. 51ff.; Schmid (Anm. 18), S. 260f.

25 Die folgenden Überlegungen zur Struktur der CDU gehen aus von Joachim Raschke /

Andreas Timm, Kanzler nach Kohl: Die strategischen Vorteile der Christdemokratie in der Parteienkonkurrenz, in: *Blätter für deutsche und internationale Politik* 7/1996, S. 814ff. Diese Überlegungen sind aber über die beiden Autoren hinaus erweitert worden.

26 Landesverbände der CDU gibt es im Prinzip – natürlich mit Ausnahme Bayerns – in jedem Bundesland. Eine Ausnahme bildet Niedersachsen. Hier gibt es drei Landesverbände (Hannover, Braunschweig, Oldenburg), die zu einem Dachverband Niedersachsen zusammengeschlossen sind. Bezirksverbände gibt es in folgenden Ländern: acht in Nordrhein-Westfalen, sechs in Niedersachsen, sechs in Hessen, vier in Baden-Württemberg und drei in Rheinland-Pfalz. In den anderen Ländern gibt es keine Bezirksverbände.

27 Zu den Verhältnissen in der CDU Hamburg unter Jürgen Echternach vgl. Winfried Steffani, Parteimitgliedschaft als Geheimsache?, in: *Merkur* 47 (1993), Heft 7, S. 586–600; Jörn Ipsen, Kandidatenaufstellung, innerparteiliche Demokratie und Wahlprüfungsrecht: Anmerkung zum Urteil des Hamburgischen Verfassungsgerichts vom 4. Mai 1993, in: *Zeitschrift für Parlamentsfragen* 1994, Heft 2, S. 235–240. Vgl. auch den Beitrag von Tobias Dürr in diesem Buch, S. 85–97.

28 Hans-Jürgen Lange, Responsivität und Organisation: Eine Studie über die Modernisierung der CDU von 1973 bis 1989, Marburg 1994, S. 495f.

29 Stefan Beil / Norbert Lepszy, Die Reformdiskussion in den Volksparteien, Interne Studien 80 / 1995 der Konrad-Adenauer-Stiftung, S. 16; *Die Woche* vom 27. 6. 1997.

30 Tobias Dürr, Null Bock auf Parteien, in: *Die Woche* vom 27. 2. 1998.

31 Karsten Grabow, Die CDU an der Basis: Zur Entwicklung der Organisationsmuster im Lichte des Vereinigungsprozesses der Partei, in: *Berliner Debatte initial* 4/1996, S. 67–69.

32 Lange (Anm. 28), S. 423f., 502f.

33 Grabow (Anm. 31); Ursula Birsl und Peter Lösche, Parteien in West- und Ostdeutschland: Der gar nicht so feine Unterschied, in: *Zeitschrift für Parlamentsfragen* 29 (1998), S. 7–24. Vgl. auch den Beitrag von Rüdiger Soldt in diesem Buch S. 115–128.

34 Ute Schmidt, Von der Blockpartei zur Volkspartei? Die Ost-CDU im Umbruch 1989 bis 1994, Opladen 1997.

35 Vgl. Schmidt (Anm. 34), S. 354f.; dies., Risse im Gefüge der vereinigten CDU, in: *Neue Gesellschaft/Frankfurter Hefte* 1996/4, S. 303–308; *Frankfurter Allgemeine* vom 27. 3. 1996; *Der Spiegel* vom 19. 2. 1996.

36 Beil / Lepszy (Anm. 29); Stephan Eisel, Frischer Wind: Anregungen zur Parteireform aus der Bonner CDU, in: *Sonde* 25 (1992), 2/3, S. 40–46; Artur Kübler, Die CDU diskutiert über Parteireform, in: *Sonde* 26 (1993),1/2, S. 70–81; Thomas Leif, Hoffnung auf Reformen? Reformstau und Partizipationsblockaden in den Parteien, in: *Aus Politik und Zeitgeschichte* B 43/93, S. 24–33; Ingrid Reichart-Dreyer, Parteireform, in: Oscar W. Gabriel / Oskar Niedermayer / Richard Stöss (Hrsg.), Parteiendemokratie in Deutschland, Bonn 1997, S. 346ff.; *Süddeutsche Zeitung* vom 13. 12. 1997.

37 Josef Schmid, Haben die Volksparteien noch eine Chance? Die CDU zwischen Modernität und Alterität, in: *Politische Bildung* 27 / 3 (1994), S. 32–40.

38 Dettling (Anm. 2), 22f.

39 Wilhelm P. Bürklin / Viola Neu / Hans-Joachim Veen, Die Mitglieder der CDU, St. Augustin 1997, S. 146; Winand Gellner, Medien und Parteien: Grundmuster politischer Kommunikation, in: Ders. / Hans-Joachim Veen (Hrsg.), Umbruch und Wandel in westeuropäischen Parteiensystemen, Frankfurt am Main 1995, S. 17–33.

40 Hierzu Eisel (Anm. 36).

41 Jürgen Rüttgers, Moderne Parteiarbeit in den neunziger Jahren, in: *Sonde* 1991, Heft 2/3, S. 97–100.

42 Bürklin/Neu/Veen (Anm. 39), S. 15.

43 Peter Radunski, Volkspartei in den neunziger Jahren – Die Union vor neuen Herausforderungen, in: *Sonde* 1989/3, S. 21–29; ders., Fit für die Zukunft? Die Volksparteien vor dem Superwahljahr 1994, in: *Sonde* 1991/4, S. 5.

44 Hierzu Raschke/Timm (Anm. 25); Peter Bender, Was jenseits von Machterhalt liegt, bleibt Helmut Kohl fern, in: *Frankfurter Rundschau* vom 19. 10. 1996; David Seeber, Die Zukunft der CDU als Volkspartei, in: Gellner/Veen (Anm. 39), S. 135–153.

45 Vgl. hierzu Bösch/Walter (Anm. 7); Seeber in Gellner/Veen (Anm. 39), S. 149f.

46 Vgl. Bösch/Walter (Anm. 7); Franz Walter, Der Verlust der Mitte, in: *Der Spiegel* vom 27. 4. 1998.

47 Walter (Anm. 46).

Tobias Dürr: »Opas CDU ist tot«

1 Dirk Fischer, Zehn Thesen für den Erfolg der CDU Hamburg, unveröffentlichtes Manuskript, o.O., o.J. (Hamburg 1998), dazu René Wagner, CDU ohne »Führungsreserve«: Kritik des Hamburger Landesvorsitzenden, in: *Frankfurter Allgemeine* vom 18. 4. 1998.

2 Vgl. Helmut Stubbe-da Luz, Von der »Arbeitsgemeinschaft« zur Großstadtpartei: 40 Jahre Christlich-Demokratische Union in Hamburg (1945–1985), Hamburg 1986, S. 9. Nur 6,5 Prozent der Hamburger waren 1946 katholisch; die Zentrumspartei hatte in den zwanziger Jahren regelmäßig nur zwei Sitze im Hamburger Landesparlament gewonnen.

3 Dazu insgesamt neuerdings Wilhelm Heitmeyer u. a. (Hrsg.), Die Krise der Städte, Frankfurt/Main 1998.

4 Wolfgang Schäuble, Und sie bewegt sich doch, Berlin 1998, S. 84.

5 Vgl. Egbert Kossack, Hamburg: Stadt im Überfluß: Optionen für die wachsende Stadt, Hamburg 1993, S. 12.

6 Vgl. Charles S. Maier, Territorialisten und Globalisten: Die beiden neuen »Parteien« in den heutigen Demokratien, in: *Transit* 14 (1997), S. 5–14; Tobias Dürr, Aufkündigungen des Einverständnisses: Ostdeutsche Bebenkunde mit Hamburger Frühwarnung – Das gesamtdeutsche Parteiengelände erodiert, in: *Frankfurter Rundschau* vom 13. 6. 1998, S. ZB 3.

7 Vgl. Josef Schmid, Die CDU: Organisationsstrukturen, Politiken und Funktionsweisen einer Partei im Föderalismus, Opladen 1990, S. 59.

8 Elmar Wiesendahl, Wie geht es weiter mit den Großparteien in Deutschland?, in: *Aus Politik und Zeitgeschichte*, B 1–2/98, S. 13–28, hier S. 17.

9 Vgl. Klaus Wagner, Zerreißprobe für die Hamburger Union: Dietrich Rollmann kandidiert gegen Erik Blumenfeld, in: *Frankfurter Allgemeine* vom 9. 3. 1968.

10 Manfred Eichhöfer, Die Vertrauten »Didi« Rollmanns rücken jetzt überall nach vorn, in: *Die Welt* vom 12. 9. 1968.

11 Erich Lüth, in: *Hamburger Monatsblatt der CDU*, September 1967, zit. nach Stubbe-da Luz (Anm. 2), S. 140.

12 So jedenfalls Gert Kistenmaker, Wahlkampf mit dem Reformpapier des Gegners, in: *Süddeutsche Zeitung* vom 9. 5. 1970.

13 Paul C. Martin in: *Die Welt* vom 21. 2. 1971.

14 Eichhöfer (Anm. 10).

15 Ein CDU-Dienstleistungsbetrieb (Interview mit Dietrich Rollmann), in: *Christ und Welt* vom 8. 5. 1970.

16 Jens Gundlach, CDU Hamburg will Salz in der Suppe sein, in: *Die Welt* vom 10. 12. 1970.

17 Vgl. Schmid (Anm. 7), S. 125.

18 Dierk-Eckhard Becker, Die Liquidation der innerparteilichen Demokratie (Das Beispiel Junge Union Hamburg), in: Ders. und Elmar Wiesendahl, Ohne Programm nach Bonn: Die Union als Kanzlerwahl-Verein, Reinbek 1972, S. 11–52, hier S. 39.

19 Klaus Wagner, Baut Echternach eine Karriere in Bonn auf?, in: *Frankfurter Allgemeine* vom 9. 5. 1974; »Totaler Machtanspruch« Echternachs, in: *Süddeutsche Zeitung* vom 7. 5. 1974.

20 So die zentrale Kategorie von Detlev Preuße, Gruppenbildung und innerparteiliche Demokratie am Beispiel der Hamburger CDU, Königstein/Taunus 1981.

21 Vgl. nur Eckhardt Kauntz, Als Daueropposition bequem eingerichtet: Die Ausstrahlung der Hamburger CDU läßt nach, in: *Frankfurter Allgemeine* vom 10. 10. 1989; Uwe Bahnsen, Im Ohrensessel kommt man nicht an die Macht, in: *Die Welt* vom 22. 12. 1989; ders., Der CDU mangelt es an Leistungsbewußtsein, in: *Die Welt* vom 3. 3. 1990; Eckhardt Kauntz, Eine stolze, ruhige Stadt, ungestört von Opposition, in: *Frankfurter Allgemeine* vom 22. 12. 1990.

22 In aller – freilich ermüdenden – Detailliertheit nachzulesen bei Martin Müller/Katrin Börsting, Kandidatenaufstellung und innerparteiliche Demokratie am Beispiel der Hamburger CDU, in: Jürgen Hartmann/Uwe Thaysen (Hrsg.), Pluralismus und Parlamentarismus in Theorie und Praxis, Opladen 1992, S. 137–173.

23 So Winfried Steffani, zitiert nach: CDU gegen CDU vor dem Landgericht, in: *Hamburger Abendblatt* vom 28. 10. 1988; vgl. auch ders., Parteimitgliedschaft als Geheimsache?, in: *Merkur* 47 (1993), S. 586–600.

24 Vgl. Klaus Brill, Das Politbüro der Landespartei heißt »Magdalenen-Kreis«, in: *Süddeutsche Zeitung* vom 28. 6. 1989; Thomas Kleine-Brockhoff/Dirk Kurbjuweit, Die Blockpartei, in: *Die Zeit* vom 14. 5. 93.

25 Vgl. Frank Decker, STATT Reform: Protest PARTEI – Aufstieg und Fall der Hamburger STATT Partei, in: *Zeitschrift für Parlamentsfragen* 27 (1996), S. 229–242.

26 Markus E. Wegner, Für eine offene Demokratie: Ein Mann kämpft gegen die »Polit-Mafia« und für die Erneuerung des Gemeinwesens, München/Leipzig 1993.

27 Helmut Stubbe-da Luz, Parteiendiktatur: Die Lüge von der »innerparteilichen Demokratie«, Frankfurt am Main 1994; vgl. ders., Von der »Arbeitsgemeinschaft« zur Großstadtpartei (Anm. 2).

28 Politik im Zeitalter der Entideologisierung: Der Hamburger CDU-Fraktionsvorsitzende von Beust scheut den Kontakt mit den Grünen nicht, in: *Frankfurter Allgemeine* vom 19. 3. 1996.

29 Dietrich Rollmann, Die CDU in den Großstädten, in: Ders., Die Zukunft der CDU, Hamburg 1968, S. 192.

30 Union auf Profilsuche: Wertebezogen denken, aber nicht moralinsauer, in: *Die Welt* vom 29. 7. 1994.

31 Eckhart Kauntz, Der Ortsverband spürt einen Betondeckel auf der Partei, in: *Frankfurter Allgemeine* vom 19. 6. 1991.

32 Vgl. Rainer Frenkel, Der rote Filz: Hamburg ist seit 40 Jahren sozialdemokratisch besetzte Zone, in: *Die Zeit* vom 2. 7. 1998.

Rüdiger Soldt: Eine selbstverschuldete Täuschung

1 Vgl. Russell J. Dalton / Wilhelm Bürklin, The two German Electorates, in: Russell J. Dalton (Hrsg.), Germans Divided: The 1994 Bundestag and the Evolution of the German
   Party System, Oxford / Washington 1996, S.183–207; Konrad H. Jarausch, Die unverhoffte Einheit 1989–1990, Frankfurt am Main 1995, S. 178ff.

2 *Welt am Sonntag* vom 7. 10. 1990.

3 *Der Spiegel* vom 18. 6. 1990, S. 40.

4 Bei der Volkskammerwahl am 18. 3. 1990 erhielt die PDS 16,4 Prozent der Stimmen, bei
   der gesamtdeutschen Bundestagswahl im Dezember in Ostdeutschland lediglich 9,9
   Prozent der Stimmen.

5 Vgl. Wolfgang Jäger / Michael Walter, Die Allianz für Deutschland: CDU, Demokratischer Aufbruch und Deutsche Soziale Union 1989 / 90, Köln / Weimar / Wien 1998,
   S. 45.

6 Vgl. Markus Lesch, Die CDU-Reformer in Sachsen, in: *Die politische Meinung* (1994),
   H. 297, S. 37–43. Ausführlicher: Ute Schmidt, Von der Blockpartei zur Volkspartei? Die
   Ost-CDU im Umbruch 1989–1994, Opladen 1997, hier bes. S. 159ff.

7 Vgl. *Frankfurter Allgemeine* vom 20. 1. 1994.

8 Interview mit Arnold Vaatz am 28. 5. 1998.

9 Der »Gesprächskreis 2000«, der heute nicht mehr existiert, wurde 1993 als Denkfabrik
   zur Erneuerung der CDU und Gegenpart zum rechtskonservativen »Christlich-Kon-
   servativen-Deutschlandforum« gegründet. Vgl. Schmidt (Anm. 6).

10 Interview mit Matthias Rößler am 9. 3. 1998.

11 *die tageszeitung* vom 13. 10. 1997.

12 Vgl. *Focus* vom 20. 5. 1996. So gründete Fritz Hähle den Comenius-Club und lud Gün-
   ter Rohrmoser als Referenten ein.

13 *Frankfurter Rundschau* vom 24. Juni 1998, S. 6.

14 Während Heitmann zum Beispiel als Wertkonservativer vor einer weiteren Ökonomi-
   sierung des Lebens warnt, vertritt Vaatz zunehmend neoliberale Thesen.

15 Arnold Vaatz, Die Aufgaben der deutschen Wirtschaftspolitik heute und in Zukunft,
   Rede in Dresden am 6. / 7. März 1997.

16 *Berliner Zeitung* vom 24. 5. 1998.

17 *Berliner Zeitung* vom 18. 5. 1998. Auf dem Bremer Parteitag traten der frühere Jenaer
   Jugenddiakon Thomas Auerbach, der Theologe Reinhard Klingenberg, Siegfried Reip-
   rich und Manfred Wilke, Historiker des Forschungsverbundes SED an der Freien Universität, der CDU bei.

18 Vgl. Laurence H. McFalls, Communism's Collapse, Democracy's Demise? The Cultural
   Context and Consequences of the East German Revolution, London 1995, S. 157–165.

19 Vgl. Peter Lösche / Ursula Birsl, Parteien in West- und Ostdeutschland: Der gar nicht so
   feine Unterschied, in: *Zeitschrift für Parlamentsfragen*, 29 (1998) 1, S. 7–24.

20 Ute Schmidt, Die CDU, in: Oskar Niedermayer (Hrsg.), Intermediäre Strukturen in
   Ostdeutschland, Opladen 1996, S. 13–39.

21 Eckhardt Rehberg, Identitätsgewinn im Aufbau Ost: Diskussionspapier zur Werte-
   und Strategiedebatte »CDU 2000« in Mecklenburg-Vorpommern, Malchow 1996; Paul
   Krüger, 14 Thesen zum Ost-Profil der CDU, Neubrandenburg 1996.

22 Vgl. Gvozden Flego, Gemeinschaften ohne Gesellschaft? Zur Problematik des ›Postso-
   zialismus‹, in: Micha Brumlik / Hauke Brunkhorst (Hrsg.), Gemeinschaft und Gerechtigkeit, Frankfurt / Main 1993, S. 63–71. Zum Diskussionsstand über die Entwicklung

der DDR-Gesellschaft: Detlef Pollack, Die konstitutive Widersprüchlichkeit der DDR, in: *Geschichte und Gesellschaft* 24 (1998), 1, S. 110–131.

23 Vgl. Elisabeth Noelle-Neumann, Im Osten nichts Neues: Bilanz der Wiedervereinigung vor dem Jahr der Bundestagswahl 1998, *Frankfurter Allgemeine* vom 10. 12. 1997.

24 *die tageszeitung* vom 15. 5. 1998, S. 6.

25 Lothar Fritze, Die Gegenwart des Vergangenen: Über das Weiterleben der DDR nach ihrem Ende, Weimar / Köln / Wien 1997, S. 75–77.

26 Die Mehrheit der CDU-Wähler lehnt die PDS als politische Kraft strikt ab, spricht sich aber gleichzeitig gegen die Isolierung der Partei aus. Vgl. Henry Kreikenbom: Die PDS als Katalysator der Partei- und Wahlpräferenzen, in: *Zeitschrift für Parlamentsfragen* 29 (1998)1, S. 24–46. Sogar unter Bürgerrechtlern stieß die Kampagne nicht auf ungeteilte Zustimmung. So distanzierte sich Steffen Heitmann zum Beispiel öffentlich von dem Wahlkampfplakat. Vgl. *Leipziger Volkszeitung* vom 19. Juni 1998.

27 *Der Spiegel* vom 18. 6. 1990, S. 40.

Dominik Wichmann: Sommer, Sonne, Bayern

1 Nina Grunenberg, Nur einer wird gewinnen. in: *Die Zeit* vom 19.4.1998.

2 Alexander Gorkow, Die CSU soll Zähne zeigen, in: *Süddeutsche Zeitung* vom 19. 2. 1998.

3 Helmut Rothemund, Vorwort, in: Rolf Seeliger (Hrsg.), Bayern: Ein totaler CSU-Staat oder ein Staat der Bürger?, München 1982.

4 Alf Mintzel, Bayern und die CSU, in: Hanns-Seidel-Stiftung (Hrsg.), Geschichte einer Volkspartei: 50 Jahre CSU 1945–1995. München 1995, S. 195–252; hier S. 199.

5 Ebenda, S. 208.

6 Vgl. dazu Aline Kuntz, Jenseits von Bayern: Vergleichende Folgerungen der CSU-Ideologie, in: Stefan Immerfall / Alf Mintzel, Parteien in Bayern, Passau 1996.

7 Karl Bosl, Bayerische Geschichte, München 1974.

8 Das Standardwerk hierzu ist Alf Mintzel, Geschichte der CSU, Opladen 1977.

9 Hanns Seidel (Hrsg.), Weltanschauung und Politik, München 1961.

10 Ebenda, S. 20.

11 Werner Patzelt. Was ist falsch mit Bayerns SPD. in: *Zeitschrift für Parlamentsfragen* 22 (1991), S. 59–88.

12 Carl Amery. Bayern – oder das Ärgernis der Ungleichzeitigkeit. in: Ders. und Jochen Kölsch, Bayern – ein Rechts-Staat?, Hamburg 1974, S. 16f.

13 Dazu Herbert Riehl-Heyse, CSU: Die Partei, die das schöne Bayern erfunden hat, München 1979.

14 R. W. B. McCormack, Tief in Bayern. Frankfurt / Main 1991, S. 71.

15 Eckhardt Jesse, Die CSU im vereinigten Deutschland, in: *Aus Politik und Zeitgeschichte* B6 / 92, S. 29–35.

16 Bernd Edelmann, Er hatte seine Chance, er hat sie nicht genutzt, in: *Frankfurter Rundschau* vom 1. 4. 1993.

17 Studie McKinsey und Roland Berger, Aufbruch ins 21. Jahrhundert, München 1998.

18 Vgl. Christian Schneider, Sozialreport bleibt in der Schublade, in: *Süddeutsche Zeitung* vom 15. 5. 1998.

19 Vgl. Nina Grunenberg, Der Ehrgeiz des Alpenkönigs, in: *Die Zeit* vom 19. 12. 1997.

20 Michael Stiller, Die CSU drückt der Haferlschuh, in: *Süddeutsche Zeitung* vom 12. 2. 1998.

21 Erwin Huber, CSU: Aufgaben einer modernen Volkspartei, Nürnberg 1992, S. 6.
22 Vgl. Gunter Hofmann, Die CDU und der Zeitgeist, in: *Die Zeit* vom 14. 5. 1998.

Robert Misik: Die Integration frißt ihre Eltern

1 *die tageszeitung* vom 14. 7. 1997.
2 Der Urvater und die Erben, in: *Frankfurter Allgemeine* vom 1. 3. 1997.
3 *profil* vom 11. 7. 1994.

Wolfgang Schroeder: Das katholische Milieu auf dem Rückzug

1 In diesem Sinne schrieb zum Beispiel Zafer Şenocak: »Was aber spricht dagegen, daß an die Stelle dieser janusköpfigen Partei zwei Parteien treten: eine konservative, deutschnationale, europafeindliche Partei und eine liberalkonservative, an der Moderne orientierte Partei, die, zusammen mit anderen Kräften, das vereinte Deutschland weitertragen könnte auf seinem Weg hin zu einem pluralistischen Staat.« (Die CDU muß sich spalten, in: *die tageszeitung* vom 28. 9. 1994).
2 Dazu gehören: Junge Union (JU), Frauen Union (FU), Kommunalpolitische Vereinigung, Mittelstandsvereinigung. Als Sondervereinigungen werden geführt: RCDS, Wirtschaftsrat, Evangelischer Arbeitskreis.
3 Dies betrifft vor allem die Kandidatenaufstellung zu den Bundes- und Landtagswahlen, Delegierte von Kongressen und die Zusammensetzung der Vorstände.
4 Die Mittelstandsvereinigung ist 1956 gegründet worden. 1981 zählte sie 15 522 Mitglieder. Nachdem sie mit der Wirtschaftsvereinigung fusioniert ist, gibt sie 1998 einen Mitgliederstand von ca. 40 000 an. (Vgl. Internet-MIT-Homepage). Wenn diese Angabe zutrifft, hat die Mittelstandsvereinigung fast doppelt so viele Mitglieder wie die Sozialausschüsse.
5 In der Legislaturperiode 1994–1998 war diese Gruppe 84 Bundestagsabgeordnete stark und damit weitaus größer als die Fraktionen der Grünen und der FDP.
6 Die CDA hat eine eigene Satzung, Ressourcen und Mitglieder. Bundesweit verfügte sie 1997 über 21 hauptamtliche Mitarbeiter, deren Finanzierung sowohl von Mitgliedsgeldern wie auch von Drittmitteln, Spenden und Geldern der Partei sichergestellt wird. Für die Finanzierung spielt die 1977 gegründete »Stiftung für Christlich-soziale Politik und Bildung e.V.« eine wichtige Rolle. Daneben gibt es noch die bereits 1961 gegründete »Jakob-Kaiser-Stiftung«.
7 Vgl. Wolfgang Schroeder, Katholizismus und Einheitgewerkschaft: Der Streit um den DGB und der Niedergang des Sozialkatholizismus in der Bundesrepublik bis 1960, Bonn 1992.
8 »Hie liberal-protestantisch, hie sozial-katholisch«, in: *Unternehmerbrief des Deutschen Industrieinstitutes* vom 12. 10. 1961, S. 3.
9 »Bei der christlichen Volkspartei hatte man Angst, daß die Arbeitnehmerschaft untergebuttert wird. Bei der Einheitsgewerkschaft fürchtete man die Überlegenheit der Sozialdemokraten« (Hans Katzer, in: Wolfgang Schroeder, Gewerkschaftspolitik zwischen DGB, Katholizismus und CDU 1945–1960, Köln 1990).
10 Anton Storch und Theodor Blank waren Arbeitsminister, Jakob Kaiser Minister für gesamtdeutsche Fragen und Karl Arnold Ministerpräsident von Nordrhein-Westfalen.

11 Diese Formulierung stammt von Oswald von Nell-Breuning 1970, in: Tod der katholisch-sozialen Bewegung? Dokumentation einer Diskussion, Bad Honnef 1971, S. 9.

12 Vgl. Hans-Jürgen Lange, Responsivität und Organisation: Eine Studie über die Modernisierung der CDU von 1973–1989, Marburg 1994, S. 233.

13 Auf Landesebene und im kommunalen Bereich kann dies im Einzelfall anders sein. So
gibt es eine Reihe von CDA-Gruppen, die von guten Kontakten mit der Jungen Union
berichten, die zum Beispiel zu gemeinsamen engagierten Aktivitäten gegen Jugendar-
beitslosigkeit führen.

14 Der eigenständige Beitrag wird als eine Beitrittshürde gesehen, weil viele potentielle
Mitglieder aus dem Arbeitnehmerbereich, die bereits in der CDU, in der Gewerkschaft
und in der evangelischen oder katholischen Arbeitnehmerbewegung sind, dadurch
abgeschreckt werden. CDU-Mitglieder zahlen jährlich DM 60,–; Nicht-Mitglieder DM
72,– (unabhängig von der Höhe des Einkommens). Da man als CDU-Mitglied nicht
automatisch Mitglied der CDA wird, ist ein eigener Beitragsstatus notwendig, was
übrigens auch umgekehrt gilt. Nur ein Teil der Arbeitnehmer, die Mitglied der CDU
sind, gehören auch zur CDA – und umgekehrt. Lediglich die Vorstandsmitglieder der
CDA – ab der Kreisebene – *müssen* auch CDU-Mitglieder sein. 1991 hatte die CDU
751 163 Mitglieder; 1997 waren es nur noch 631 700.

15 In Ostdeutschland hat die CDA deshalb nur im Eichsfeld (Thüringen) und, weitaus
schwächer ausgebildet, im Raum Dresden eine etwas stärkere regionale Bedeutung.

16 Der Arbeiteranteil liegt in der CDA höher als in der CDU, wo sie gemessen an ihrem
Anteil in der Bevölkerung (15 Prozent) mit 7 Prozent unterrepräsentiert sind.

17 Auch wenn keine genauen Zahlen vorliegen, kann davon ausgegangen werden, daß die
angestellten und verbeamteten Vertreter des öffentlichen Dienstes in der CDA dominieren. Hinzu kommt ein Rentner- und Pensionärsanteil, der bei etwa einem Drittel
liegt.

18 *Vorsitzende*: Norbert Blüm (1977–1987), Ulf Fink (1987–1993), Werner Schreiber
(1993–1994), Rainer Eppelmann (seit 1994); *Hauptgeschäftsführer*: Heribert Scharren-
broich (1977–1985); Adolf Hörsken (1985–1991), Franz Dormann (1991–1995), Jürgen
Radloff (1995–1998). Seit Juni 1998 ist mit Ulrich Hettinger ein Vertreter der jungen
Generation kommissarischer Hauptgeschäftsführer.

Severin Weiland: Das Problem mit dem »C«

1 Ihr Schwerpunkt liegt im Rhein-Main-Gebiet. Sie hat rund 300 Mitglieder, unter ihnen
Klaus Kinkel. Als Reaktion auf die Gründung der CDU-nahen DTU (s. u.) wurde im
November 1996 eine Berliner Landesgruppe ins Leben gerufen.

2 Neben Peter Kurth gehört der Staatssekretär Wolfgang Branoner zu den Vätern der
DTU. Weitere Mitglieder sind Innensenator Jörg Schönbohm und Sozialsenatorin
Beate Hübner. Neben dem Vorsitzenden Ertugrul Uzun wurden Finanzstaatssekretär
Peter Kurth und der Europaabgeordnete Peter Kittelmann zu Stellvertretern gewählt.
Kittelmann bildete in den achtziger Jahren gemeinsam mit dem Regierenden Bürger-
meister und Landesvorsitzenden Eberhard Diepgen sowie dem Fraktionsvorsitzenden
Klaus-Rüdiger Landowsky das zentrale Machttrio der Berliner CDU. Heute ist er Euro-
paabgeordneter in Straßburg.

3 *die tageszeitung* vom 25. 3. 1996.

4 *Die Welt* vom 7. 8. 1996.

5 Mitglied der Deutsch-Türkischen Union kann nur werden, wer CDU-Mitglied ist oder
   einen Antrag gestellt hat. Zugleich wird nur aufgenommen, wer die Deutsche Staatsangehörigkeit besitzt oder wer glaubhaft nachweist, daß er sie bald anstrebt.

6 *Wochenpost* vom 22. 8. 1996.

7 *Frankfurter Allgemeine* vom 22. 3. 1996.

8 *die tageszeitung* vom 25. 6.1996.

9 Nach Angaben des Statistischen Landesamtes von Berlin ließen sich 1985 lediglich 287
   Türken einbürgern, 1992 waren es schon 3 326. Die höchste Zahl an Einbürgerungen
   wurde nach einer massiven Kampagne der Interessenvereinigung aus »Türkischer Gemeinde zu Berlin« und türkischem Bund Berlin-Brandenburg (TBB) 1995 mit der
   Einbürgerung von 5 196 Türken erreicht. 1997 sank die Zahl zwar auf rund 4 200, dennoch halten die Türken mit 39 Prozent aller Einbürgerungen weiterhin die Spitzenpo-
   sition vor den Bürgern der Russischen Föderation mit einem Anteil von 17 Prozent.
   Als zu hoch gegriffen gilt hingegen die Annahme der Türkischen Gemeinde zu Berlin,
   wonach ab dem Jahr 2000 bereits vier Fünftel der dann 150 000 Türken die deutsche
   Staatsbürgerschaft angenommen haben dürften. Vgl. dazu: *Berliner Morgenpost* vom
   25. 3. 1996.

10 In der Satzung der DTU heißt es dazu: »Die DTU wirkt an dem Prozeß der Willensbildung innerhalb der CDU mit. Dies geschieht in den Bereichen Ausländerpolitik und
   deutsch-türkische Beziehungen.«

11 *die tageszeitung* vom 25. 3. 1996.

12 *Frankfurter Allgemeine* vom 6. 12. 1997.
   In Hamburg existiert eine Deutsch-türkische Interessengemeinschaft. In ihr sind
   ebenfalls örtliche CDU-Mitglieder. Allerdings strebt sie erst den Status eines Vereins
   an. Ihr zugehörige CDU-Mitglieder haben in der Vergangenheit in der Hamburger
   Bürgerschaft Einfluß auf die Ausländerpolitik genommen, etwa indem sie Ende 1997
   einen Antrag auf Verbesserung der Bildungschancen für Ausländer einbrachten.

13 Interview mit Oliver Wittke, 17. 2. 1998.

14 Ebd.

Über die Autorinnen und Autoren

Frank Bösch, M. A., geboren 1969 in Lübeck, Historiker an der Universität Göttingen, arbeitet an einer Dissertation zur Geschichte der CDU.

Tanja Busse, Dipl.-Journalistin, geboren 1970 in Bad Driburg, lebt als freie Autorin in Dortmund und Ostwestfalen. Sie veröffentlichte u. a.: *Mythos in Musikvideos*, Münster 1997.

Tobias Dürr, Dr. disc. pol., geboren 1965 in Hamburg, ist Politikwissenschaftler an der Universität Göttingen. Er veröffentlichte u. a.: *Die SPD in Sachsen und Thüringen zwischen Hochburg und Diaspora* (mit Franz Walter und Klaus Schmidtke), Bonn 1993.

Susanne Gaschke, Dr. phil., geboren 1967 in Kiel, ist Redakteurin im Ressort Politik bei der *Zeit* in Hamburg.

Mechtild Jansen, Dipl.-Sozialwissenschaftlerin, geboren 1952 in Köln, ist freie Publizistin in Köln. Sie veröffentlichte u. a.: *Das Claudia-Nolte-Phänomen*, Bonn 1997.

Nils Klawitter, M. A., geboren 1966 in Hamburg, ist Redakteur im Ressort Dossier bei der *Zeit* in Hamburg.

Peter Lösche, Dr. phil., geboren 1939 in Berlin, ist Professor für Politikwissenschaft an der Universität Göttingen. Er veröffentlichte u. a.: *Die SPD: Klassenpartei – Volkspartei – Quotenpartei*, Darmstadt 1992; *Die FDP: Richtungsstreit und Zukunftszweifel*, Darmstadt 1996 (beide mit Franz Walter).

Hans Monath, M. A., geboren 1957 in Pietermaritzburg (Südafrika), leitet das Ressort Politik und Wirtschaft beim *Deutschen Allgemeinen Sonntagsblatt* in Hamburg.

Robert Misik, geboren 1966 in Wien, ist leitender Redakteur des Nachrichtenmagazins *Format* in Wien. Er veröffentlichte u. a.: *Mythos Weltmarkt. Vom Elend des Neoliberalismus*, Berlin 1997, demnächst erscheint *Die Suche nach dem Blair-Effekt: Klima, Schröder und Genossen zwischen Tradition und Pragmatismus*.

Wolfgang Schroeder, Dr. rer. soc., geboren 1960 in Mayen (Eifel), ist Referent beim Vorstand der IG Metall in Frankfurt / Main. Er veröffentlichte u. a.: *Katholizismus und Einheitsgewerkschaft in der Bundes-republik*, Bonn 1992.

Konrad Schuller, M. A., geboren 1961 in Kronstadt (Siebenbürgen), ist politischer Korrespondent der *Frankfurter Allgemeinen Zeitung* in Berlin.

Rüdiger Soldt, M. A., geboren 1966 in Bad Gandersheim, ist Mitarbeiter beim *DeutschlandRadio Berlin*. Er veröffentlichte u. a.: »Zum Beispiel Schwarze Pumpe: Arbeiterbrigaden in der DDR«, in: *Geschichte und Gesellschaft* (1998).

Jochen Thies, Dr. phil., geboren 1944 in Rauschen (Ostpreußen), ist Leiter der Abteilung Politik und Hintergrund beim *DeutschlandRadio Berlin*. Er veröffentlichte u. a.: *Deutschland von innen*, Stuttgart u. a. 1990.

Bernd Ulrich, M. A. und Dipl.-Politologe, geboren 1960 in Essen, ist Redakteur beim *Tagesspiegel* in Berlin. Er veröffentlichte u. a. *Deutsch, aber glücklich: Eine neue Politik in Zeiten der Knappheit*, Berlin 1997.

Christoph Wagner, M. A., geboren 1963 in Breisach, ist Redakteur der *Blätter für deutsche und internationale Politik* in Bonn.

Franz Walter, Dr. disc. pol., geboren 1956 in Steinheim (Westfalen), lehrt Politikwissenschaft an der Universität Göttingen. Er veröffentlichte zuletzt den Essayband *Die Bonner Parteien auf dem Weg in die Berliner Republik*, Hamburg 1998.

Severin Weiland, Dipl.-Journalist, geboren 1963 in Wilhelmshaven, ist stellvertretender Inlandschef der *tageszeitung* in Berlin.

Dominik Wichmann, M. A., geboren 1971 in München, arbeitet für die *Süddeutsche Zeitung* und das *SZ-Magazin*.